互联网思维
企业供应链全流程管理

张立群 樊亮 余梦琳 刘昀◎著

INTERNET THINKING
ENTERPRISE SUPPLY CHAIN WHOLE
PROCESS MANAGEMENT

企业管理出版社
ENTERPRISE MANAGEMENT PUBLISHING HOUSE

图书在版编目（CIP）数据

互联网思维：企业供应链全流程管理 / 张立群等著.
北京：企业管理出版社，2024.10. -- ISBN 978-7-5164-3133-7

Ⅰ.F279.23

中国国家版本馆CIP数据核字第2024AA0031号

书　　名：	互联网思维：企业供应链全流程管理
书　　号：	ISBN 978-7-5164-3133-7
作　　者：	张立群　樊　亮　余梦琳　刘　昀
责任编辑：	张　羿
出版发行：	企业管理出版社
经　　销：	新华书店
地　　址：	北京市海淀区紫竹院南路17号　　邮　编：100048
网　　址：	http://www.emph.cn　　电子信箱：504881396@qq.com
电　　话：	编辑部（010）68456991　　发行部（010）68417763
印　　刷：	三河市荣展印务有限公司
版　　次：	2024年10月第1版
印　　次：	2024年10月第1次印刷
开　　本：	710mm×1000mm　1/16
印　　张：	16.5
字　　数：	260千字
定　　价：	78.00元

版权所有　翻印必究·印装错误　负责调换

序 言   PREFACE

　　在 21 世纪，数字经济已经成为推动全球经济增长的关键力量，而随着互联网技术的不断进步和普及，数字化转型也成为企业持续发展和保持竞争力的必由之路。数字经济的核心在于数据的产生、处理和应用，通过数字化的方式重塑了生产、分配和消费的全过程。在这个过程中，互联网思维成为企业适应和引领数字经济的重要思维方式。互联网思维强调开放、共享、连接和以用户为中心，它鼓励企业打破传统边界，通过创新的商业模式和运营方式来满足消费者的个性化需求，实现价值的最大化。

　　互联网思维对企业的影响深远，它不仅改变了企业与消费者之间的互动方式，还改变了企业内部的管理和运营模式。在供应链管理领域，互联网思维的应用促使企业从传统的线性供应链模式转向更加灵活、动态和集成的供应链网络。这种转变意味着企业需要在供应链的每一个环节中融入数字化技术，如物联网、大数据分析、云计算和人工智能等，以提高供应链的透明度、响应速度和效率。通过这些技术的应用，企业能够更好地预测市场变化，优化库存管理，降低运营成本，并实现对供应链风险的实时监控和有效管理。

　　在数字经济的大背景下，企业要想顺应时代趋势，把握互联网思维，打造高效、稳定的供应链，需要着重关注以下五个方面。

　　第一，数字化时代下的供应链全流程管理。随着经济社会的不断发展和科学技术的不断进步，新技术、新思维不断融入人们的生产生活中，逐渐衍生出信息化、网络化、数字化等互联网发展趋势，同时互联网思维集中爆发，商业发展、市场推广、产品定位等关键商业活动领域都需要运用互联网思维进行重新审视和策略规划，进而有效构建深层次的关系网络，实现供需的精准匹配，并优化企业商业模式。越来越多的企业开始将供应链全流程管理与数字技术相结合，将互联网思维应用于供应链管理之中。

第二，供应链全流程管理的关键要素。供应链全流程管理包括集成、运营、采购、配送4个关键要素。集成要素致力于构建集成供应链，其具体实现可以分为4个步骤，即基础建设、职能集成管理、内部集成化供应链管理和外部集成化供应链管理；运营要素主要是要求企业通过需求预测、产品设计、定价与库存管理来真正提高供应链运营效率，提高客户满意度和忠诚度；在采购要素方面，企业可以通过物料分类、供应商选择以及合作关系的确立，降低企业风险与不确定性，为企业平稳发展提供稳定的基础；配送要素直接影响到企业的生产效率、客户满意度以及整体的市场竞争力，通常涉及订单处理、仓储管理和运输送货3个关键环节。

第三，供应链全流程管理的方法。供应链全流程管理的基本原理有4个，即推拉观点、快速响应原理、动态重构原理和资源横向集成原理，其基本方法包括快速反应、有效客户反应、电子订货系统、六西格玛 DMAIC 流程改进方法等。供应链全流程管理的具体优化应从思维、技术、人才、模式4个方面出发，突破现有的管理思维局限，引入新一代数字技术，重视供应链全流程管理人才的建设，开发信息集成的管理模式。

第四，供应链全流程管理的实施。供应链全流程管理的实施可以从分析、战略、整合、规划以及执行5个方面进行。在分析层面，企业主要可以从市场环境、市场机会、顾客价值着手，切实了解市场环境和顾客需求；在战略层面，企业需要分析其核心竞争力，实施有效的战略整合，并锁定战略方向与规划；在整合层面，企业需要对其资源进行有效的管理和整合，实现数据的同步采集与实时分析，致力于内部流程信息化和供应链信息共享；在规划层面，企业可以建立供应链全流程管理目标，审慎评估并选择合作伙伴，并制定企业生产计划；在执行层面，企业需要在处理好合作与协同、风险与安全、利益与分配等关系的基础上，贯彻执行其供应链全流程管理规划。

第五，供应链全流程管理的变革。供应链全流程管理的变革，主要体现在智

序　言

慧变革、物流升级、管理平台以及管理系统 4 个方面。企业可以通过功能内的资源配置优化、功能间的资源配置优化、供应链上下游企业间的资源配置优化、平行产业链或并行供应链之间的资源配置优化，进而建立智慧物流标准化体系，改善物流通畅性，强化政企间物流数据共享合作，增强现代流通服务能力，实现物流升级，为供应链全流程管理打下坚实的基础。同时，通过管理平台实现全流程管理下的信息化集成，包括数据采集与监控、资源管理与生产、业务财务一体化、数据与仓储管理、服务总线与数据中心等。而后，通过建立异常事件库感知模型、设置供应链全线处理流程、搭建供应链管理智能平台等，将数据资产转化为生产力。

目录 | CONTENTS

第一章　数字化时代与供应链全流程管理

第一节　数字化浪潮的席卷 007
　　一、经济数字化：无接触时代到来 007
　　二、产业数字化：提高韧性的重要工具 010
　　三、技术数字化：提供机遇和挑战 016

第二节　互联网思维的应用 022
　　一、社会化：构建深层次的关系网络 022
　　二、网络化：实现供需的精准匹配 025
　　三、大数据：优化企业商业模式 027

第三节　供应链全流程管理概述 029
　　一、供应链管理的概念 029
　　二、全流程管理的概念 034
　　三、企业供应链全流程管理的特征 036

第二章

供应链全流程关键要素

第一节　集成要素：创新性与灵活性的塑造 051
一、基础建设 051
二、职能集成管理 053
三、内部集成化管理 054
四、外部集成化管理 056

第二节　运营要素：满意度与忠诚度的提升 060
一、需求预测 060
二、产品设计 065
三、定价与库存 066

第三节　采购要素：风险与不确定性的降低 068
一、物料分类 068
二、供应商选择 070
三、合作关系建立 071

第四节　配送要素：效率与生产力的提高 075
一、订单处理 075
二、仓储管理 076
三、运输送货 080

第三章

供应链全流程管理方法

第一节　供应链全流程管理的基本原理 093
一、推拉策略 093
二、快速响应原理 098
三、动态重构原理 099
四、资源横向集成原理 100

第二节　供应链全流程管理基本方法 102
一、快速反应 102
二、有效客户反应 103
三、电子订货系统 105
四、六西格玛DMAIC流程改进方法 110

第三节　供应链全流程管理优化途径 112
一、思维：突破既有的管理思维局限 112
二、技术：引入新一代数字技术 114
三、人才：重视供应链全流程管理人才的建设 118
四、模式：开发信息集成的管理模式 122

第四章 供应链全流程管理实施

第一节　市场环境、市场机会与顾客价值分析 135
一、市场环境分析 135
二、市场机会分析 137
三、顾客价值分析 139

第二节　企业竞争战略的确立 144
一、分析企业核心竞争力 144
二、实施有效的战略整合 146
三、锁定战略方向与规划 151

第三节　企业资源管理与整合 154
一、数据同步采集与实时分析 154
二、内部流程信息化 156
三、供应链信息共享 158

第四节　供应链全流程管理的规划 164
一、建立供应链全流程管理目标 164
二、评估并选择合作伙伴 166
三、制定企业生产计划 168

第五节　供应链全流程管理规划的执行 171
一、合作与协同 171
二、风险与安全 175
三、利益与分配 177

第五章
供应链全流程管理变革

第一节 智慧变革：资源配置的优化 193
一、功能内的资源配置优化 193
二、功能间的资源配置优化 197
三、供应链上下游企业间的资源配置优化 198
四、平行产业链或并行供应链之间的资源配置优化 201

第二节 物流升级：供应链全流程的基础 204
一、智慧物流标准化体系的建立 204
二、物流通畅性的改善 209
三、政企间物流数据共享合作的强化 211
四、现代流通服务能力的增强 212

第三节 管理平台：全流程管理下的信息化集成 214
一、数据采集与监控 215
二、资源管理与生产 220
三、财务业务一体化 223
四、数据与仓储管理 227
五、服务总线与数据中心 230

第四节 管理系统：数据资产转化为生产力 232
一、建立异常事件库感知模型 232
二、设置供应链全线处理流程 236
三、搭建供应链管理智能平台 238

参考文献 245

第一章

数字化时代与供应链全流程管理

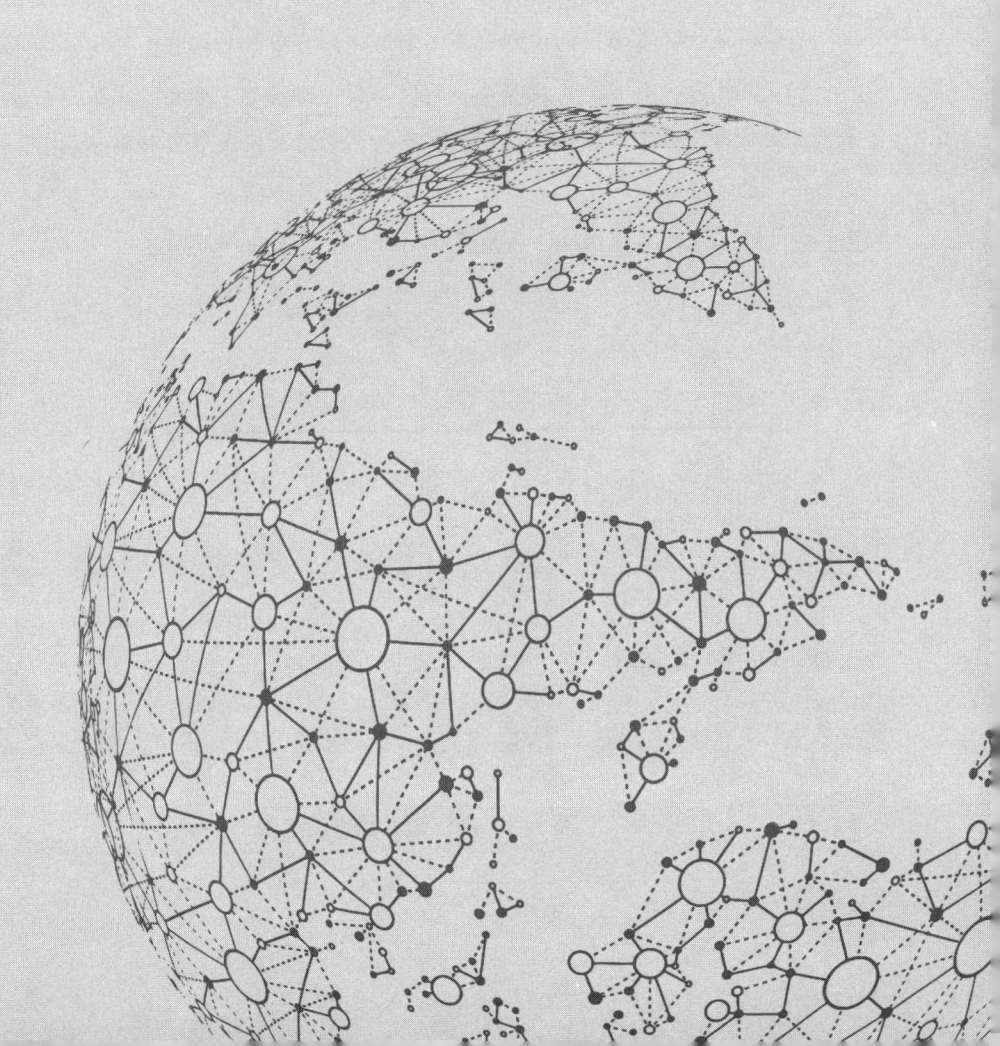

开篇案例

浙江恒立：数字时代下提供优质的项目供应链管理服务

1. 企业简介

浙江恒立项目管理有限公司（以下简称浙江恒立）成立于 2023 年，其愿景是成为一流的国际项目管理公司。公司创始人及骨干人员均来自中国石油化工领域的头部企业，具有丰富的国际大型石油炼化项目管理的经验。公司具备承担炼油、化工、化纤、电力、新能源等多领域工程造价服务、专利技术服务、设计服务、采购服务、施工服务、开车调试服务、运营维护服务等各种服务能力。主要服务范围包括方案策划、人员派遣、服务承包及其他服务，采取成建制项目管理模式和一体化项目管理模式，其基本组织架构如图 1-1 所示。

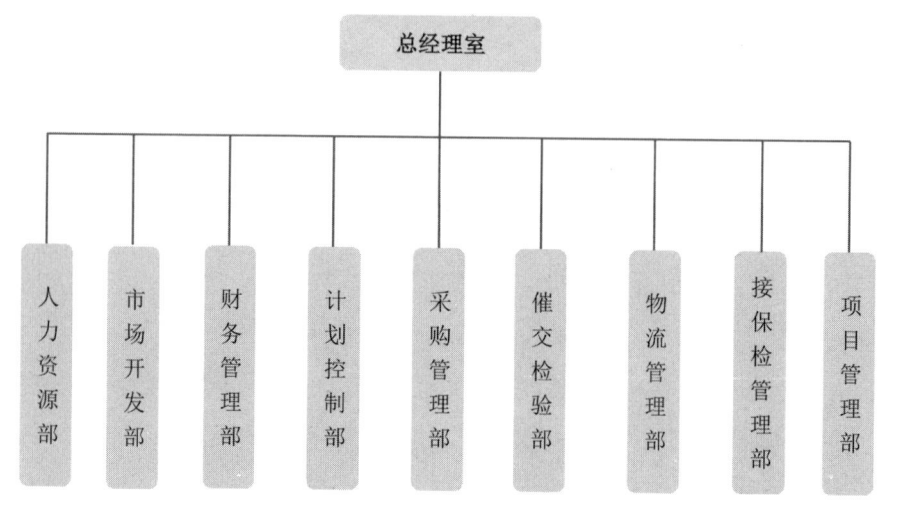

图 1-1 浙江恒立的组织架构

2. 打造高效实用的信息管理平台

随着信息技术的快速发展，尤其是互联网、大数据、云计算等技术的广泛应用，社会经济活动和企业管理实践正在经历深刻的数字化转型。在这样的背景下，数字成为新的生产要素。浙江恒立致力于提供项目供应链管理咨询、供应链体系搭建、供应链管理培训等服务，为实现更加高效的管理服务，浙江恒立打造高效实用的信息管理平台，致力于为其供应链管理服务提供更好的管理方式及手段。

浙江恒立具有流程完备的信息管理平台，基于"计划、协同、监控、查询"的手段，最大限度地实现无纸化办公以及实时沟通，并达到资源最大限度共享的目的，如图1-2所示。

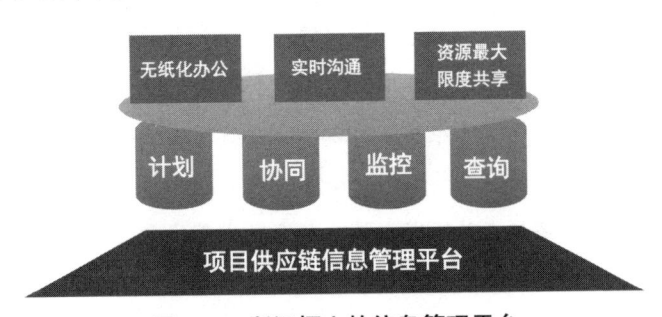

图1-2 浙江恒立的信息管理平台

具体而言，浙江恒立的信息管理平台包括了基础数据、采买、催交、检验、清关运输、仓储管理、不合格报告、文件管理以及报表共9个模块的内容，旨在全方位满足计划、供应商管理、采买管理、合同管理、催交检验、物流运输、仓储管理、文档管理等诸多管理需求，是一个集多元化功能为一体的信息管理平台，为公司提供高效、便捷的管理渠道。在基础数据模块，包括了项目信息、币种信息、物资类别、物资换算等基本信息，提供了快速查询、核对的便捷工具。在采买模块，包括了采购单位、ER清单、ER物资、采购计划清单、标书登记、开标明细等内容，实现采买过程的清晰化管理和信息呈现。在仓储管理模块，包括了位置、报检信息、报检物资、入库信息、入库物资、库存物资、库存信息等内容，提高仓储管理的效率。

3. 拥有丰富经验的国际大型项目管理团队

浙江恒立在提供项目供应链管理服务方面，除了高效实用的信息平台，其项目管理团队也是重要的核心竞争力之一。

浙江恒立拥有一支经验丰富的国际大型项目管理团队，其创始人及骨干人员均来自中国石油化工领域的头部企业，具有丰富的国际大型石油炼化项目管理经验，核心人员均具有20年以上设计、采购、施工、安全、质量等项目管理经验，还吸纳了多名工作5～10年的硕士作为公司骨干，不断壮大公司管理团队的经验和知识面。此外，浙江恒立与国内多所知名院校达成合作，共同进行项目发展方向的课题研究，为公司提供了必要的技术支持。而浙江恒立组建这样一支拥有丰富经验的国际大型项目管理团队，并在今后的长期发展中始终保持团队的先进性和经验性不动摇，还需要一定的资源做保障。因此，浙江恒立以原文莱项目、工程公司的项目管理人员为班底，同时通过微信招聘群、专项猎聘网站、行业协会以及稳定的专项服务商等资源渠道，可以根据项目管理业务服务需要，快速组建管理团队。

随着互联网及数字技术的不断发展，数字时代下的企业也深受数字化浪潮的影响。浙江恒立主动适应目前项目管理数字化转型的趋势，以满足客户需求为最终目的，塑造团队成员的创新思维，不断鼓励成员进行创新，打造高度协同的项目管理体系。浙江恒立的主要核心人员都参与过多个海外大型EPC（Engineering Procurement Construction，即工程总承包）项目的项目管理工作，具有丰富的国际化项目管理经验及国际化项目管理思维。

4. 项目供应链细节化管理

浙江恒立不断提升自身项目供应链管理服务质量，关注供应链流程的各个环节，将供应链管理做到了极致。浙江恒立针对项目前期阶段和项目实施阶段，都进行了更加细致化的规划和管理，如图1-3所示。

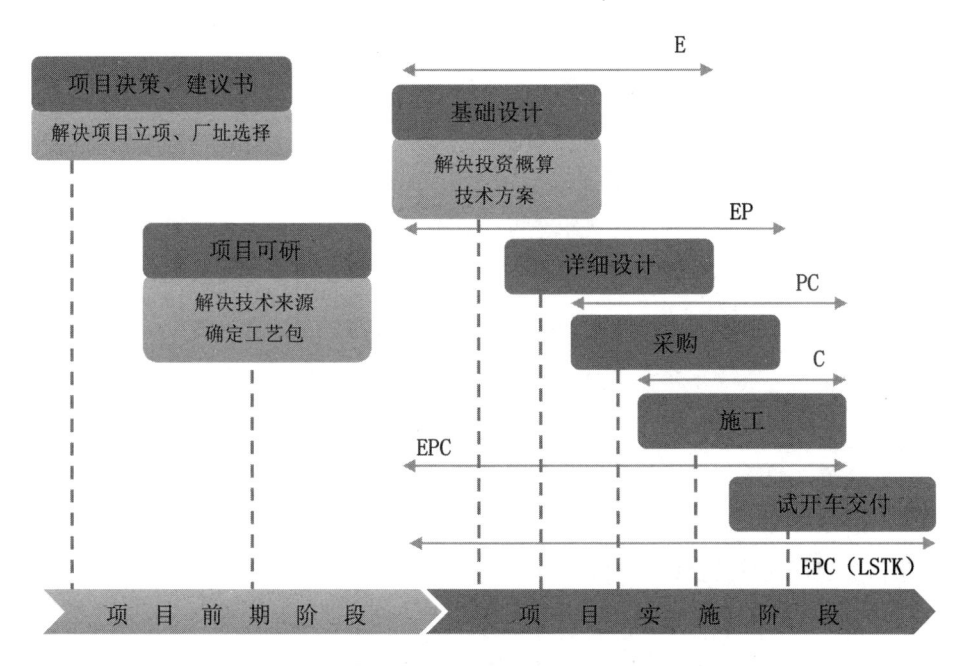

图 1-3　项目前期、实施阶段的规划和管理

具体而言，浙江恒立在人员共享、分段管理、计划控制、风险识别与预防 4 个方面进行了更加细节化的规范与管理。

（1）人员共享。

浙江恒立在采购方面采取人员共享的方式，提前招聘运营期人员和引入现有装置技术人员参与采购，各专业采购组实现人员共享，并聘请外部专业服务团队作为补充，实现采购效率的最大化和采购质量的最优解。

（2）分段管理。

浙江恒立主要从招标准备、招标以及合同执行这三个阶段进行全方位的管理。在招标准备阶段，需要进行采购策略的制定，考察供应商并决定入围名单，再编制采购计划；在招标阶段，主要是进行招标组织并签署合同，完成招标；在合同执行阶段，主要包括合同付款、催交检验、物流仓储等工作，最后对供应商进行评价。

（3）计划控制。

浙江恒立坚持资源的统一调配，并通过统一采购管理体系和流程制度、统一供应商资源库、统一需求管理和库存管理来实现。浙江恒立以计划控制为抓手，制定流程制度，编制项目采购计划、资金计划，进行成本、资金流、文档、需求、进度等方面的管控，开展集中采购，致力于整合需求、平库利库，减少项目剩余材料，并监督项目采购进度和资金流。此外，浙江恒立还强调加强供应商的管控，规范供应商准入、考评、退出流程，统一集团供应商资源库，从而有效地进行战略合作，实现充分竞争与资源共享。

（4）风险识别与预防。

浙江恒立的项目供应链管理持续关注可能存在的风险，要求加强风险识别及预防的管理能力。浙江恒立从组织搭建和体系建设入手，在招标前期做好预防，在招标过程以及合同执行期间做好控制，在事后决算、理赔工作上做好治理。此外，浙江恒立还提供本土化服务，重点关注基本国情、法律法规、税收政策、资源情况、外汇等要点，旨在实现促进经济、提高就业等社会目标。

5. 发展与总结

浙江恒立以服务业主为宗旨，高效实用的信息化平台、经验丰富的国际大型项目管理团队是其项目供应链管理服务的核心竞争力，它通过人员共享、分段管理、计划控制、风险识别与预防进行供应链的细节化管理，将供应链全流程管理做到了极致。对此，可以得到如下启示：第一，数字化时代下，数字信息平台的建设与应用至关重要，它对供应链全流程的管控起到了重要作用，提供了更加高效的手段和更加清晰的方案；第二，团队成员在很大程度上能够为公司提供资源、技术保障以及经验支持，因此企业需要不断优化提升团队成员与时俱进的能力，并及时加入新鲜血液；第三，企业对供应链的管控需要做到细致化管理，从人员、分段、计划、风险等方面不断优化，对每个细节、每个环节进行严密把控，从而推出更加优质的供应链管理服务。

第一节 数字化浪潮的席卷

随着经济社会的不断发展和科学技术的不断进步,新技术、新思维不断融入人们的生产生活中,逐渐衍生出信息化、网络化、数字化等互联网发展趋势。信息化的重点是设备与人之间的数字互联,解决设备等资源的数字建模问题;网络化指的是人与人之间的数字互联,塑造规模化效应;数字化指的是设备与设备之间的数字化互联,重点关注资源优化配置的问题(Li 等,2019)。由此,数字化浪潮席卷世界的每个角落,数字化时代诞生。

一、经济数字化:无接触时代到来

数字经济的蓬勃发展,催生了无接触时代的到来,无接触经济的影响迅速流传开来。

1. 数字经济的由来

数字经济是继农业经济、工业经济之后的主要经济形态。随着信息技术和智能科技的不断深入发展,其在人类社会中的应用也越来越广泛,"互联网+"受到各行各业的欢迎,产生越来越多的新业态,推动生产方式、生活方式和治理方式的深刻变革,发展速度之快、辐射范围之广、影响程度之深前所未有,数字经济应运而生。

数字经济作为一种新兴的经济形态,其核心在于将数字化的知识与信息视为生产的关键要素,并将数字技术作为推动发展的主要动力。依托于现代信息网络的基础设施,数字经济通过与实体经济的深度融合,不断推动经济社会向更高水平的数字化、网络化和智能化转型,从而加速经济结构和治理模式的重塑。在当前世界经历百年未有之大变局的背景下，数字技术和信息网络的革新为各国提供了新的发展机遇，数字经济在全球经济发展中扮演着日益重要的角色，既是稳定器也是加速器，对各国经济的稳定增长和快速转型起到了关键性的促进作用。我国认识到数字化经济的重大潜力，重视数字化推动经济发展的作用，在"十三五"时期，我国深入实施数字经济发展战略，加快培育新业态新模式；"十四五"时期将数字经济发展转向新阶段，致力于深化数字应用、规范数字发展、普惠数字共享的新目标、新方向，推动数字经济的健康发展。

2. 数字经济的发展形势

我国数字经济不断向好发展。一方面，数字经济发展规模逐步扩大，2023年我国数字经济规模达 56.1 万亿元，同时数字经济占 GDP 比重接近于第二产业，占国民经济的比重达到 40% 以上。另一方面，数字经济增长速度较为显著，2023 年我国数字经济规模同比名义增长 8.7%，已连续 11 年显著高于同期 GDP 名义增速（见图 1-4）。同时，数字经济在一二三产的渗透率分别达到 10.5%、24.0% 和 44.7%，数字经济对现代工业和服务业展现出较强的驱动作用。由此可见，我国的数字经济进一步实现合理增长，逐渐成为我国经济增长的重要支撑。

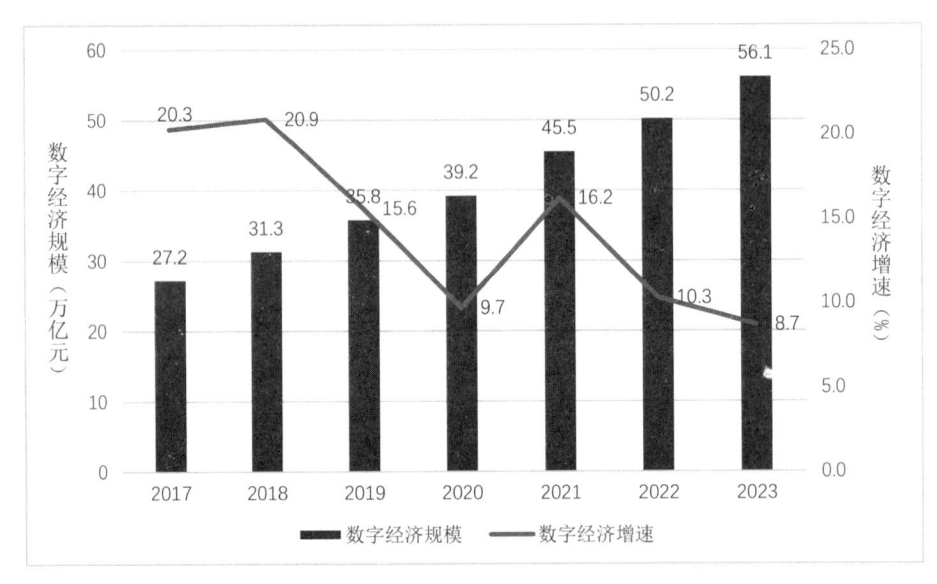

图 1-4　2017—2023 年我国数字经济规模及增速发展情况

数据来源：《中国数字经济发展研究报告（2023 年）》

3. 数字经济时代的生产力——新质生产力

新质生产力是创新起主导作用，摆脱传统经济增长方式、生产力发展路径，具有高科技、高效能、高质量特征，符合新发展理念的先进生产力质态，由技术革命性突破、生产要素创新性配置、产业深度转型升级而催生，以劳动者、劳动资料、劳动对象及其优化组合的跃升为基本内涵，以全要素生产率大幅提升为核心标志，特点是创新，关键在质优，本质是先进生产力，如图1-5所示。

数字经济时代 → 产生了新的生产要素和生产关系；带来了新的经济增长方式；使得生产关系发生了新的改变 → **新质生产力**

带来了技术支持；优化了劳动者、劳动资料和劳动对象的组合形式

提升产业和企业的资源配置效率；实现工业绿色化转型；引发一系列数字创新；带来高质量的数字经济生产力

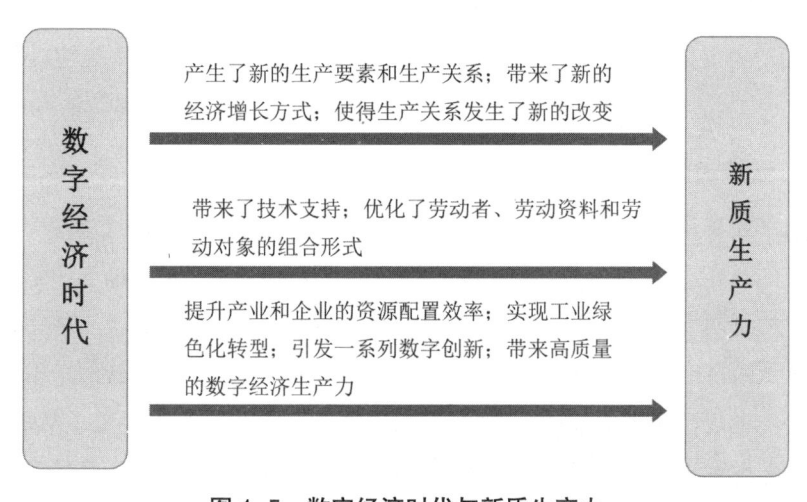

图1-5　数字经济时代与新质生产力

首先，数字经济带来了全新的经济增长方式。数字经济是一种新型的经济形态，由此产生了新的生产要素和生产关系，数据要素、数字化技术等新生产要素带来了新的经济增长方式，也使得生产关系发生了新的改变，为新质生产力的发展注入动能。

其次，数字经济具备新的生产力发展路径。数字经济时代的创新正在成为新质生产力的重要推手，数字技术的革命性突破为新质生产力带来技术支持，人工智能、大数据、云计算等一系列数字技术快速崛起与发展，其创新与应用极大地丰富了新时代劳动者、劳动资料、劳动对象的内涵。同时，数字经济所形成的数据要素、数字要素、数字资本和数字劳动等新生产要素，与其他传统要素的创新性融合发展，进一步优化了劳动者、劳动资料和劳动对象的组合形式。

最后，数字经济具有高科技、高效能、高质量等新发展理念的特征。科技创

新能够催生新产业、新模式、新动能，是发展新质生产力的核心要素。数字经济的快速发展使高科技在现代产业中得以充分应用。数字经济时代传统产业的数字化转型有助于提升产业和企业的资源配置效率，绿色低碳产业与数字技术深度融合有助于实现工业绿色化转型，这使得数字经济具有高效能的属性。同时，以人工智能为代表的前沿数字技术引发一系列数字创新，能够有效推动技术进步，提升全要素生产率水平，从而带来高质量的数字经济生产力。

数字经济逐渐改变经济增长方式，丰富了新质生产力的内涵，为加快形成新质生产力提供了有效途径。因此可以说，新质生产力也是数字经济时代的生产力。

4. 无接触时代的到来

数字经济及互联网技术不仅带来了经济社会的蓬勃发展，而且还带动了无接触经济的高速发展。在无接触时代的背景下，经济活动的开展逐渐依赖于互联网技术，通过网络平台交易双方无须直接接触即可完成，强调在经济交往的各个环节中最大限度地减少人与人之间的面对面接触和空间上的接近，转而采用一种物理上分离的经济活动方式。具体而言，无接触经济的实践形式涵盖了网络购物、电子商务平台、智能化物流、电子政务以及视频会议等多个领域。其显著特征在于以互联网技术为支撑，源自数字经济的发展，并且能够满足个性化消费需求。

此外，该经济形态还具有规模经济和范围经济的效应，能够通过技术的应用和网络的扩展，实现成本效益的最大化和市场覆盖的广泛性。

二、产业数字化：提高韧性的重要工具

产业数字化是指在新一代数字科技支撑和引领下，以数据为关键要素，以价值释放为核心，以数据赋能为主线，对产业链上下游的全要素数字化升级、转型和再造的过程（郑江淮和杨洁茹，2024）。具体而言，一方面，产业数字化重组了产业竞争模式、推动产业边界融合。基于产业融合理论，这有助于加快整合企业内外部资源，实现资源共享，促进研发能力、顾客满意度、产品质量等"硬实

力"的提升，提高了企业竞争能力。另一方面，产业数字化驱动了产业效率提升、推动产业价值链参与度及位置提升。基于全球价值链攀升理论，这有助于降低经营成本，促进产业组织结构与模式创新，推动技术水平、管理能力与创新潜力等"软实力"的提升，提高了企业盈利能力与收入水平。

1. 产业数字化的发展形势

我国产业数字化规模不断扩大，占数字经济的比重在82%上下浮动。2022年，我国数字产业化规模达到9.2万亿元，而产业数字化规模为41.0万亿元，同比名义增长10.3%，占GDP比重为33.9%，占数字经济比重为81.7%（见图1-6）。伴随着互联网、人工智能等数字化技术的不断深入融合发展，赋能作用更加突出，智能技术与实体经济的融合逐渐更深更实，强基础、重创新的趋势更加显现出来，产业数字化的探索愈加丰富多样，其对经济发展的主引擎作用更加凸显。

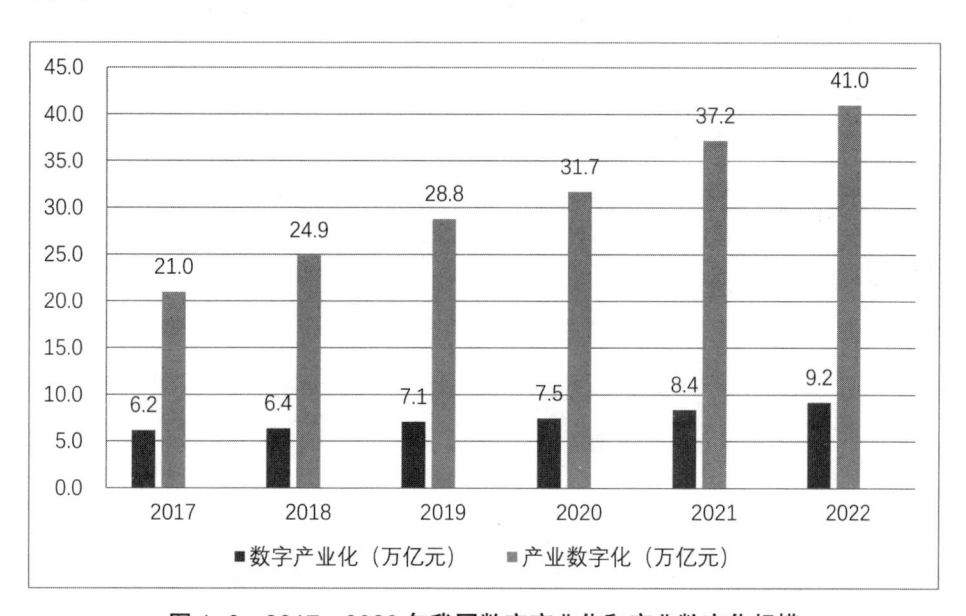

图1-6　2017—2022年我国数字产业化和产业数字化规模

数据来源：《中国数字经济发展研究报告（2023年）》

2. 现代化产业体系建设的重要内容与支撑

数字产业化和产业数字化作为数字经济的重要组成部分，促使产业深度转型升级。一方面，以信息通信产业为代表的数字产业化逐渐成为数字经济中新的核心产业；另一方面，数字技术、数据要素和数字要素带来传统产业产出和效率提升，产业数字化深刻影响产业转型与升级。这意味着，数字经济时代的创新发展有助于实现劳动者、劳动资料、劳动对象及其优化组合的跃升，为加快形成新质生产力提供新的路径。

现代化产业体系建设在数字经济基础之上。新型关键生产要素和数字技术是数字经济的基础，现代信息网络是数字经济的重要载体。在此基础上，产业数字化是现代产业体系建设与发展的重要方向与内涵，表现为传统产业的数字化渗透和转型。在数字技术、数据要素和数字要素的共同作用下，数字化与数字创新逐渐成为加快现代化产业体系建设的动力源泉，同时有助于实现工业体系的数字化、智能化、现代化。这意味着，现代化产业体系是数字经济的重要组成部分，同时数字经济中产业数字化成为现代化产业体系建设的重要内容与支撑。

3. 产业数字化的韧性提高作用

产业数字化是提高韧性的重要工具，为我国产业链的健康发展提供了坚实支撑。具体而言，产业数字化的发展为产业链韧性提供了数据支撑、技术支撑和设施支撑，如图 1-7 所示。

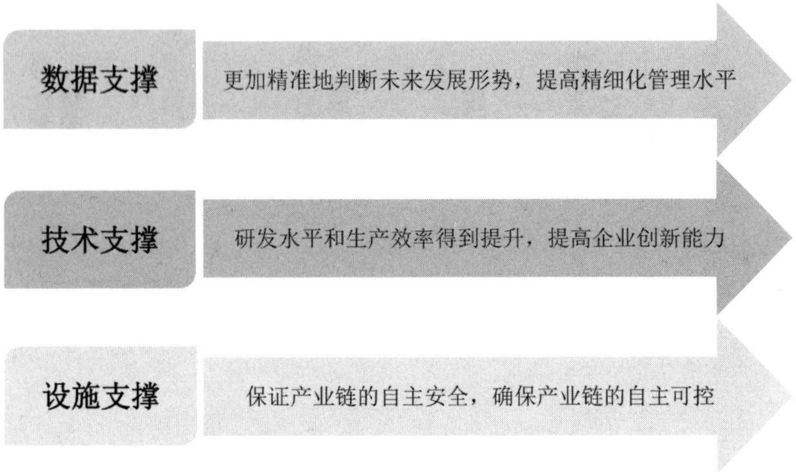

数据支撑	更加精准地判断未来发展形势，提高精细化管理水平
技术支撑	研发水平和生产效率得到提升，提高企业创新能力
设施支撑	保证产业链的自主安全，确保产业链的自主可控

图 1-7　产业数字化的韧性提高作用

（1）数据支撑。

产业数字化促使了多行业联动的基础大数据库和各类行业数据库的建立，能够有效形成供需精准对接的数据共享体系，为企业分析预测产业链上的薄弱环节提供丰富的数据参考，通过大数据分析，企业能够更加精准地判断未来发展形势，提高精细化管理水平，提前研判可能遇到的风险。

（2）技术支撑。

产业数字化为企业带来了先进的数字化技术。数字化技术的应用不仅使企业的研发水平和生产效率得到显著的提升，推动传统产业的转型，而且还能够提高企业创新能力，使其核心技术不断取得突破，提高产品效能和创新力度。

（3）设施支撑。

产业数字化为产业链韧性提供了基础设施支撑。数字化基础设施建设能够有效保证产业链的自主安全，确保产业链的自主可控，例如网络基础设施建设不断发展完善、构建全国一体化的大数据中心体系、建成公共算力开放创新平台等。

专栏 1-1

浪潮：基于工业互联网打造 JDM 模式下的产业协同

1. 企业简介

浪潮软件股份有限公司（以下简称浪潮），是我国最早一批 IT 企业，1996 年于上交所成功上市。在 20 世纪后期，浪潮制造出了我国第一台自动磁芯检测设备、第一台个人计算机。在 20 世纪 90 年代末，生产出了第一台完全由我国拥有自主产权的服务器，以及第一台关键应用计算机。浪潮多次荣获国家科学技术进步奖，成立了面向企业与海外的自主研发中心与博士后流动站，掌握自主核心技术。长期以来，浪潮坚持技术创新，践行大数据发展战略，聚焦行业持续做深做强，为地方政府以及中大型企业提供智慧发展方案。

2. JDM 模式下的产业协同

（1）浪潮 JDM 模式。

JDM 模式代表了一种创新的敏捷供应链实践，其核心在于以客户需求为首要导向，对传统产业链结构进行根本性的优化与重塑。在传统的 IT 产业链中，价值的传递往往是单向且线性的，从芯片供应商到整机制造商，再到软件开发企业和最终用户，客户在这一过程中仅作为产品价值的被动接收方。

相较之下，JDM 模式强调的是一种全方位的协同合作、敏捷响应和高效率的运作方式（见图 1-8）。该模式中的"J"代表"Joint"，意味着通过建立一个网络化、数字化的协同平台，将客户和合作伙伴紧密连接起来，实现资源共享和信息互通；"D"代表"Design/Development/Deliver"，涵盖了从协同设计、敏捷开发到快速交付的全过程，确保产品能够迅速适应市场变化和客户需求；而"M"则代表"Manufacture"，强调通过网络下单、快速定制生产以及直接送达客户的服务模式，从而实现供应链的高效运转和客户满意度的提升。JDM 模式的实施，不仅优化了供应链的响应速度和灵活性，也为整个产业链的升级转型提供了新的思路和解决方案。

- **J**
  - Joint
  - 通过建立一个网络化、数字化的协同平台，将客户和合作伙伴紧密连接起来

- **D**
  - Design/Development/Deliver
  - 涵盖了从协同设计、敏捷开发到快速交付的全过程

- **M**
  - Manufacture
  - 通过网络下单、快速定制生产以及直接送达客户的服务模式，实现供应链的高效运转和客户满意度的提升

图 1-8　浪潮 JDM 模式

（2）以数据驱动实现JDM商业模式创新。

浪潮通过数据驱动实现了JDM模式的创新，以应对规模定制的挑战，满足快速交货与客户特定需求的双重要求。JDM模式强化了数字化协同，通过工业互联网平台，实现了产品设计、仿真、测试到发布的全流程数字化，显著缩短产品交付周期，提升了交付效率。在JDM模式下，客户需求被深度整合到每个产业环节，转变传统的单向价值传递为多维协同的互动关系，提升了产业效率。JDM模式不仅获得了业界的高度认可，还大幅提高了研发效率，缩短了产品上市周期，实现了客户与企业间的端到端深度融合，满足了智慧计算时代对产业模式的新要求。

（3）推动业务和数字技术深度融合。

浪潮基于JDM模式，实现了业务流程与数字技术的深度融合。在营销领域，浪潮创建了订单协同平台，以模块化产品满足客户定制化需求，实现了多场景、多产品线和多业务模式的个性化服务。研发方面，依托IPD（Integrated Product Development，即集成产品开发）体系，浪潮建立了数字化联合研发管理平台，实现了研发流程的全链条数据打通和可视化。制造环节中，浪潮通过智能制造管理系统，实现柔性生产和按需交付，同时利用"5G+AI+大数据"技术推动智能制造，实现客户需求与供应链、生产订单联动。供应链管理上，浪潮建立了ERP（Enterprise Resource Planning，即企业资源计划）和APO（Advanced Planner and Optimizer，即高级计划优化器）双核心体系，提升了计划和履约能力，实现了生产、采购、配送的高度协同。服务方面，浪潮建立全球服务中心和智能云客服系统，通过AI客服等功能，推动了服务流程的端到端数字化转型。

3. 总结与展望

在JDM模式的帮助下，浪潮在互联网市场乃至全球服务器市场上进一步奠定了全球领先的产品技术优势，业务覆盖113个国家和地区，设立8个全球研发中心、6个全球生产中心以及2个全球服务中心，在日本、韩国和欧美等区域市场增长十分迅速。未来，浪潮将继续推进数字化转型，深化技术创新，以数据为核心驱动力，进一步优化和扩展其JDM模式。同时，浪潮将致力于通过更加智能化的产品和服务,提升客户体验,同时探索新的商业模式和市场机会。

三、技术数字化:提供机遇和挑战

数字技术的应用为企业带来了前所未有的机遇和挑战,在提升生产效率、提高生产便利性的同时,也伴随着诸多障碍与挑战。

1. 数字化技术提供机遇

在与传统技术的比较中,数字技术体现出了其在信息传递速度的提升、数据处理与交易成本的降低以及资源配置的精确性等方面的独特优势(Goldfarb 和 Tucker,2019)。凭借这些优势,数字技术的强大生产力不仅催生了庞大的数字产业,为经济增长注入新的活力(刘瑞明和许元,2024),同时也在创造就业机会、建设基础设施、激发自主创新以及促进市场联通等方面发挥了至关重要的作用,如图 1-9 所示。

数字技术		
→	创造就业机会	推动零工经济的迅猛发展,创造了更多的就业岗位
→	建设基础设施	加强了我国的通信能力,还为数字经济的进一步增长和科技创新提供了坚实的物质基础
→	激发自主创新	新兴数字产业带来的技术飞跃将彻底改变经济的发展方式
→	促进市场联通	加强了国内外市场之间的联系和互动,为我国经济的持续增长和全球竞争力的提升提供了有力支撑

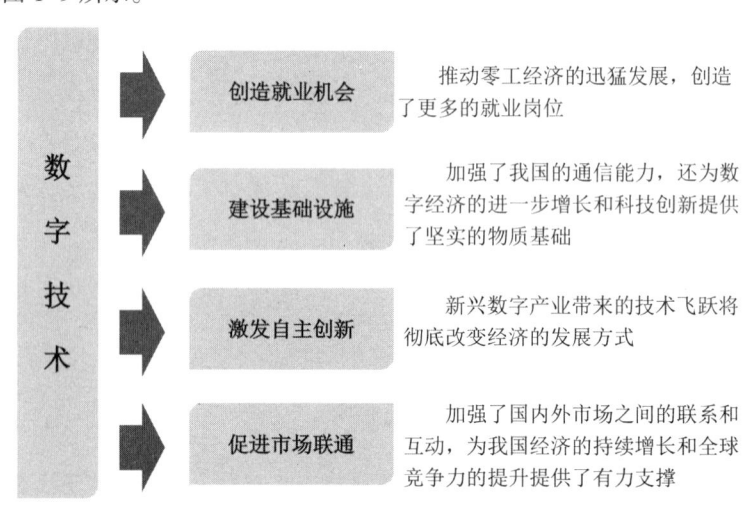

图 1-9 数字技术带来全新挑战

(1)创造就业机会。

稳定就业一直是各国政府面临的重大挑战。在这一背景下,数字产业已经成为创造就业机会的关键支撑力量。数字经济虽然消灭了部分传统工作，但也可能增加了对劳动力的需求。以数字技术为基础的数字经济带来的新业态和新模式，推动零工经济的迅猛发展，创造了更多的就业岗位，涵盖网约车、外卖、电商直播、同城闪送等多种灵活就业方式。

（2）建设基础设施。

数字技术正推动新型基础设施建设（也被称为新基建）的快速发展，包括5G网络、物联网、云计算和人工智能等关键技术领域。我国在5G网络建设方面全球领先，实现了5亿户千兆光网建设和5G基站数量的显著增长，构建了全球最大的5G网络。同时，互联网骨干架构如"东数西算"和千兆光网快速发展，卫星互联网等新技术成为发展热点。这些新型基础设施的建设不仅加强了我国的通信能力，还为数字经济的进一步增长和科技创新提供了坚实的物质基础，促进了数字技术在社会各领域的广泛应用和深度融合，为我国经济发展赢得了新的历史机遇。

（3）激发自主创新。

以数据和算法为核心的前沿数字技术创新引领时代，人工智能、大数据、云计算、区块链等新兴数字产业带来的技术飞跃将彻底改变经济的发展方式。2023年，以大模型为代表的生成式人工智能实现突破式发展，成为当前各国产业竞争新的制高点。ChatGPT的横空出世翻开了人工智能产业的崭新一页，也拉开了新一轮数字技术竞争的序幕。

（4）促进市场联通。

数字技术能够有效破解打破市场分割、畅通国内国际双循环的长期问题，主要是通过推动数字平台的快速发展，为市场联通提供了新的动力和方式。我国的电子商务交易额连续多年位居世界首位，直播电商等新业态的迅速发展，以及跨境电商、农产品电商、新零售电商和在线劳动力市场的兴起，都极大地促进了国内外市场的联通。数字平台如阿里巴巴、腾讯、字节跳动和京东等，不仅推动了行业增长，也成为互联网产业领域的重要力量。这些平台利用数字技术，打破了地域界限，提高了交易效率，降低了运营成本，使得商品和服务能够更快速、更广泛地流通，从而加强了国内外市场之间的联系和互动，为我国经济的持续增长和全球竞争力的提升提供了有力支撑。

2. 数字化技术带来挑战

数字技术的巨大潜力为我国经济创造了空前的发展机会，然而数字经济的发展还会带来潜在的问题和挑战，数字鸿沟的广泛存在给数字经济的发展带来了巨大隐忧。数字鸿沟是指在数字技术不断进步的背景下，由于数字资源禀赋或技能水平的不同，不同地域、人群和行业之间收入和财富分化进一步加剧的现象。当下，数字技术主要存在四大鸿沟：地域鸿沟、人群鸿沟、行业鸿沟以及制度鸿沟，如图 1-10 所示。

图 1-10　数字技术存在的四大鸿沟

（1）地域鸿沟。

在数字技术进步迅猛的当下，一些劳动力面临着被替代的风险，这在数字资源匮乏的欠发达地区表现得尤为明显。在这些地区，居民往往难以接触到先进的数字技术和相关服务，这不仅限制了他们获取信息的渠道，还减缓了该地区的经济社会发展步伐，进一步加剧了城乡之间、不同地区间的发展差距，形成了一个恶性循环：数字资源匮乏导致发展滞后，发展滞后又进一步加剧数字资源的稀缺。

（2）人群鸿沟。

不同年龄、学历、社会经济地位的人群受数字技术的冲击程度有显著的差异。年轻人的人力资本水平明显高于年长群体，他们更容易适应数字化时代的要求，学习新的知识和技能去获得新岗位。相比之下，对于人力资本水平较低的中老年工作者而言，数字技术的发展带来的挑战尤为显著。此外，许多社会经济边缘群体，例如残障人士和贫困人口，也可能在数字化进程中面临失业的风险。这种情况可能会加剧社会经济分化，对于减少社会不平等和提升整体福祉构成了挑战。

（3）行业鸿沟。

各行业在数字化应用方面存在显著差异，一些行业在数字化转型领域已经取得了显著进步，而其他行业则相对滞后。这种差距导致了显著的行业鸿沟，进而可能形成数字技术的壁垒，不仅限制了信息和技术的流动，还影响了人才和资源的配置，进而加剧不同行业间的不平等现象。

（4）制度鸿沟。

法律法规、标准规范尚未完全适应数字时代的发展需求，这导致数字技术在跨越地域、人群和行业时面临诸多阻碍和风险挑战，限制了数字技术的普及。为了实现数字技术的普惠，不仅需要技术创新，还需要制度层面的改革和国际范围的合作，以消除这些鸿沟。

专栏 1-2

凌迪科技：以自主技术创新赋能转型升级

1. 企业简介

浙江凌迪数字科技有限公司（以下简称凌迪科技）成立于2015年，总部位于杭州，在上海、广州、香港、巴黎、米兰、伦敦等地均设有分公司或办事处。旗下的Style3D是时尚产业链3D数字化服务平台，核心产品包括Style3D数字化建模设计软件、3D研发全流程协同平台，以技术赋能柔性快反供应链，更好地满足时尚消费的新需求。

2. 通过自主技术创新赋能链上中小企业数字化转型升级

凌迪科技专注于服装行业中小企业的数字化转型，针对设计成本、样衣周期、电商上新成本、商品管理、数据断层和供应商推款周期等关键问题，提供创新的数字化工具和定制化解决方案，通过自主技术创新赋能链上中小企业数字化转型升级，致力于降低成本、提高效率，全面赋能行业企业。

（1）推进根本性技术创新。

凌迪科技针对3D仿真服装设计工业软件领域的核心挑战，进行了根本性的技术创新。传统基于CPU（中央处理器）的仿真引擎虽然稳定，但在处理大量数据计算和图形渲染时算力不足，导致高硬件成本。凌迪科技采用基于GPU（图形处理器）的仿真引擎开发，由王华民教授领导，成功开发出世界唯一基于GPU的3D物理仿真引擎，显著提升了软件性能，减少对高性能硬件的依赖。实际测试显示，GPU引擎的性能是CPU的5倍。这一"元创新"使得凌迪科技的3D仿真服装设计软件功能强大且成本效益高，有效地推动了服装行业中小企业的数字化转型。

（2）数字化转型方案定制。

凌迪科技针对服装行业中小企业的数字化转型需求，提供定制化的解决方案。结合共性与个性场景，凌迪科技为不同类型的企业提供专门的数字化服务。对面辅料商，提供设计研发、沟通管理、在线协同和订货的数字化解决方案，以提高效率和响应速度；对ODM（Original Design Manufactuce，即原始设计制造商）实现在线需求管理、建立款式库、数字样衣展示和样衣变更管理，以优化生产流程和提升客户反馈速度；对品牌商，设计资源管理、在线产品管理、版本控制、生产包生成、成本核算和虚拟营销工具，以加强产品开发和市场推广；对跨境贸易商，通过产品研发、供应链管理、3D渲染和虚拟走秀等工具，加速产品上市和提升市场竞争力；对服装电商，提供产品研发、供应链优化、数字化营销和3D测款服务，以实现快速上新和增强用户体验。凌迪科技旨在利用先进的数字化技术，帮助服装行业的中小企业通过数字化转型，提升运营效率、降低成本，并增强市场竞争力。

3. 总结与展望

凌迪科技通过推进根本性技术创新、定制数字化转型方案，赋能服装产业链上的服装品牌企业、服装设计企业、服装制造企业、服装贸易企业等大中小企业，推进服装制造产业链实现"链式"数字化转型。未来，凌迪科技有望继续深化其技术优势，拓展更多创新的数字化工具和服务，以满足不断变化的市场需求。随着人工智能、大数据等技术的进一步融合，凌迪科技将会为服装行业带来更多智能化、个性化的解决方案，助力企业在全球竞争中保持领先地位，推动行业的可持续发展。

第二节 互联网思维的应用

随着数字经济的不断发展，互联网技术的应用深入经济社会之中，逐渐地演变成为一种思维方式，也就是互联网思维。互联网思维是指在互联网、大数据、云计算等新兴科学技术不断发展的背景下，对市场、用户、产品、企业价值链乃至整个商业生态进行重新审视的思考方式。正是互联网的出现和发展，才使得互联网思维得以集中爆发（赵大伟，2015）。互联网思维要求企业从互联网的角度出发去思考问题，以有效提高企业以及个体对市场和商业的认知水平。

随着互联网技术的日益深入和普及，商业发展、市场推广、产品定位等关键商业活动领域均需运用互联网思维进行重新审视和策略规划。互联网思维具有社会化、网络化、大数据的显著特征，能够有效构建深层次的关系网络，实现供需的精准匹配，并优化企业商业模式。

一、社会化：构建深层次的关系网络

互联网思维的社会化特征为经济社会铺开了各式各样的关系网络，帮助内部各成员更好地利用有效资源，更有效地进行交流和互助，形成协同合作的共同体，进而构建了更深层次的关系网络。

1. 传统思维与互联网思维下的社会化

在以往的传统思维影响下，商家大多遵循"酒香不怕巷子深"的理念，认为只要拥有好的产品，用户就会自动传播。但用户在时间、精力都有限的情况下，是很少会主动传播的，而当用户愿意主动分享传播时，商家也往往难以提供给用户方便、快捷的一键分享的内容，缺少能够快速触及用户的渠道、工具。而且，

即便用户成功地将产品及内容分享出去，但是仍然缺乏分享后的奖励机制，用户得不到激励，其积极性就会显著降低。

在互联网思维下，商家转而相信"酒香也怕巷子深"的理念，认为好产品也需要通过广告等营销方式将其传播出去，需要主动接触用户，将产品信息在第一时间传达给用户。互联网思维引导商家合理利用互联网技术，通过大数据等技术来挖掘深度用户和高潜力消费人群，找出对其产品认可度高的用户群体，扩大目标群体的可行范围。互联网思维扭转了传统思维"被动"的局面，主动出击，结合互联网技术主动将其产品分享出去，同时，互联网技术为企业提供了高效、优质的传播工具和分享平台，例如微信社群、抖音等，不仅让企业的产品信息传递效率提高，而且能够传达出更加丰富、优质的产品内容，吸引更多的用户群体，将潜在用户转化为实际用户，将"过路者"转化为"观察者"。

2. 互联网思维即社会化思维

互联网思维也是一种社会化思维，其本质是互联网用户思维（王淑伟，2021）。互联网思维通过运用社会化工具、媒体和网络，将具有相同价值观、兴趣爱好以及社会化关系的人连接在一起，从而达到重塑企业组织管理和整个商业运作形态的目的。互联网思维以人为核心，通过有效扩展相关联的关系网络，实现有价值信息的高效传播，从而促进了强大关系网的形成，并在此基础上构建了广阔的互联网生态系统。因此信息的传递不仅在量上得到增强，更在质上实现了优化，从而在企业和用户之间建立起稳固而富有活力的互动平台。

在企业组织管理中，运用互联网思维能够更加有效地整合各类资源，使得价值链进一步延长，充分实现跨界创新，完善整个价值链体系。同时，在互联网构建的关系网络下，不仅能够更好地交流、互换各类优质资源，实现跨界发展，而且能够构建更深层次的关系网络，使内部成员之间的关系更加紧密，形成更深层次的共生关系，共同创造价值。

> 专栏 1-3

海行云：智造云平台实现产业协同

1. 企业简介

安徽海行云物联科技有限公司（以下简称海行云）成立于2021年，为汽车行业大规模定制工业互联网平台，依托先进的工业互联网平台业务模式、技术能力、生态资源和品牌效应，结合奇瑞作为链主企业在汽车行业的市场地位，包括自身数字化转型建设、对产业链上下游的影响，以及积累的行业知识和体系，致力于构建以国内国际双循环为指导，向海外市场延伸，打造国际化的跨行业跨领域平台，全面拥抱智能汽车时代。

2. 打造智造云平台，实现产业协同

海行云由奇瑞和海尔卡奥斯联合成立，旨在应对汽车行业数字化转型的迫切需求。面对中小型企业在设备数字化、上云平台、数据采集分析及质量管理方面的挑战，海行云推出了智造云平台。该平台基于HiGoPlay工业互联网平台，为产业链企业提供定制化开发和SaaS（Software as a Service，软件即服务）服务，支持中型企业进行深度数字化部署，同时使小型企业能够迅速实现生产和管理流程的数字化。

（1）平台建设。

海行云致力于打造HiGoPlay工业互联网平台，旨在推动汽车行业生产、物流、仓储和供应链等关键环节的数字化协同，以及物联网数据采集。HiGoPlay工业互联网平台采用开放包容的服务模式，鼓励大企业共建、小企业共享，以培育新生态。通过与行业龙头企业合作，HiGoPlay工业互联网平台建立了行业样板，实现了行业经验的云化，并通过用户付薪模式分享平台收益。

此外，HiGoPlay平台还积极参与产需对接，加入地方工业互联网产业联盟

和服务供应商联盟，推动汽车行业中小型企业的数字化发展。通过组织产需对接会和提供解决方案案例，HiGoPlay 工业互联网平台助力企业实施工业互联网项目，实现中小企业数字化转型的高效、快速、优质和节约成本的目标。

（2）高效运行。

海行云通过智造云平台，实现了生产与仓储物流的信息一体化管理，确保数据的完整追溯。海行云打造了基于三维数字化车间的透明化管理系统，集成自动化设备与信息系统，利用现场看板和 MES（Manufacturing Execution System，即制造执行系统），实现了生产数据的实时采集与多维度分析，提升了生产管理的效率和质量。并采用智能排程 APS（Advanced Planning and Scheduling，即进阶生产规划及排程）系统，增强了故障分析能力，实现了生产计划的自动下达和全程质量监控，通过传感器数据采集，实现了异常的自动监测和故障预测。同时，平台建立了完整的供应商协同流程，简化了采购订单处理，确保了供应商送货的准确性和及时性。

此外，智造云平台还实现了出入库的全过程控制，通过 PDA（Personal Digital Assistant，即手持终端）扫码管理，减少了人工错误，提高了库存管理的精准度和工作效率。

3. 总结与展望

海行云通过打造基于三维数字化车间的透明化管理、采用智能排程 APS 系统、建立完整的供应商协同流程、实现出入库的全过程控制等举措，优化平台全流程管理，实现产业更好协同。未来，海行云有望继续深化其在工业互联网领域的技术应用，推动更多企业实现数字化升级，并通过持续的技术创新和服务优化，助力汽车行业及其他制造业实现更加高效、智能的生产和供应链管理，推动整个产业的可持续发展。

二、网络化：实现供需的精准匹配

互联网思维下的网络化特征明显，基于用户至上的原则，重新塑造了多方的参与感和体验感，实现供需的精准匹配，如图 1-11 所示。

```
○── 更加凸显用户至上的原则
○── 重新塑造多方参与感和体验感
○── 实现差异化供给与个性化需求精准匹配
```

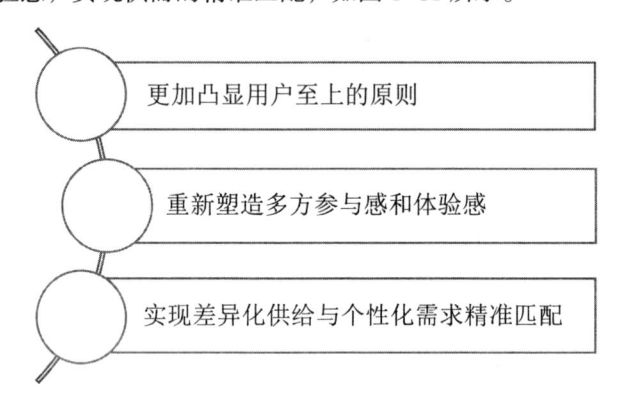

图 1-11　网络化特征实现供需的精准匹配

1. 更加凸显用户至上的原则

互联网思维的引导使得企业的网络化特征更加凸显，充分体现出用户至上的原则。企业以互联网思维为基础，深刻认识到互联网时代下用户的重要性，致力于从需求角度出发，找到并聚焦目标消费者。通过互联网与消费者进行深层次的交流与沟通，与消费者感同身受，及时解决消费者提出的问题或意见，满足消费者诉求，进一步增强消费者的黏性，为企业自身赢得更多的市场份额和消费者的积极支持。企业在整个价值链条中坚持用户至上的原则，不仅仅是因为互联网背景下商品及信息的不透明度大大下降，消费者的选择成本和比较成本随之降低，往往会在同类型产品中进行对比选择，消费者从被动选择转变为主动选择，而且企业只有满足消费者的各项需求，才能够在消费者心目中留下良好的口碑，得到更多消费者的支持，进而实现企业的可持续发展。

2. 重新塑造多方参与感和体验感

互联网思维的网络化特征将企业与消费者紧密地联系在一起。企业通过互联网查询历史成交等方面的数据，能够更好地了解消费者市场空间及市场趋势，总结消费者习惯和个人偏好，事先了解目标消费者群体和目标消费者市场的突出特征，将产品内容有针对性地投放于特定的消费者市场和群体，有效刺激市场需求。同时，消费者通过互联网能够更加清楚、全面地了解企业产品以及服务，有针对性地搜索相关产品信息，提升与产品之间的互动与体验感，最终选择自身利益最大化的产品。

基于互联网思维，企业可以将信息流和资金流放在线上，将商流和物流放在线下，最大限度地集成线上和线下的优势，在降低成本的同时，尽可能多地提升用户参与感和体验感。

3. 实现差异化供给与个性化需求精准匹配

对于传统商贸而言，成本、效率的限制使得商家的差异化生产能力不足，生产出来的产品过于单一、大众，即使是在供大于求的局面下，消费者的个性化需求仍然难以满足。并且在传统产业领域，线上与线下渠道的割裂现象较为普遍，导致信息传递相对封闭，进而影响了行业信息的透明度。企业间以及企业与消费者之间的信息沟通遭遇障碍，难以实现顺畅的信息交流，进一步加剧了信息不对称的问题，使得供需双方在进行有效的市场匹配和筛选时面临重大挑战。因此，打破信息孤岛，促进信息的开放流通，对于提升产业效率和市场响应速度具有重要意义。

在互联网思维下，网络化趋势打破了这一传统，不仅合理利用线上线下的双重渠道进行需求了解，进而实现更加精准的供需匹配，生产出多样化产品，为消费者提供更多的选择，实现了商家的差异化供给和个性化需求的精准匹配，而且还能够通过互联网实现信息共享，降低企业的信息发掘成本，充分释放信息价值，将原本孤立的企业、消费者联合起来，更好地实现信息交流与共享，打破了行业固有的信息传输渠道，使得行业运行更加透明、高效。

三、大数据：优化企业商业模式

互联网思维也是一种大数据思维，在充分理解、分析数据的基础上，为企业精准锁定用户需求、优化商业模式奠定了基础。大数据是一种即时且真实的数据的集合，贯穿于人类各项活动所记录下的字符痕迹中，而不是依靠事后调查所获得的数据。在互联网时代，大数据无处不在。大数据的应用极大地推动了商业形态的发展，通过大数据分析，企业可以掌握消费者喜好，了解消费市场动向，分析研判未来走势和可能遇到的风险，进而做好针对性服务和全面性工作，充分利用大数据中所蕴含的价值，提高企业互联网技术和现代化水平。

因此，企业可以利用大数据对其商业模式进行改进和优化，形成属于自身的商业管理体系，增强企业影响力、竞争力以及经济效益，并获取更为深厚的商业保障。企业可以通过分析、整理大数据，将其转化为切实可用的信息，进而对接下来的生产经营活动起到一定的指导作用。

首先，大数据能够帮助企业整合业务信息资源。数据采集的优化，数据库的建立、日常管理与维护，数据分析，数据挖掘等专业的数据与信息服务，为企业纷繁复杂的信息数据提供了高效的处理方式。从数据出发，精准分析，可以帮助企业将数据挖掘与信息分析的结果用于改进和优化日常生产经营与决策过程。具体而言，企业可以通过大数据搭建智能化管理系统，各类信息数据在系统内部交互，进而企业管理者可以通过智能化信息平台进行直观的统计与数据分析，有效整理企业内部各类信息资源，并据此做出精确的判断，同时制定下一步的发展计划，实现数据交互的高效率协同和高水平的经济价值。

其次，大数据能够帮助企业洞悉行业发展趋势。在庞大的样本数据下，大数据技术为企业提供了深度挖掘与分析的工具，进而得出更准确、深入的结论，提升数据分析结果的可靠性和准确度。进而帮助企业深入了解其所在行业当前的发展趋势，在不断变化的动态市场中合理预测市场趋势，精准锁定客户群体，提高企业整体效率。

最后，大数据能够帮助企业为客户提供更加精准的服务。企业可以利用大数据筛选出客户的关注倾向以及喜好趋势，进而实现纵向深挖、及时反馈，使得企业更加了解客户的偏好，从而为客户提供精准的产品和服务。

第三节 供应链全流程管理概述

一、供应链管理的概念

供应链的概念最早来源于彼得·德鲁克提出的经济链，而后经由迈克尔·波特发展成为价值链，到1996年，供应链的概念被正式提出。

到目前为止，对于供应链的概念界定存在着多种不同的声音。美国学者苏尼尔·乔普拉在其著作《供应链管理》一书中指出，多数的供应链事实上是一个网络，主张用供应网或供应网络描述供应链的结构更为准确，他认为供应链是一个不断动态变化的过程，其中信息、产品、资金都在循环流动，其主体包括制造商、供应商、运输商、仓储商、零售商、顾客等，致力于直接或间接满足各方需求（见图1-12）。黄河等（2001）指出供应链目前尚无较为统一、公认的说法，较为常用的概念是由原材料加工为成品并送到用户手中这一过程中涉及的合作企业和部门所组成的网络，在这一网络中，中心是供应链的核心企业，服务对象是最终用户，并用速度、柔性、质量、成本以及服务这5个主要指标对供应链质量进行评价。王砾（2023）认为供应链是一种整体的功能网络结构，其中涉及多方主体，包括生产者、供应者、消费者、终端商品等，主要目的是保障产业链的分工协作正常运行，协调整合全部的活动，具有复杂性、动态性、交叉性的特征。张涛和李雷（2024）指出供应链是企业参与市场竞争、实现价值创造的关键载体，在业务协作过程中，企业与上游供应商及下游客户形成"一荣俱荣、一损俱损"的供应链关系网络。

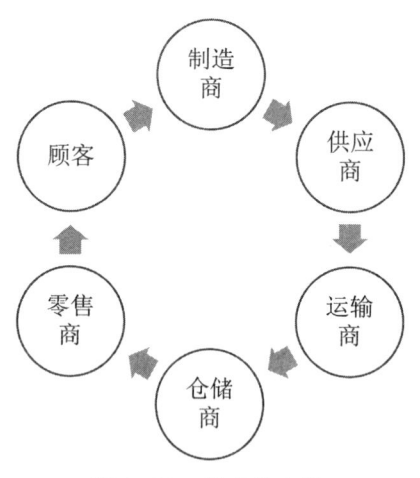

图 1-12　供应链主体

供应链管理起源于后勤学，这一名词最早在 1982 年由 Keith Oliver 提出。供应链管理这一概念到 21 世纪才被广泛关注，而自 20 世纪 80 年代至今，供应链管理的发展经历了 3 个阶段，第一阶段是 20 世纪 80 年代的供应链管理萌芽阶段，第二阶段是 20 世纪 90 年代上半期的供应链管理初步形成阶段，第三个阶段是 20 世纪 90 年代后半期至今，供应链管理的发展越来越完善，从企业独立的个体逐渐发展至更加强调和注重内外部的集成和合作伙伴关系（董安邦和廖志英，2002）。而 Viswanadaham（2002）则是从物流管理向供应链管理演变出发，认为供应链的发展可划分为 3 个显著的历史阶段：初期阶段，即 20 世纪 60—70 年代，主要关注点在于物流配送的独立运作以及成本控制的有效实施；第二阶段，即 20 世纪 70—80 年代，这一时期的特征是对内外部物流功能的整合以及合作伙伴关系的强化；第三阶段，自 20 世纪 90 年代起，供应链管理的焦点转向了整个价值链的效率优化，追求整体运营性能的提升，如图 1-13 所示。

```
┌─────────┐
│ 初期阶段 │•20世纪60—70年代，关注点在于物流配送的
└─────────┘  独立运作以及成本控制的有效实施
     ↓
   ┌──────────┐
   │ 第二阶段 │•20世纪70—80年代，对内外部物流功
   └──────────┘  能的整合以及合作伙伴关系的强化
        ↓
      ┌──────────┐
      │ 第三阶段 │•20世纪90年代起，追求整体运营性能
      └──────────┘  的提升
```

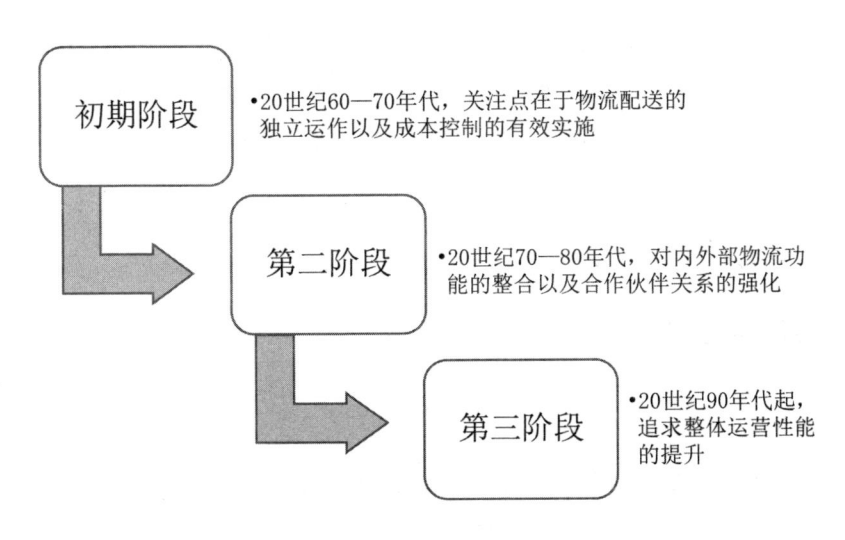

图 1-13　供应链发展的历史阶段

同样，供应链管理也没有统一的定义，学术界存在着不同的观点。董安邦和廖志英（2002）认为供应链管理是以"6R"为目标，对从供应商到顾客的整个网链结构上发生的物流、资金流、信息流等进行综合的计划、协调以及控制的现代管理技术和管理模式，其中"6R"指的是正确的产品（Right Product）、正确的时间（Right Time）、正确的数量（Right Quantity）、正确的质量（Right Quality）、正确的状态（Right Status）以及正确的地点（Right Place），最终使得总成本最小。而袁劲松和李晓军（2023）则指出供应链管理的目标即"7R"，也就是将顾客所需的正确的产品（Right Product）能够在正确的时间（Right Time）内按照正确的数量（Right Quantity）、正确的质量（Right Quality）和正确的状态（Right Status）送到正确的地点（Right Place）交给正确的客户（Right Customer），同样是使总成本最小。

与此同时，燕凯（2017）指出，供应链管理是基于各种信息化技术，以集成化生产计划为主导，围绕需求、采购、生产、物流、销售等方面来实施。张悦和段送爽（2023）指出，供应链管理是指制造商、供应商、分销商、零售商等诸多合作伙伴进行原材料采购、组装加工、仓储运输和销售服务等业务活动的规划与管理，涵盖了从原料采购到最终产品销售的全过程，有助于降低公司运营成本，

提高客户服务水平，提升应对市场变化的能力。而袁劲松和李晓军（2023）则认为，供应链管理的核心是从供应（商）、制造（商）、分销（商）到客户的物流、信息流和资金流的协调与集成，是对整个供应链系统进行计划协调、操作、控制和优化的各种活动和过程。

> 专栏 1-4

盒马鲜生：高效的供应链关系管理

1. 企业简介

盒马鲜生为 O2O（Online to Offline，即线上到线下）电商超市，其主营业务为生鲜类食品，主要是通过线上 App 下单、线下门店配送的方式来提供服务。盒马鲜生创立于 2016 年 1 月，于 2016 年 2 月在上海开设了首家门店，截至 2021 年 12 月，盒马鲜生在全国开设门店总计 147 家，其中大部分门店位于北京、上海、杭州、南京、成都等一线与二线城市。盒马鲜生与传统生鲜类超市的不同之处在于其为线上和线下的一体化超市，并且提出了 3 千米内 30 分钟快速送达的口号，线上业务在业界独树一帜。

2. 供应链关系管理的极致优化

食品供应链的供需关系存在周期性和季节性波动，以及应季蔬果的需求预测困难。同时，生鲜产品的特殊性要求严格的储存条件，如不同食材需不同温度等级的存储，这增加了仓储要求和成本，对追求轻资产的生鲜电商的盈利能力构成挑战。因而，盒马鲜生采取了一系列的措施维护并强化与供应商和客户之间的关系。

（1）与供应商的关系。

盒马鲜生处于供应链相对下游的位置，属于零售商，因此站在零售商的角度来说，盒马鲜生应当建立完善的供应链体系，加强与供应商之间的联系。盒马鲜生采用了质量安全管理体系来对各个供应商的资质进行甄别，而对于各个供应商所供应的食品，则是通过抽样检测和持续追踪的方式来进行检查。若供应商所提供的食品符合国家规定的标准，同时也经过了盒马鲜生的审核，才能最终与盒马鲜生签约，形成稳定的合作供给关系。

盒马鲜生通过严格的供应链考核制度，与供应商建立了稳固的合作伙伴关系，在提升自身竞争力的同时也实现了双赢。在完成供应商的选取之后，盒马鲜生还结合自身情况与供应链特征构建了管理体系，通过供应链协同合作的方式来建立食品安全管理体系，加强供应链上各个企业的协同合作，如表1-1所示。

表1-1　盒马鲜生食品供应链协同管理

战略协同	与供应商议价，双方协同合作来降低运营成本，提升客户满意度
业务协同	将盒马鲜生的业务计划与供应链中的其他企业进行共享，共同制定业务计划
信息协同	供应链中的各个主体均能通过数据管理来实现对数据的搜集和共享，对客户信息、销售信息、库存信息进行共享，提升信息处理效率
分配协同	建立合作关系之后，双方在运营和管理过程中进一步完善对于食品安全的管理体系，合理地对利益与职责进行分配

在供应链的源头，盒马鲜生除了与供应商合作之外，还直接与农民合作，即通过农超对接的商业模式，直接与农民对接，从生产一线来收购农产品。在收购农产品的一线，还通过建立采购基地的方式来实现规模化、集成化的收购，提升农产品的收购效率。

（2）与客户的关系。

盒马鲜生自创立起，就一直秉承"顾客至上""顾客需求至上"的作风，即始终将为用户服务作为自己的职责，从生产到最终的销售过程，均需要考虑用户的需求与切身体验。

盒马鲜生为了维护与客户之间的关系，还提出了一站式服务的服务模式，极大地提升了供给效率，只逛一家盒马鲜生就能将所需要的菜品一站式买齐，为用户提供了便利。在售后方面，盒马鲜生也效仿沃尔玛超市的做法，提出了"包君满意"的售后服务策略，通过该政策使得客户能够放心购买食品，不满意全额退款。此外，盒马鲜生作为生鲜零售行业的领头羊，其物流体系也极大地迎合了客户的切身需求，在控制成本的同时，也极大地加快了物流的周转速度，保障了3千米内30分钟的盒马速度，其配送流程如图1-14所示。

```
供应商按照订单发货 → 盒马鲜生各个门店 → 用户
                                    ↑↓
                              用户线上下单
                              配货中心
```

图 1-14　盒马鲜生物流配送体系

3. 总结与展望

盒马鲜生通过高效的供应链关系管理，与供应商建立了紧密的合作关系，确保了商品的稳定供应和新鲜度。同时，通过线上线下融合的零售模式，盒马鲜生能够快速响应客户需求，提供个性化和便捷的购物体验。未来，盒马鲜生有望进一步利用大数据和人工智能技术，优化库存管理，提高供应链的透明度和响应速度。

二、全流程管理的概念

企业流程管理的本质是假定做事的先后顺序、人员分工以及工作标准，以保证业务流程及每个流程节点都有人做，并且做得高效、有价值。杨伟（2023）认为业务流程管理是企业为实现其特定的业务目标，而对其业务活动进行重新组织和规划的管理方式，进而较好地控制企业的生产经营活动，有效实现对营运资金的管控。朱琳（2022）认为企业的业务流程管理至关重要，需要构建卓越的业务流程管理体系，不仅能够完善企业的制度管理，确保制度与流程相匹配，实现业务流程的高效运作，提高流程体系的执行力，而且还能够帮助企业有效实施一体化管理，实施全面的业务流程管理，建立高效的管理体系，实现业务流程活动、表单记录等全方位一体化管理，最终实现流程治理。

在实验领域，全流程管控是一种全生命周期管理，采用了正向管理和逆向管理，从正向管理配合逆向问题管理，进而不断循环优化企业整套管理方案（付祥武等，2023）。李国斌和李小春（2023）认为流程管理是企业十分重要并且有效的运作方式，随着企业在市场环境中面临的市场竞争越来越激烈，企业必须优化流程管理，使得企业运作更加高效，提高企业自身的应变能力和适应能力，并且指出流程管理以规范化的流程、高效化的环节、清晰化的绩效反馈为基本目标。袁金凤（2023）指出企业做好供应链上的全流程管理，能够有效提高企业效率，降低企业运营成本，保障企业业务的连续性和稳定性，进而提升企业竞争优势和市场响应速度，在激烈的市场竞争中脱颖而出，实现企业的长期可持续发展。

全流程管理理念在不断的发展中继续前行，最重要的两个关键点就是供应链思维的塑造和数字技术的引入。一方面，如今的时代是高度互联化的时代，传统的流程管理已经不再适应发展越来越快的当今社会，企业流程管理发生了深刻变化，并且面临着越来越多的不确定性，迫使企业需要综合分析内部管理和外部环境的现状和变化，重新做出相应的流程管理基础。这就要求全流程管理突破原有的思维局限，重视一体化供应链体系，形成整体性思维、逆向思维、开放性思维，塑造供应链思维（郭少中，2019）。供应链思维有助于企业在进行全流程管理的过程中，更加注重满足客户需求这一目标，有序协同各类资源并实现更深程度的优化配置，致力于实现企业在整个供应链上更高价值的实现。另一方面，数字技术和互联网思维的广泛应用也逐渐融合进企业的全流程管理之中。基于供应链思维的全流程管理致力于优化产品及服务，降低企业开支，并且通过新一代数字技术的引用，企业可以建立起数字化管理系统，解决流程管理中信息不对称的问题，降低供应链全流程管理的难度，节约中间环节的时间，有效实现供应链各环节的信息共建共享，实现数字化改造（王砾，2023）。

三、企业供应链全流程管理的特征

随着企业供应链全流程管理得到越来越多的关注和重视，学术界和企业开始研究探索供应链全流程管理的相关特征，得出的结论具体包括以消费者为中心、强调企业的核心竞争力、秉持相互协作的双赢理念以及优化信息流程4点，如图1-15所示。

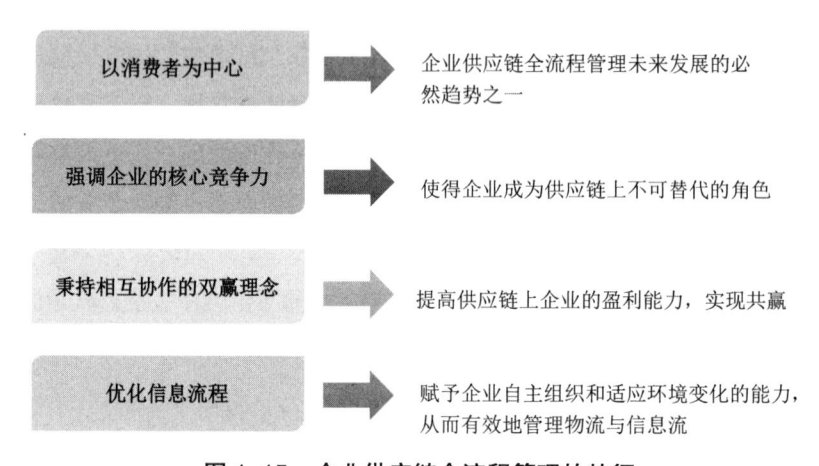

以消费者为中心	企业供应链全流程管理未来发展的必然趋势之一
强调企业的核心竞争力	使得企业成为供应链上不可替代的角色
秉持相互协作的双赢理念	提高供应链上企业的盈利能力，实现共赢
优化信息流程	赋予企业自主组织和适应环境变化的能力，从而有效地管理物流与信息流

图1-15 企业供应链全流程管理的特征

（1）以消费者为中心。

数字化时代下，供应链逐渐趋向于以消费者为中心。当前全球行业呈现出结构性产能多于需求、产能过剩的突出特点，各国竞相降准、降息、降汇，全球竞争激烈，且全球消费、市场发展和增长面临瓶颈。对此，全球供应链、产业链都做出了相应的改变，最为突出的就是更加面向消费者，以满足消费者需求为重要目标，将按需设计、按需制造、按需服务作为供应链变革的方向。

以消费者为中心也是企业供应链全流程管理未来发展的必然趋势之一。供应链全流程管理是行业数字化转型的重要课题之一，要想适应未来行业生态的企业供应链管理和全流程体系的模式，就应以消费者为中心。重点以数据为驱动，突破传统行业与新兴业态之间的壁垒，为内部和外部用户提供更加优质的、跨渠道的产品以及服务体验，实现供应链全流程的优化和重构，高效匹配供需。

（2）强调企业的核心竞争力。

由于企业资源有限，要想在各行各业都取得竞争优势无疑是十分困难的，所以企业选择将其资源集中于具备更多优势和专长的领域内，以此来形成其独特的竞争优势。拥有核心竞争力以及核心业务的企业，更便于在供应链上进行定位，并且这一定位不会被竞争对手模仿甚至抄袭，进而使得企业成为供应链上不可替代的角色。

（3）秉持相互协作的双赢理念。

在传统的企业运营管理中，供给与销售之间的联系较少，处于一种"各扫门前雪"的状态，企业与供应商之间没有协调一致的计划，缺乏战略合作伙伴关系，这样企业实现的往往是短期利益，容易引起供应商之间价格的竞争，不利于企业的长久发展。而当供应链全流程管理被引入后，链条上的所有环节都被视为一个整体，每一环节的每一企业除了关注自身利益外，还会注重实现链条整体的利益，强化合作关系，提高供应链上企业的盈利能力，实现共赢。

与此同时，在供应链全流程管理中，不仅仅要实现链条上企业的协同合作，而且还要致力于集成企业的内部和外部，将内部供应链与外部的供应商、用户集成起来，进而构建一个集成化程度高的供应链，进一步提升企业竞争力和盈利能力，更好地实现协同共生和价值共创。

（4）优化信息流程。

信息流程涉及企业内部员工、客户以及供应商之间的互动交流，是供应链管理优化的关键环节。为了实现供应链管理的有效改进，信息流程的优化必须从产品的初级供应商环节着手，确保信息的顺畅传递，直至产品送达最终用户。信息流程要求企业从根本上调整其业务流程，以符合供应链的运作特性，同时赋予各个环节的企业以自主组织和适应环境变化的能力，从而有效地管理物流与信息流。

> 章末案例

比亚迪：把握数字化机遇

1. 企业简介

比亚迪股份有限公司（以下简称比亚迪）于1995年在深圳成立，主要生产和销售汽车及相关产品，同时涉及信息技术、新能源汽车、手机部件和组装以及充电电池和光伏业务。比亚迪总部设在深圳，在美国、英国、日本、韩国等多个国家均开展有业务。目前比亚迪专注于研究和开发，广泛的服务领域和开阔的客户群体是其优势，长足地深耕汽车制造业和新能源研发是其基石，拓展多样的、创新的智能领域是其前景。不断增长的全球混合动力汽车市场、中国移动市场下沉扩张、促进创新研发的国家战略都持续为比亚迪提供了增长机会。

2. 数字化转型带来新机遇

（1）入局数字化领域。

信息智能技术和数据智能深刻地改变着制造行业。比亚迪是同行业内较早入局数字化领域的，它于2014年就与西湖电子集团签署战略合作协议，成立了西湖新能源汽车有限公司，持续投放运营电动公交车。比亚迪在本土制造业的数字化转型既包含车辆智能化系统推广，还有数据中心建立、实时分析等方面的机遇把握，同时吸收了国外技术如单轨列车的创新等。在此基础上，2018年"云轨"项目的落地，充分展示了其数字化战略的全面推进情况。

（2）满足顾客的个性化需求。

产业链的高度整合为比亚迪带来了显著的竞争优势，然而，随着新能源汽车市场竞争的加剧，比亚迪所依赖的垂直整合产业链模式遭遇了一系列挑战。一个尤为关键的问题是，消费者对个性化产品的需求未能得到充分的满足。这一问题部分源于比亚迪在产品研发初期采取的逆向工程策略，即通过购买并拆解其他公司的成熟汽车产品进行研究，随后在此基础上进行模仿和创新。虽然这种方法降低了研发成本并加速了产品上市进程，但它也限制了消费者在汽车研发过程中的参与度，从而难以满足其对差异化产品的需求。

此外，比亚迪的产业链高度垂直整合，导致了一种"闭门造车"的现象，其中部分零部件缺乏充分的市场竞争，不仅削弱了市场活力，也降低了公司的市场竞争力，进而影响了产品的创新能力，难以迎合消费者对创新产品的需求。针对这些问题，比亚迪开始把握数字化带来的机遇，将客户置于核心位置，通过强化数字化服务，全方位改革供应链管理策略，以更好地满足消费者多样化的互动和交流需求。

（3）政策及补贴的调整。

比亚迪在发展初期主要采取的是模仿学习策略，目标市场定位于低端消费群体。然而，这一市场细分的购买力和品牌吸引力相对有限，且竞争环境尤为激烈。这导致比亚迪在库存管理和现金流动方面遭遇了非常大的挑战。供应商和经销商的现金流问题成为制约比亚迪快速发展的主要障碍，确保现金流的顺畅运转对于比亚迪在新能源汽车领域的成长至关重要。

自2009年起，我国政府开始对新能源汽车实施补贴政策，这一措施显著提高了比亚迪的利润水平。然而，政策的大力激励也引发了新能源汽车制造的热潮，蔚来、小鹏、理想等新兴品牌相继崛起，这些品牌凭借其有效的市场营销策略迅速获得了市场关注，从而加剧了比亚迪面临的市场竞争压力。从2016年起，国家对新能源汽车的补贴政策开始逐步调整，旨在遏制行业内的不正当竞争行为。这一政策转变对比亚迪的现金流管理构成了重大挑战，迫使公司必须采取更为精明的策略来管理现金流和供应链，以防止现金流断裂的风险。

3. 供应链结构的整合与优化

（1）电动汽车产业供应链结构分析。

我国汽车零部件工厂超过万家，其供应链结构主要分为三阶：一阶（T1）零部件厂主要供应高精度产品，37%为国营，20%为民营，23%为中外合资，不到20%为外资；二、三阶（T2/T3）零部件厂多为民营中小企业，研发投入较少，主要供应原厂认证零件和副厂零件。

新冠疫情导致全球经济放缓，汽车市场销量减缓，但我国自主汽车品牌市场份额增加，2019年9月自主品牌增量达4.33%，占比43.9%，超过德系和日系。本土零部件制造商迅速成长，产品附加值提升，具有本土服务优势、细化品质和高性价比，逐步扩展供应链。

新能源汽车制造业在汽车工业中将发挥核心作用，重塑供应链结构。传统供应链模式为线性、垂直，T1供应商直接供应汽车制造商，T2供应商向T1供应零件，T3供应商供应部件。这种结构导致供应链流程长，长鞭效应明显，库存维持高位。而随着电动汽车制造技术的发展，数字化圆形开放网络式供应链出现，连接零部件制造、设备供应商、研究院、通信公司等，确保生产符合市场需求的新能源汽车，提供了更大的灵活性和更高的效率。

（2）比亚迪公司供应链结构分析。

在2020—2022年期间，随着电动汽车市场的不断扩张，比亚迪凭借其在电池制造领域的深厚基础，在新能源供应链体系中占据了领先地位。比亚迪不仅坚守成熟的新能源电池配套体系，而且作为智能汽车领域的创新者，展现了传统与创新的融合。

在供应链管理方面，比亚迪过去采用的是基于准时制（Just-In-Time，JIT）的垂直一体化模式，该模式通过精准预测订单、精细化备货以及风险均摊来运作。从比亚迪的业务布局来看，自2022年4月宣布停止燃油车生产以来，公司在"7+4"市场战略的指导下，将汽车制造业务重心转向新能源汽车，分为商用和乘用车两大分支，深入多个应用场景，实现了电动车技术的全面覆盖。在供应链整合方面，比亚迪依托其业务积累，上游控制了锂电池等关键制造业的议价能力，中游通过弗迪系列公司生产电芯、电机等核心零部件，下游则通过众多子公司覆盖汽车销售等环节，形成了强大的上下游协同能力和显著的整合优势。

4. 比亚迪智慧供应链变革

比亚迪从最开始的垂直一体化供应链模式，转而逐步构建开放式供应链体系，进而进行智慧供应链变革，实现了供应链的完美进化，如图1-16所示。

第一章 数字化时代与供应链全流程管理

智慧供应链变革
智慧计划
智慧采购
智能制造
智慧物流
智慧供应链金融

开放式供应链体系
吸收了外部优秀供应商资源
将自身优质供应链资源向行业开放，提升了供应链的横向拓展能力和运作效率

垂直一体化供应链模式
实现了从三电系统到整车生产的全产业链一体化

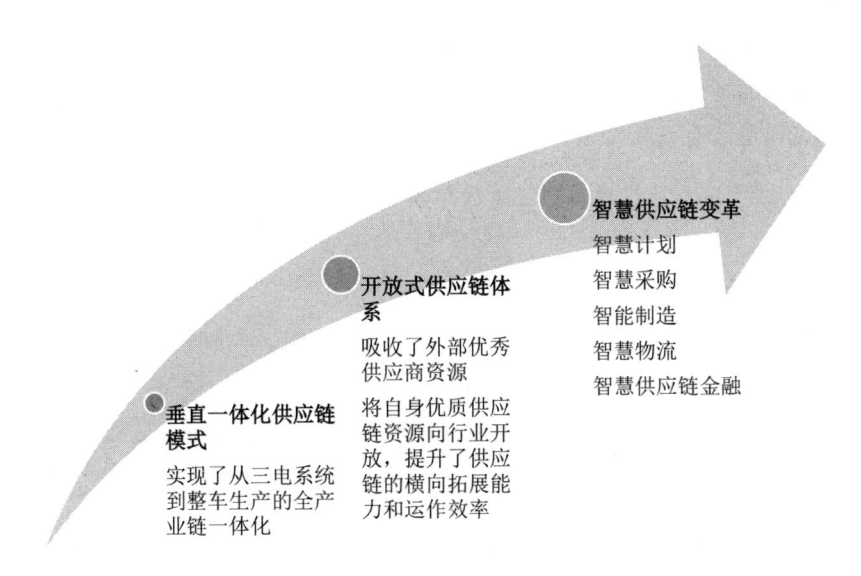

图 1-16 比亚迪供应链的完美进化

（1）垂直一体化供应链模式。

比亚迪自进军汽车行业以来，便构建了一套"垂直整合"的供应链体系，通过持续研发，掌握了新能源汽车的关键技术，包括电池、电机、电控和芯片等，实现了从三电系统到整车生产的全产业链一体化。这一模式赋予了比亚迪供应链在市场和环境波动中的高稳定性和安全性，有效降低了外部风险的影响。在比亚迪的新能源汽车供应链中，自给自足的配件比例超过50%，即使在新冠疫情等外部因素冲击下，也能保持供应链的稳定运行。

（2）开放式供应链体系。

垂直整合模式虽然保障了供应链的稳定性，但也弱化了行业交流和市场竞争意识，不利于规模化降本。在双循环和智能制造的背景下，比亚迪结束了20年的全产业闭环模式，将核心电池业务向其他企业开放，成立了5家弗迪公司，实现了整车与零部件业务的分离，推动供应链从封闭走向开放。通过建立信息化平台，如供应商门户和SRM（Supplier Relationship Management，即供应商关系管理）系统，比亚迪不仅吸收了外部优秀供应商资源，还将自身优质供应链资源向行业开放，提升了供应链的横向拓展能力和运作效率，增强了汽车产业的竞争力。

这一战略转变是比亚迪根据不同发展阶段的需求所做出的调整。垂直整合虽然需要长线大投入，但能带来创新发展的主动权，然而，随着电动化成为全球趋势，新能源技术的快速发展，闭环经济的局限性逐渐显现，合作开放成为必然选择。企业应根据自身战略和行业发展环境，构建适合自身发展的开放式供应链体系。

（3）智慧供应链变革。

比亚迪致力于供应链的数字化与智能化转型，其智慧供应链变革主要体现在以下五个方面。

第一，智慧计划。比亚迪通过"迪粉汇"用户圈收集并分析消费者数据，将客户需求融入产品研发。同时，全球1500多家经销商被纳入DMS（Dealer Management System，即经销商管理系统），该系统在华为OceanStor Dorado全闪存平台上运行，提升了数据处理能力和系统响应速度。此外，比亚迪还开放供应链，寻求第三方供应商合作，以提高产品竞争力。

第二，智慧采购。比亚迪为供应商提供公众号和网站，发布招募和招标信息，并在2019年建立了SRM系统，提升了供应商寻源范围和采购流程的透明度，加强了与供应商的战略合作关系。

第三，智能制造。比亚迪通过升级制造管理系统和智能化工厂变革实现智能制造。MES系统与SAP集成，实现了生产数据的智能化管理和人力资源管理。在工厂智能化方面，比亚迪采用"人工＋智能化"模式，结合自动化装备与物联网、人工智能技术，推进"超级智慧工厂"的发展。

第四，智慧物流。比亚迪通过智慧化仓储平台系统、智能仓库、供应商管理库存（Vendor Management Inventory，VMI）和电子标签系统，降低库存、提高物流效率。EWM系统升级和电子标签系统的引入，提升了库存管理的透明度和作业智能化。VMI仓的建立，实现了库存管理的实时化和数据透明化，保障了供应链的稳定性。

第五，智慧供应链金融。针对供应链中小微企业面临的融资挑战，比亚迪于2018年发起并成立了深圳迪链科技有限公司，旨在通过技术创新提供解决方案。比亚迪开发了迪链供应链信息平台，实现了应收账款的在线流转，以及融资业务的全流程在线处理，显著提升了资金流动性和交易的安全性，为供应链中的小型和微型企业提供了更为高效的融资途径。通过迪链供应链信息平台的应用，企业能够更加便捷地管理其财务流动，同时也为整个供应链的金融健康和稳定性带来了积极影响。

5. 发展与总结

比亚迪自入局数字化领域以来，一直致力于满足顾客的个性化需求，不断调整自身战略，从之前的垂直一体化供应链模式，逐渐转变为开放式供应链体系，并积极进行智慧供应链变革。在当前以国内大循环为主导、国内国际双循环相互促进的新发展格局中，比亚迪作为我国新能源汽车行业的领军企业，其供应链体系从垂直整合向开放式的演进，与市场趋势和企业战略调整相契合。这种供应链运作模式展现出显著的效益，比亚迪的产销量持续增长，维持了积极的市场表现，对我国新能源汽车产业的发展产生了显著影响。比亚迪的供应链转型经验对于指导新能源汽车供应链的未来发展与创新具有重要的参考价值。

第二章

供应链全流程关键要素

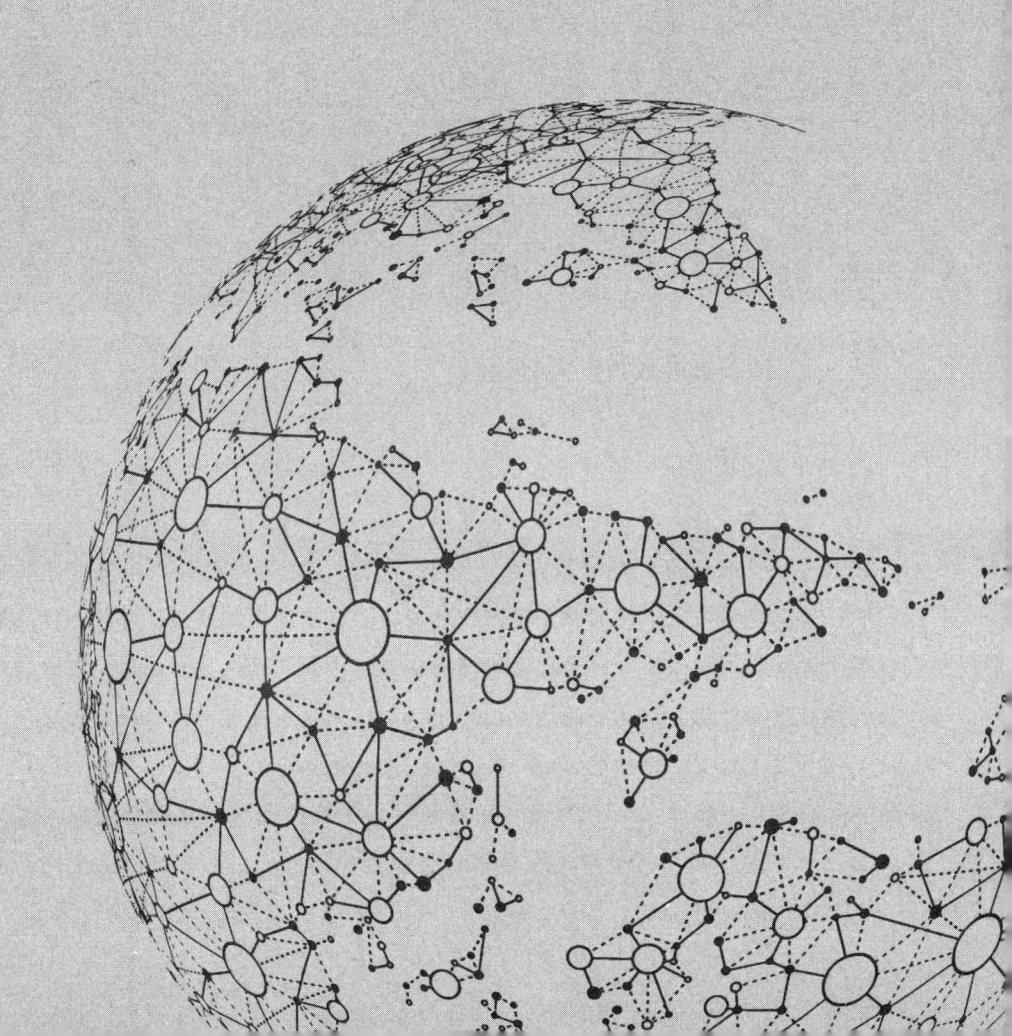

开篇案例

锐锢商城：持续完善MRO工业品供应链体系

1. 企业简介

锐锢商城是上海鑫谊麟禾科技有限公司旗下品牌，是一家专注于MRO（Maintenance Repair and Operating，即维修与作业耗材）产业互联网的B2B（Business to Business，即从商家到商家）自营电商平台。锐锢商城将"造就畅通无阻的中国工业品数字化供应链，成就中国工业品牌全面价值化全球化"作为其品牌使命，致力于全面打造中国工业品产业高效的数字化基础设施，为工业品服务商、工业制造业提供高效智能的供应链和品牌化服务。截至2023年8月，锐锢商城已完成E轮融资，股东阵容包括Ontario Teachers旗下的Teachers' Venture Growth、TVG、春华资本、泰康资产、普洛斯GLP、建发集团、源码资本、钟鼎资本、鼎晖资本、成为资本、正瀚投资等。

2. 持续推进数智供应链建设

在当今科技迅猛发展的时代，供应链管理的智能化与数字化转型已经成为企业提升市场竞争力的关键策略。我国工业互联网的广泛应用已经覆盖了全部41个工业大类，移动物联网终端和应用场景的不断丰富，标志着我国在全球主要经济体中率先实现了"物超人"的里程碑，构建了更为高效的供应链和产业链体系。在全球数字化浪潮的推动下，锐锢商城积极响应国家政策，将数智供应链作为企业发展的核心引擎，依托其卓越的创新能力和深厚的技术积累，正以前所未见的速度推进数智供应链的建设，为新型工业化注入强大动力，助力MRO工业产业加速步入数字化转型的新阶段。

作为MRO工业互联网服务平台的领军企业，锐锢商城紧密结合"数字中国"的战略布局，将数智供应链作为企业运营的核心，全面优化供应链管理流程，显著提升了服务效率和客户体验。在数智供应链的支持下，锐锢商城实现了从采购、生产、销售到物流配送的全链条数字化管理。通过大数据分析和人工智能技术的应用，锐锢商城能够精确预测市场需求，实现库存的优化配置和动态调整，有效避免了产品的积压和资源的浪费。同时，借助云计算和物联网技术的深度融合，商城实现了对供应链的实时监控和智能调度，极大地提高了物流配送的效率，缩短了产品从生产商到消费者手中的时间。

锐锢商城多年来始终致力于深化数智供应链的建设，不断优化和完善服务体系，推动企业数字化转型的进程。通过创新业态、基础建设和创新技术的多管齐下，锐锢商城加速了工业的转型升级，促进了数字技术与实体经济的深度融合。在这一过程中，锐锢商城不仅提升了自身的核心竞争力，也为整个行业的数字化转型提供了可借鉴的经验和模式。

3. 供应链全流程的效率增长

锐锢商城通过供应链全流程管理实现效率增长，主要体现在降本增效效果显著、提升物流配送效率、注重客户需求情况、与供应商协同合作几个方面，如图2-1所示。

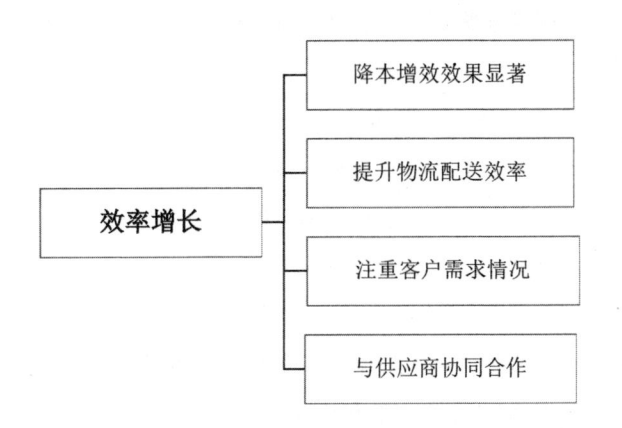

图 2-1　供应链全流程的效率增长

（1）降本增效效果显著。

工业品数字化的核心目标之一在于通过优化供应链管理，实现成本节约与效率提升。其中，工业品电商平台扮演着至关重要的角色。通过打通上下游信息流通，工业品电商平台有效解决了传统工业品采购过程中的价格不透明性、信息不对称性，以及正品保证、现货供应和及时交付等挑战。锐锢商城作为一家便捷、高效、可靠的MRO工业品一站式采购平台，提供了全面的货源选择和精准的选品推荐，使得在复杂的MRO工业品领域中，用户能够轻松比较产品的价格和性能参数，不仅简化了终端零售商的采购流程，减少了采购成本，还确保了商品的质量。

此外，MRO工业品电商平台通过自主建立仓储物流系统，显著降低了供应链中的运输成本和风险。锐锢商城自主建设的智能仓库占地面积超过10万平方米，日处理能力可达数千吨，进一步强化了其在供应链管理中的竞争优势。通过这种自建的物流系统，锐锢商城不仅提升了物流效率，还增强了对供应链的控制力，从而为客户提供更为稳定和可靠的服务。这些创新举措共同推动了工业品电商平台在供应链管理方面的数字化转型，为整个行业的发展树立了新的标杆。

（2）提升物流配送效率。

锐锢商城通过其超过10万平方米的智能仓储中心以及遍布全国的物流配送网络，构建了一个高效的物流体系。其物流体系通过采用先进的智能调度技术和精确的路径规划，确保货物能够以最快的速度送达客户，从而显著提升了物流配送的效率和商品的流通速度。

在物流基础设施方面，锐锢商城拥有完备的物流系统和全面的售后服务网络。公司在华东、华中、华北、华南等关键地区设立了智能仓储中心，并且与永康、南通、宁波、临沂、丹阳、台州、温州等工业生产重要城镇中的上游品牌厂商和工厂建立了合作关系。这一战略布局实现了MRO工业品产业集群的构建，全方位地助力经销商和五金店提高采购效率并降低采购成本。

锐锢商城的物流配送优化不仅体现在仓储和网络布局上，还体现在其对物流过程中各个环节的精细化管理。锐锢商城通过实时监控物流状态、优化库存管理、提高装载效率和缩短配送时间等措施，进一步增强了物流系统的响应能力和服务水平，使得锐锢商城在激烈的市场竞争中保持了物流配送的领先地位，为客户提供了更为迅捷和可靠的物流服务。

(3) 注重客户需求情况。

在构建数智供应链的过程中,锐锢商城特别强调了对用户体验和客户反馈的关注。锐锢商城投入诸多资源开发了一套智能化客户服务体系,目的在于快速响应客户的多样化需求,并根据这些需求提供量身定制的服务计划。为了进一步丰富产品和服务的多样性,锐锢商城积极与知名制造商建立伙伴关系,共同打造一个开放、协作、包容的数字化生态环境,旨在为五金机电领域的中小企业提供更广泛的选择和更优质的产品与服务。

在销售服务方面,锐锢商城利用先进的人工智能技术,为客户提供个性化的产品推荐和问题解决方案。通过对客户需求的深入分析以及对市场趋势的精准把握,锐锢商城致力于提供更为精准和高效的服务,以此提升客户的满意度和品牌忠诚度。这些策略不仅提升了锐锢商城在市场中的竞争力,也为MRO工业品电商平台的服务创新提供了新的参考模式。

(4) 与供应商协同合作。

在锐锢商城推动的数智化全链路服务体系下,MRO产业的转型升级得以在更低的门槛下实现,同时采购、库存管理以及销售服务等环节的效率得到显著提升。锐锢商城不仅注重内部运营的优化,更积极促进产业链上下游的协同合作,打造了一个紧密相连的产业生态系统。通过整合和优化供应链各方资源,锐锢商城不仅增强了整个产业链的抗风险能力,还为客户提供了一站式的全面解决方案。

锐锢商城的创新实践获得了业界的广泛认可。国内超过15万家实体五金机电企业通过锐锢商城的平台成功实现了转型升级,同时,超过3000家优质品牌厂商与锐锢商城建立了稳固的长期合作伙伴关系。锐锢商城的数智化全链路服务体系不仅响应了高质量发展的战略需求,也为传统产业的转型升级提供了坚实的支撑和示范效应。通过供应商协同合作的模式,锐锢商城不仅推动了自身的发展,也为整个行业的创新和进步做出了积极贡献。

4. 以数字化技术优化供应链服务

(1) 搭建了完善的数智化服务平台。

锐锢商城深谙行业变革之道,依托强大的技术研发团队,构建了完善的数智化服务平台。该平台以大数据、云计算、人工智能等先进技术为支撑，实现了供应商管理、采购执行、库存管理、销售服务到物流配送等全链路的数字化和智能化管理。这不仅大大提高了运营效率，降低了成本，还为客户提供了更加便捷、高效的服务体验。

（2）优化供应商及库存管理。

锐锢商城通过数字化技术的应用，不仅在供应链管理中实现了供应商的优化选择，还在库存管理中实现了实时监控和智能预测，极大地提升了企业的运营效率和市场竞争力。

在供应链管理领域，锐锢商城通过运用大数据分析和智能算法技术，对供应商进行全面的评估和筛选，涉及对供应商的质量控制、交货能力、价格竞争力以及服务水平等关键指标的深入分析。通过这种科学化的评估体系，锐锢商城能够精准识别并选择最佳的供应商合作伙伴，确保所采购的原材料和零部件不仅质量优良，而且价格合理。这种优化的供应商管理策略显著降低了整体的采购成本，并提升了采购流程的效率，为企业的稳定生产和顺畅运营提供了坚实的物资保障。

在库存管理方面，锐锢商城利用云计算技术搭建了一个高度透明和响应迅速的库存管理系统，使库存数据能够实时更新，并在不同部门和层级之间实现共享。企业管理人员可以通过该系统随时随地掌握库存的准确情况，及时进行库存预警和补货决策，有效避免了库存积压和资源浪费。此外，智能算法根据历史销售数据、季节性变化和市场趋势进行深入分析，预测未来的市场需求，为企业制定科学合理的库存计划，这不仅确保了库存水平始终维持在最优状态，满足了市场需求，还提高了资金的周转效率，降低了企业的运营风险。

5. 总结与展望

锐锢商城作为 MRO 工业品电商领域的先行者，通过其高效的数智化供应链体系，成功地推动了传统工业品采购的数字化转型，提升了供应链全流程管理效率。未来，锐锢商城有望继续扩展其数字化服务的深度和广度，通过进一步整合产业链资源，提升供应链的透明度和响应速度。

第一节 集成要素：创新性与灵活性的塑造

集成是供应链全流程管理的要素之一。集成化供应链管理力求克服原有的采购、生产、分销和销售之间的障碍，摒弃传统管理思想中的弊端，把企业内部和相关企业共同的产、购、销、人、财、物管理看作供应链的整体功能，从而将企业内的供应链和企业外的供应链集成起来，力求达到整个供应链全局的动态最优目标。实现集成供应链分为4个步骤，即基础建设、职能集成管理、内部集成化管理和外部集成化管理，如图2-2所示。

图 2-2 实现集成供应链的 4 个步骤

一、基础建设

在企业供应链管理的全流程集成化过程中，基础建设阶段充当着至关重要的事前准备角色。该阶段的核心任务是在现有供应链架构之上进行深入分析，并在此基础上进行必要的基础设施建设，包括对企业当前运营状况的全面审视，识别并评估内部因素对供应链管理的潜在影响，以及对外部市场环境的综合分析，从而对市场的动态特性及其不确定性进行系统的评估。在传统的供应链管理模式中，不同职能部门往往在组织结构中相对独立，分别对供应链的各个环节进行分散式管理，进而可能导致供应链管理效率的降低。对此，企业主要通过现状分析、设定目标、建设供应链基础设施 3 个步骤来实现基础建设，如图 2-3 所示。

现状分析 ➡ 设定目标 ➡ 建设供应链基础设施

图 2-3　实现基础建设的 3 个步骤

首先是现状分析。企业需要对内部的供应链流程进行全面的审视，包括采购、生产、库存管理、物流、销售等各个环节，内部供应链的各个环节涉及对现有流程的效率、成本、响应速度等方面的评估。同时，企业还需要分析外部市场环境，包括客户需求、竞争对手、供应商能力、法律法规等因素，以了解供应链面临的外部挑战和机遇。

其次是设定目标。在对现状进行深入分析的基础上，企业需要设定清晰的供应链管理目标。目标设定应当与企业的整体战略一致，如提高客户满意度、降低成本、缩短交货时间等，同时也应设定具体、可衡量的目标，在设定具有挑战性的目标时，也要确保目标的可实现性。

最后是建设供应链基础设施。基础设施是供应链集成的核心技术支撑，能够帮助企业实现流程自动化、数据分析和决策支持，企业需要建立或升级供应链管理所需的信息技术系统，如 ERP、SCM（Supply Chain Management，即供应链管理）、CRM（Customer Relationship Management，即客户关系管理）等，以实现供应链各环节的信息集成和实时数据共享。同时，为了支持供应链的集成，可能需要调整企业的组织结构，如设立专门的供应链管理部门，或者建立跨部门的协作团队，这有助于打破部门壁垒，促进供应链各环节的协同工作。此外，企业还可以制定供应链管理的标准操作流程和规范，减少操作差异，进而提高供应链的一致性和可预测性，具体包括采购标准、库存管理规则、物流配送指南等。

集成供应链管理的基础建设阶段是整个供应链转型的起点，它为后续的集成化管理打下坚实的基础。这一阶段的核心目标是分析和总结企业现状，识别供应链管理中存在的问题和潜在的改进空间，同时评估外部市场环境，为供应链的优化和集成提供方向。

二、职能集成管理

职能集成阶段集中于处理企业内部的物流,企业围绕核心职能对物流实施集成化管理,对组织实行业务流程重构,实现职能部门的优化集成,通常可以建立交叉职能团队,参与计划和执行项目,提高职能部门之间的合作,以克服这一阶段可能存在的不能很好地满足用户订单的问题。

1. 业务流程重构与流程优化

企业首先需要对现有的供应链流程进行全面梳理,识别流程中的痛点和瓶颈,包括对采购、生产、库存、分销、客户服务等环节的详细分析,以确定流程改进的方向。进而基于流程梳理的结果,企业需要重新设计供应链流程,以实现更高的效率和更好的客户响应,具体涉及简化决策流程、优化库存管理、改进订单处理和配送流程等。此外,为了确保流程的一致性和可复制性,标准化与自动化也应当被企业提上日程,对此企业应推动流程标准化,并引入自动化技术,如使用自动化工具和软件来执行重复性高的任务等。

2. 组织结构调整与交叉职能团队的建立

为了支持流程重构,企业需要调整组织结构,打破传统的部门壁垒,建立更加灵活和扁平化的组织架构,以提高决策效率和响应市场变化的能力。交叉职能团队也是供应链集成管理的关键。企业应建立由不同职能部门成员组成的交叉职能团队,由这些团队负责特定的供应链项目或流程,团队成员来自采购、生产、销售、物流等不同领域,能够提供多元化的视角和专业知识。交叉职能团队的工作方式强调团队成员之间的沟通和协作,团队成员需要共同参与到供应链的规划、执行和监控中,以确保供应链的各个环节能够协同工作,满足客户需求。

3. 供应链信息系统的深化应用与技术支持

在职能集成阶段,企业需要进一步整合和优化供应链信息系统,确保数据的一致性和实时性,以进一步提高信息的透明度和决策的准确性。企业可以利用先进的信息技术,如大数据分析、云计算、物联网等,来支持供应链的智能化和自动化,帮助企业更好地预测市场需求、优化库存水平、提高物流效率。同时,通过集成的信息系统，企业可以收集和分析供应链的大量数据，如订单数据、库存水平、生产进度等，在很大程度上帮助企业更好地理解供应链的运作情况，优化库存管理，提高预测准确性。

通过业务流程重构与流程优化、组织结构调整与交叉职能团队的建立、供应链信息系统的深化应用与技术支持3个方面的努力，企业能够在职能集成管理阶段实现供应链的高效运作。这一阶段的成功实施，将为后续的内部和外部供应链集成打下坚实的基础，推动企业向更加高效、灵活和客户导向的供应链管理迈进。在这一过程中，企业不仅需要关注内部流程的优化，还需要考虑如何通过技术手段提升供应链的整体性能，以及如何通过组织结构调整和团队建设来促进跨部门的协作，这将有助于企业克服在满足用户订单方面可能存在的问题，提升客户满意度，增强市场竞争力。

三、内部集成化管理

在企业供应链管理的演进中，内部集成化管理阶段的目标是实现企业直接控制领域的整合，以及与外部供应商和用户管理的部分集成，从而构建起一个内部集成化的供应链体系。该阶段的关键成果是一个集成的计划与控制系统，旨在通过SCP（Supply Chain Planning，即供应链计划）和ERP系统来执行集成化的计划与控制活动。这两种信息技术系统均基于客户/服务架构，实现了企业内部的横向流程集成。SCP系统能够有效地整合企业内所有关键的计划和决策流程，涵盖了需求预测、库存规划、资源配置、设备管理、路径优化、基于能力约束的生产计划、作业计划、物料与能力规划、采购计划等多个方面，而ERP系统则集成了企业核心业务流程的执行功能，包括订单处理、财务管理、库存控制、生产管理、采购等。SCP与ERP系统通过基于事件的集成技术实现互联互通。

在这一阶段，企业管理的核心焦点在于提升内部集成化供应链管理的效率。主要目标是在优化资源和能力的基础上，以最低的成本和最快的速度生产优质产品，迅速满足用户需求，从而提升市场反应速度和整体运营效率。对于生产多样化产品或提供多项服务的企业而言，这一挑战尤为严峻。因此，投资与提升企业的生产灵活性变得至关重要。在第二阶段的业务流程重组基础上，构建新的跨职能业务流程，逐步替代传统的职能模块化结构。整个企业供应链的运作由用户需求和高质量的预测信息所驱动，而满足这些需求所带来的高服务成本成为该阶段管理的主要考量。

1. 内部供应链的整合与优化

在内部集成化管理阶段，企业需要将各个内部供应链环节（如采购、生产、库存、分销等）整合为一个协调一致的整体。这涉及对现有流程的进一步优化，确保信息流、物流和资金流在供应链内部的顺畅流转。同时，在内部供应链中，企业需要实现资源的最优配置，包括人力资源、物料资源、财务资源等，这要求企业具备高效的资源管理能力，以支持生产计划的执行和市场需求的快速响应。为了应对市场变化和客户需求的多样性，企业需要提高生产系统的柔性，包括灵活调整生产计划、快速切换生产线，以及实现多品种小批量的生产能力。

2. SCP 和 ERP 系统的实施

SCP 系统是内部集成化管理的核心工具，它集成了企业的主要计划和决策业务，能够帮助企业进行需求预测、库存计划、资源配置、生产计划等，以实现供应链的整体优化。ERP 系统在内部集成化管理中扮演着执行职能的角色，整合了订单管理、财务管理、库存管理、生产制造管理、采购等核心业务流程，确保企业内部运营的高效和有序。SCP 和 ERP 系统需要通过基于事件的集成技术紧密联结，实现计划与执行的无缝对接。两者的协同工作模式有助于企业快速响应市场变化，提高供应链的透明度和控制力。

3. 供应链管理的效率与成本控制

内部集成化管理的核心目标是提高供应链的效率，这就要求企业在优化资源配置的基础上，以最低的成本和最快的速度生产出高质量的产品，以满足用户需求。在追求效率的同时，企业还需要严格控制成本，包括降低库存成本、减少生产浪费、优化物流成本等。通过精细化管理，企业可以在保证服务质量的同时，实现成本的持续降低。企业还可能会面临服务成本上升的问题，因此企业最终需要在提供高服务水平和控制成本之间找到平衡点，确保供应链管理的可持续性。

内部集成化管理阶段的成功实施，将为企业建立起一个高效、灵活、成本可控的内部供应链体系，为后续的外部供应链集成打下坚实的基础，进而能够更好地应对市场变化，提升竞争力，实现可持续发展。

四、外部集成化管理

在集成化供应链管理的构建过程中，第四阶段扮演着至关重要的角色。此阶段的目标是将企业内部供应链的运作与外部供应商和用户的管理活动相融合，共同构建起一个综合性的供应链网络。在这一过程中，与关键供应商和用户建立稳固且互利的合作伙伴关系成为实现有效集成化供应链管理的核心要素。通过这种深度合作，企业能够确保供应链的顺畅运作，提升整体的响应速度和效率，从而在激烈的市场竞争中获得优势。

1. 战略伙伴关系的建立与维护

在这一阶段，企业需特别关注战略伙伴关系的发展与维护，管理的重点应从单纯的产品导向转变为面向供应商和用户的全面合作，加强与关键供应商和用户的联系，深化彼此对产品特性、生产工艺、组织结构和企业文化的理解，确保双方在战略目标上及运营实践中保持一致性，并实现信息的透明共享。

企业通过提供与竞争对手不同的产品/服务以及增值信息，从而在市场中获得差异化的竞争优势。供应商管理库存（VMI）和协同规划、预测与补货的应用便是企业致力于改善并建立良好合作伙伴关系的典范。通过这种伙伴关系的建立，企业能够有效地与用户、供应商以及服务提供商实现紧密的集成与合作，共同参与供应链的预测、产品设计、生产规划、物流安排和竞争策略的设计与执行。

针对主要用户，企业通常会建立以用户为中心的跨职能小组，这些小组集合了来自不同专业领域的成员，以便更全面、更精准地满足主要用户的需求，提供定制化的服务。这种以用户为核心的小组结构有助于加强与用户的沟通和理解，从而在供应链管理中实现更高的协同效应和客户满意度。

2. 供应链流程的协同与优化

企业需要与合作伙伴共同审视和优化供应链流程，消除不必要的步骤，简化操作，提高效率。企业应与合作伙伴共同进行需求预测、库存管理、生产计划等，以实现供应链的整体优化，这要求双方在计划制定过程中充分沟通，确保信息的一致性和准确性。与此同时，在外部集成化管理阶段，企业需要与合作伙伴共同识别和管理供应链风险，如供应中断、市场需求波动等。通过建立风险应对机制，可以降低供应链的脆弱性。

3. 生产系统的灵活性

在企业发展的当前阶段，生产系统的灵活性显得尤为关键，直接关系到企业对客户需求的响应能力和速度。企业应当具备根据客户需求进行定制化生产的能力，包括按订单生产、按订单组装和包装以及按库存生产。这种根据客户的特定需求对资源进行优化配置的策略，被称为动态用户约束点策略。动态用户约束点策略允许企业在生产过程中设置一个灵活的节点，以便根据客户的最终需求来调整生产计划。延迟技术在策略中发挥着重要作用，强调企业在生产过程中应将产品的最终加工和组装推迟到收到客户具体订单之后进行。这样，企业便可以根据客户的个性化要求来完成产品的最后阶段生产，从而赋予供应链更高的生产灵活性。通过实施延迟技术，企业能够更有效地管理库存，减少过剩生产带来的风险，同时提高对市场变化的适应能力。

专栏 2-1

美云智数：基于产业集群和协同实现外部集成

1. 企业简介

广东美云智数科技有限公司（以下简称美云智数）作为美的集团的衍生公

司，自2016年注册成立以来，依托于美擎工业互联网平台的强大支持，致力于将先进的企业管理实践转化为软件产品。公司专注于利用大数据、物联网、人工智能和云计算等前沿技术，为智能制造和产业互联网领域提供专业的工业软件及数字化咨询服务。美云智数的业务覆盖了数字化转型、灯塔/数字工厂、智慧供应链、数字园区和产业集群等多个领域，并在汽车配件、电子半导体、农牧食品、装备制造等垂直行业中提供领先的数字化解决方案。

2. 基于产业集群和协同实现外部集成

美云智数针对美的集团供应链上游企业，通过整合进销存云、品质云、物流云及MES系统，创建家电产业链集群平台，旨在优化采购、原材料追溯、仓储物流调度及库存管理，识别并消除信息断点，促进上下游企业间的高效协同，实现数据共享，从而显著提升整体供应能力。

（1）开展产业集群诊断分析。

美云智数集结了信息技术、行业专业知识以及企业管理的专家团队，采取了包括现场考察与问卷调查在内的多样化研究方法，专注于深入分析企业在订单处理、库存管理、物流运作以及质量控制等关键业务环节中遇到的问题，专家团队为企业构建了详尽的"画像"，以揭示其运营中的核心难题，致力于从全产业链维度分析产业未来转型趋势和技术升级路线。

（2）搭建家电产业链协同平台。

在产业链的领导地位上，美的集团发挥着关键作用。美的集团针对其供应链业务流程进行了深入的优化，并融合了先进的技术如AI和大数据分析建模，成功构建了一个协同的家电产业链平台，实现了从研发、生产、供应链管理到业务运营、物流配送以及最终用户接触的全链条整合，促进了产业链上下游的协同制造。在确保下游智能家电产品制造所需的核心部件供应的同时，还为上游的中小企业提供了一种低成本且高标准的信息化管理解决方案，不仅促进了上游企业在数字化转型过程中的能力提升，还优化了整个供应链的布局，成功地实现了数字化供应生态体系的高效运作，从而在家电产业集群中建立了以质量、效率和成本领先的竞争优势。

3. 总结与展望

美云智数通过构建产业集群和推动协同合作，成功地实现了企业间的外部集成，利用其在数字化转型和供应链管理方面的专业知识，为中小企业提供了云端数字化解决方案，促进了产业链上下游的紧密协作。未来，美云智数有望继续深化其在产业集群协同方面的实践，推动更多企业实现数字化升级，同时探索新的合作模式和业务流程，以适应全球市场的变化和客户需求的演进，为产业集群的可持续发展贡献力量。

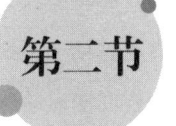

第二节 运营要素：满意度与忠诚度的提升

在数字化时代背景下，企业供应链全流程管理的运营要素对于提升客户满意度和忠诚度至关重要。对此，企业还需要通过需求预测、产品设计、定价与库存管理来真正提高企业供应链运营效率，提升客户满意度和忠诚度。

一、需求预测

在数字化时代，需求预测成为企业供应链全流程管理的核心，直接影响到库存水平、生产计划、物流配送等多个环节。消费者需求的快速变化和个性化特征要求企业必须具备灵活、高效的预测能力，以确保供应链的响应速度和客户满意度。

1. 以数据驱动需求分析

在数字化时代，企业能够收集到的数据量和类型丰富多样，为需求预测提供了丰富的信息源。除了传统的交易数据，用户的行为数据（如浏览历史、搜索关键词、页面停留时间等）也成为重要的分析对象。这些数据能够揭示消费者的购买习惯、偏好和趋势，帮助企业构建更为精准的需求预测模型。例如，通过分析用户在网站上的搜索行为和购买路径，企业可以识别出潜在的市场需求和消费者的个性化需求。结合机器学习和人工智能技术，企业可以对这些数据进行深度分析，从而提高预测的准确性，这样不仅能够减少库存积压和缺货风险，还能够提升企业的市场响应速度，快速适应市场变化。

2. 实现实时动态的需求响应

随着消费者需求的快速变化，企业需要建立一个能够实时响应市场变化的预测系统。对此，企业需要快速处理和分析实时数据，及时调整生产和库存计划。企业可以通过其先进的供应链管理系统，实时监控销售数据和库存水平，根据市场需求的变化动态调整库存，使企业能够在最短的时间内满足消费者的个性化需求，增强客户体验，从而提升客户满意度和忠诚度。

3. 持续优化预测模型

需求预测不是一次性的活动，而是一个持续的过程。随着市场环境的变化和消费者行为的演进，企业需要不断地优化其预测模型，包括定期更新数据集、引入新的分析算法，以及根据实际结果调整预测参数，以提高推荐的准确性和个性化程度。此外，企业还可以通过 A/B 测试等方法，对比不同预测模型的效果，选择最优的模型来指导运营决策。持续优化预测模型有助于企业更好地理解市场和消费者，提高预测的可靠性，从而在激烈的市场竞争中保持优势。

4. 数字技术提高运营效率和供应链韧性

数字技术的突破性发展极大地提高了供应链运营效率，并在降低由多种因素引起的潜在风险方面发挥了重要作用，从而增强了供应链的整体韧性。数字技术对构建供应链韧性产生了多方面的积极影响，具体表现在以下几个关键领域，如图 2-4 所示。

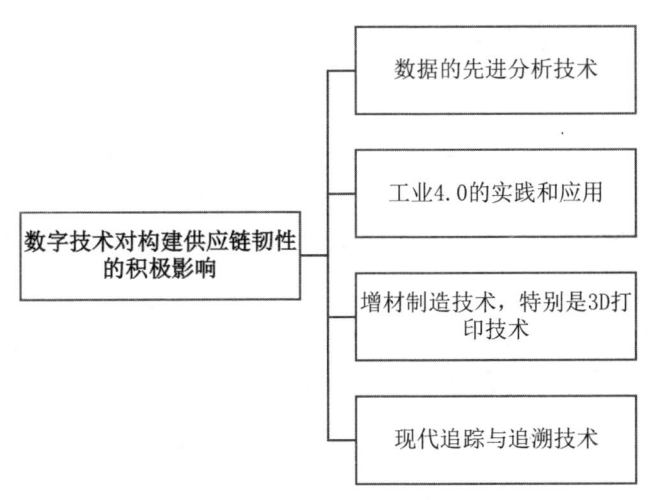

图 2-4 数字技术对构建供应链韧性的积极影响

首先，基于大数据的先进分析技术，通过提升促销活动的精准度、优化需求预测的准确率，以及增强供应链的透明度，对供应链韧性的提升起到了基础性作用。这些分析技术有助于缓解需求波动，使供应链能够更加敏捷地采取适应性策略，有效应对各种潜在风险，确保供应链的稳定和高效运作。

其次，工业4.0的实践，包括物联网、智能设备、机器人技术以及增强现实（AR）和虚拟现实（VR）技术的应用，使得低成本的定制化生产和个性化产品成为可能。技术的应用提高了供应链对市场变化的适应性，缩短了产品的交货时间，提升了生产效率，同时促进了供应链生产和流程的高效组织，简化了供应链结构，减少了运营周期，并有效降低了需求不确定性。

再次，增材制造技术，特别是3D打印技术，为供应链的灵活性带来了新的维度。增材制造技术通过有效管理零部件和原材料的库存，降低了传统采购流程中的需求和供应风险。

最后，现代追踪与追溯技术，例如RFID（Radio Frequency Identification，即射频识别）、传感器和区块链技术，通过对流程状态的实时监控和追踪，提高了供应链数据的时效性和准确性。现代追踪与追溯技术减少了因信息中断带来的风险，优化了供应链各参与方之间的协调，提升了供应链的运营效率和对市场变化的快速响应能力。

由此可见，数字技术在供应链运营中的应用已成为构建供应链韧性的关键因素，对企业在市场中保持长期竞争力和适应性产生了深远的影响。

专栏2-2

工赋科技：通过平台应用实现需求预测和供需匹配

1. 企业简介

工赋（青岛）科技有限公司（以下简称工赋科技）成立于2021年，主要经营业包括技术服务、技术开发、软件开发、信息技术咨询服务、大数据服务、互联网数据服务等。工赋科技打造了全国首个政企合作、市场化运作的工业互联网企业综合服务平台——青岛市工业互联网企业综合服务平台，目前平台已有多款自研产品，如云上展厅、企业测评等。自成立以来，工赋科技获得了诸多荣誉：连续两年蝉联"金 i 奖"，入选 APEC 中国理事会"中国数字经济产业示范样本 50"、2021 年度山东省改革品牌、2021 青岛年度高质量发展创新典型案例、2022 特色专业工业互联网 50 佳，位居 IDC 中国工业互联网政府侧市场份额第一，以及第三届工业互联网大赛生态号召力奖等。

2. 工业互联网企业综合服务平台的综合应用

工赋科技打造的工业互联网企业综合服务平台，基于卡奥斯 COSMOPLAT 工业互联网平台 BAAS 引擎，打通政企两端、链接产业链资源，推动青岛市工业互联网企业服务线上办理、一站式快速响应。平台已链接 24 个委办局，提供 946 项公共服务以及 281 项、1.5 万个赋能服务。通过企业数据在平台上形成每条产业链的"1 个图谱"和"N 张清单"，促进产业链上下游大中小企业协同。工业互联网企业综合服务平台的综合应用，如图 2-5 所示。

图 2-5 工业互联网企业综合服务平台的综合应用

（1）搭建供需系统，实现资源精准对接。

工业互联网企业综合服务平台的构建旨在促进企业间的供需对接、资源共享以及互助合作，借助人工智能等先进技术，为企业用户提供了一个发布生产相关需求的市场界面，涵盖了原料、设备、工具、产品及物流运输等多个方面。平台还鼓励企业根据其资源能力发布服务信息，以支持其他企业，实现供需双方的精确匹配。通过优化产业链上下游企业在采购、供应和销售等环节的协同效率，平台能够有效降低中小企业的采购成本，提升资源利用效率，并促进信息的透明化，不仅解决了生产供需不匹配的问题，还为产业链的高质量发展注入了新动力。

（2）优化用工平台，提高人岗匹配度。

工业互联网企业综合服务平台通过大数据分析和智能匹配算法，将企业的用工需求与求职者信息进行高效对接，有效覆盖了区域内的灵活就业市场。平台不仅提供电子签约和技能培训功能，还整合了薪税管理等服务，全面提升企业的招聘和用工效率。同时，平台与顶级保险服务商合作，推出针对灵活就业人员的商业保险产品，并与人社部门协作提供保险补贴，确保就业人员得到充分保障，实现了从招聘到用工、培训再到保险的全流程一站式服务，显著提高了人岗匹配度。

（3）数字技术促使降本增效成果显著。

工业互联网企业综合服务平台通过数字化技术，助力中小企业强化供应链合作并整合入产业链，为工业经济注入新动能。通过定制化的 MES、ERP、BI（Business Intelligence，即商务智能）、SPC（Statistical Process Control，即统计过程控制）等系统，企业得以在确保原料供应的同时，科学管理物料库存，实现物料流转的可追溯性，降低库存成本。平台高效管理生产流程，包括订单排程、执行监控，并通过质量追溯与问题分析提升产品质量。实时数据访问和关键指标分析报告使企业运营更加透明。此外，平台支持远程监控和智能维护设备，提供电子化作业指导，确保规范生产。精准的成品库存管理和实时订单进度跟踪，保障了高质量产品的及时交付，为整个产业链的高效运作提供了坚实基础。

3. 总结与展望

通过工赋科技打造的工业互联网企业综合服务平台的应用，需求预测和供需匹配得以高效实现。平台助力企业搭建供需系统，优化用工平台，实现资源精准对接和人岗匹配度提升，同时利用数字技术促使降本增效成果显著提升。未来，平台可能会集成更多的供应链参与者，形成一个更加紧密和协同的供需网络，实现更高效的资源配置和更快的市场响应，推动整个供应链向更加智能化和自动化的方向发展，为企业带来更大的竞争优势。

二、产品设计

在当今竞争激烈的商业环境中，企业供应链全流程管理的运营要素对于提升客户满意度和忠诚度起着至关重要的作用。产品设计作为供应链管理的关键环节，直接影响到产品的市场表现和客户的购买决策，同时，产品设计不仅是满足客户需求的过程，也是供应链效率和效果的体现。对此，企业在进行产品设计时还应当关注客户参与与定制化设计、供应链整合与设计优化、创新驱动与技术融合这 3 个重要方面，如图 2-6 所示。

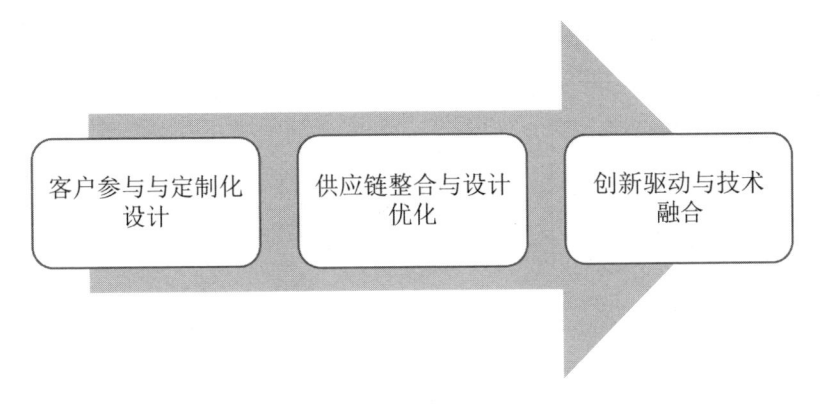

图 2-6　产品设计的关注点

1. 客户参与与定制化设计

在供应链管理中，产品设计的首要任务是确保产品能够满足客户的具体需求。这要求企业在设计阶段就积极引入客户参与，通过调研、问卷、焦点小组等方式收集客户的意见和偏好。通过这种方式，企业可以设计出更加个性化和定制化的产品，从而提高客户的满意度。例如，服装行业通过提供在线定制服务，允许客户根据自己的喜好选择面料、颜色和设计元素等。高度定制化的产品设计策略不仅提升了客户体验，也增强了客户对品牌的忠诚度。

2. 供应链整合与设计优化

产品设计需要考虑整个供应链的效率和成本。在设计阶段，企业应与供应商、制造商和物流合作伙伴紧密合作，确保设计方案能够在供应链的每个环节中得到有效实施，包括选择合适的材料、生产工艺和包装方式，以减少生产成本、提高物流效率和降低环境影响。例如，采用模块化设计可以简化组装过程，减少生产时间，同时便于维修和升级，不仅提高了供应链的响应速度，也提升了产品的市场竞争力。

3. 创新驱动与技术融合

创新是产品设计的核心驱动力。企业需要不断探索新技术、新材料和新工艺，以创造出具有竞争力的产品。在供应链管理中，产品设计的创新性不仅体现在产品本身的功能和性能上，还包括用户体验、交互设计和智能化等方面。例如，智能家居产品通过整合物联网技术，提供了更加便捷和个性化的使用体验。技术整合的产品设计能够提升产品的附加值，吸引技术爱好者和早期采纳者，从而在市场中占据领先地位。

三、定价与库存

在企业供应链全流程管理中，定价和库存管理是两个关键的运营要素，直接影响到客户满意度和忠诚度。为优化企业供应链管理，提高定价和库存管理效率，企业还需关注定价策略的制定与执行、库存管理的优化、供应链协同与信息共享这3个重要方面，如图2-7所示。

```
┌─────────────────────────┐
│   定价策略的制定与执行   │
└─────────────────────────┘
            ↓
┌─────────────────────────┐
│     库存管理的优化       │
└─────────────────────────┘
            ↓
┌─────────────────────────┐
│  供应链协同与信息共享    │
└─────────────────────────┘
```

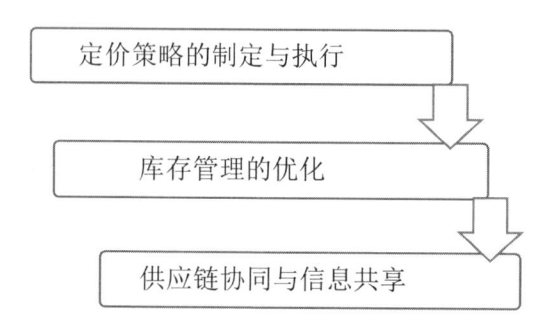

图 2-7 优化企业供应链管理

1. 定价策略的制定与执行

定价策略是企业供应链管理的核心组成部分，它不仅影响企业的收入和利润，也直接影响消费者的购买决策。有效的定价策略需要考虑成本、市场需求、竞争环境和消费者的支付意愿。企业可以采用成本加成法、市场导向定价、竞争导向定价或价值导向定价等多种方法。例如，采用成本加成法可以确保企业获得必要的利润，而市场导向定价则更侧重于竞争对手的价格和客户的感知价值。在数字化时代，企业还可以利用大数据分析来优化定价策略，通过实时监控市场动态和消费者行为，动态调整价格，以适应市场变化，提升客户满意度。

2. 库存管理的优化

库存管理的目标是在满足客户需求的同时，最小化库存成本。这要求企业精确预测需求，合理设置库存水平，以及实施有效的补货策略。库存管理模型如经济订货量（Economic Order Quantity，EOQ）模型、最小/最大库存策略、定期复审策略等，可以帮助企业平衡库存成本和服务水平。例如，最小/最大库存策略（或再订购点策略）可以确保库存水平不会低于某一阈值，而定期复审策略则允许企业在特定时间点根据库存状况和预测需求来决定是否补货。此外，采用先进的库存管理系统，如供应商管理库存（VMI）和联合库存管理（Jointly Managed Inventory，JMI），可以提高供应链的透明度和协同效率，减少库存积压和缺货风险，提高客户满意度，同时也能降低过剩库存带来的成本。

3. 供应链协同与信息共享

在供应链全流程管理中，各环节之间的协同作用至关重要。企业应与供应商、分销商、零售商等合作伙伴建立紧密的合作关系，实现信息共享和流程协同。通过共享销售预测、库存水平和物流信息，供应链各方可以更好地协调生产、采购和配送活动，减少供应链中的不确定性和风险。供应链协同与信息共享不仅能够提高供应链的整体效率，还能够提升客户对供应链服务的满意度和忠诚度。

第三节 采购要素：风险与不确定性的降低

采购要素在企业供应链全流程管理中至关重要，企业应当关注其采购流程，具体可以通过物料分类、供应商选择以及合作关系的确立，降低企业风险与不确定性，为企业平稳发展提供稳定的基础。

一、物料分类

在企业管理实践中，面对每年大量且种类繁多的生产采购需求，与每一种物料的供应商建立长期合作关系既不现实也非必要。因此，企业可采取物料分类策略，以便更有效地管理供应商关系。物料分类的主要标准包括4个方面：物料对企业运营的重要程度、物料获得的难易程度和可靠程度、供应市场的复杂程度，以及企业与供应商之间的相对优劣势（见图2-8）。基于这些分类标准，企业可以制定差异化的管理策略，以优化与供应商之间的关系。

1. 物料对企业运营的重要程度

根据物料对企业运营的重要程度，可以将其分为关键物料和一般物料。

关键物料也就是对于企业运营至关重要的物料。对此企业应采取更为紧密的合作伙伴关系，包括签订长期合同、建立独家供应关系甚至进行合资。企业需要确保这些关键物料的稳定供应，以避免生产中断。同时，企业应与这些供应商保持紧密的沟通，共同管理库存，甚至参与供应商的生产计划和质量控制。

一般物料也就是重要程度相对较低的物料。对此企业可以采取更为灵活的采购策略，包括与多个供应商建立关系，以便在价格、质量和交货时间上进行比较和选择。企业可以通过竞争性招标或定期审查供应商表现来管理这些关系。

```
物料 ┬─ 物料对企业运营的重要程度 ┬─ 关键物料
     │                          └─ 一般物料
     ├─ 物料获得的难易程度和可靠程度 ┬─ 难以获得的物料
     │                              └─ 容易获得的物料
     ├─ 供应市场的复杂程度 ┬─ 竞争性市场
     │                    └─ 垄断或寡头市场
     └─ 企业与供应商之间的相对优劣势 ┬─ 供应商优势
                                    └─ 企业优势
```

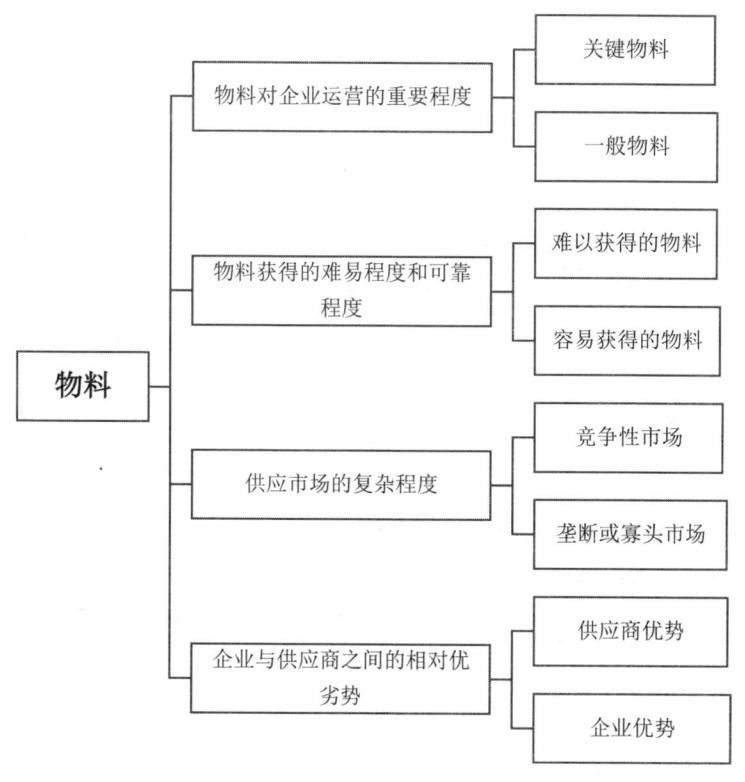

图 2-8　物料分类标准

2. 物料获得的难易程度和可靠程度

根据物料获得的难易程度和可靠程度，可以将其分为难以获得的物料和容易获得的物料。

对于那些难以获得或供应不稳定的物料，企业需要建立更为稳定和可靠的供应链。这可能意味着与供应商建立长期合作关系，甚至考虑备选供应商或建立战略库存，以应对供应中断的风险。

对于市场上容易获得的物料，企业可以采取更为市场化的采购策略。通过定期的市场调研和价格比较，企业可以选择成本效益最高的供应商，同时保持较低的库存水平，以减少库存成本。

3. 供应市场的复杂程度

供应市场的复杂程度，可以从竞争性市场和垄断或寡头市场两方面来考虑。

在供应市场竞争激烈的情况下，企业可以利用市场优势来谈判更优惠的价格和交货条件。同时，企业应保持对市场动态的关注，以便及时调整采购策略。

在供应商数量有限或市场被少数供应商控制的情况下，企业需要更加谨慎地管理这些关系。除了建立稳定的合作关系外，企业还应考虑多元化供应商策略，以减少对单一供应商的依赖。

4. 企业与供应商之间的相对优劣势

企业与供应商之间的相对优劣势，可以从供应商优势和企业优势两方面来考虑。

当供应商在市场上具有明显优势时，企业可能需要接受供应商的某些条件，如价格和交货时间。在这种情况下，企业应努力通过谈判和合作来争取更好的条件，同时寻找潜在的替代供应商。

如果企业在市场上具有较强的议价能力，则可以利用这一优势来争取更有利的采购条件，包括要求供应商提供折扣、延长付款期限或提供额外的服务支持。

二、供应商选择

一般来说，在传统采购模式下，对于同一种物料，与企业有供应关系的厂家可能很多，确定企业应该重点管理的关键性物料后，下一步就是如何在这些供应商中挑选合适的厂家以发展长期的合作伙伴关系。供应商选择是供应链管理中的一项重要任务，它涉及多个部门的协作和一系列复杂的决策过程。通过建立综合评价指标体系、进行信息收集与分析、运用先进的评估工具和技术，以及与供应商建立长期合作关系，企业能够确保供应链的稳定性和效率，从而提升整体的竞争力。

1. 建立综合评价指标体系

企业应成立跨部门的联合小组，包括采购、质检、研发、生产和信息技术等部门的代表。跨部门联合小组的首要任务是制定一套全面的供应商评价标准，这些标准应涵盖质量、成本、交货时间、服务水平、技术能力、财务稳定性等多个维度。评价指标体系的建立应基于企业的战略目标和供应链的具体需求，确保所选供应商能够支持企业的长期发展。

2. 信息收集与分析

在制定评价标准后，小组需要收集潜在供应商的详细信息，如供应商的生产能力、质量控制流程、成本结构、技术发展水平、市场声誉、历史业绩等。信息收集可以通过问卷调查、现场审计、参考第三方评价报告等方式进行，进而对收集到的信息进行深入分析，以评估供应商是否符合企业的要求。

3. 供应商评估与选择

利用收集到的信息，企业可以运用各种工具和技术方法对供应商进行评估。例如，可以采用人工神经网络（Artificial Neural Network，ANN）等智能算法来处理复杂的数据集，帮助企业在多个供应商之间做出最佳选择。此外，企业还可以使用决策支持系统（Decision Support System，DSS）来辅助决策过程，确保选择的供应商能够为企业带来最大的价值。

4. 建立长期合作关系

一旦初步选定供应商，企业就应与这些供应商建立联系，探讨建立长期合作关系的可能性，包括确认供应商是否有意愿和能力支持企业的长期发展，是否愿意与企业共同成长，以及是否有持续改进和创新的意愿。在这一阶段，企业可能需要与供应商进行多轮谈判，以达成双方都满意的合作协议。

三、合作关系建立

构建稳固的合作关系首先要求供应方和采购方的最高管理层给予明确支持，并进行深入的协商。双方应深入理解对方的企业结构与文化，并在必要时对各自的组织架构和企业文化进行调整，以克服文化差异和态度障碍。此外，双方应致力于消除业务流程和组织结构中的障碍。在建立长期合作伙伴关系的关键时刻，双方应进行期望与需求的深入分析，并紧密协作，加强信息共享，相互提供技术支持。为此，企业可以从以下几个方面着手，如图 2-9 所示。

图 2-9　构建稳固的合作关系

1. 建立定期互访机制

高层领导之间的定期互访有助于加强沟通与协调，建立有效的激励措施，共享战略合作的成果，并共同营造积极的合作氛围。

2. 保持信息交流与沟通

双方应定期交流成本、生产计划和质量控制等关键信息，确保信息的一致性和准确性。通过信息反馈和教育培训，促进供应商的质量改进和保障。

3. 成立联合任务小组，推行并行工程

企业间应建立基于团队的工作小组，采购方在产品设计阶段就邀请供应商参与，并积极参与供应商的生产流程和产品开发，以快速响应客户需求，提供高质量的服务。

4. 协调供应商的计划

鉴于供应商可能会同时参与多个供应链的业务，制造商的采购部门应积极参与供应商的计划协调工作，特别是在资源有限的情况下，以避免多方需求对供应商资源的竞争。

> 专栏 2-3

柠檬豆：凭借数字化技术确立最优合作关系

1. 企业简介

柠檬豆工业互联网平台（以下简称柠檬豆）由青岛檬豆网络科技有限公司建设运营，服务定位于解决制造企业的采购供应链问题，利用新技术对接的方式解决企业供应链创新难的短板。柠檬豆聚焦中小企业数字化，推出以"采购降本（檬豆云）+技术创新（玺品云）+智能制造（檬豆物联）"为内核的中小企业工业互联网数字化转型方案，致力于提升企业采购供应链的竞争力，创新供应链的对接协同孵化能力，以及生产供应链数字化能力。

2. 优化供应商选择，确立最优合作关系

（1）匹配供应商。

柠檬豆通过数字化采购供应链，增强了家电产业及其相关行业的采购竞争力。柠檬豆平台实现了家电产业上下游企业的采购流程线上化、标准化和集中化，采用集中采购和委托采购模式，根据企业的类型、规模和合作深度提供定制化的匹配服务。柠檬豆的服务从采购方开始，每一家采购企业上线时，会带动其数百家供应商一同加入，而这些供应商本身也可能成为新的采购用户，进一步吸引更多的供应商上线，形成裂变式的资源积累。

此外，柠檬豆利用采购机器人豆小秘，针对家电产业的多样化分类，提供个性化的采购服务。通过大数据分析和AI技术，平台能够筛选、分析和对比采购数据，为企业提供市场行情对标、产品组合风险提示和替代方案等，从而精准匹配最合适的供应商。这种智能化的匹配机制，不仅提高了采购效率，还优化了供应链管理，为企业带来了更高质量的供应商资源。

（2）实现资源整合和降本增效。

柠檬豆通过整合家电企业采购供应链的关键环节，实现了采购流程的全链条数字化，包括寻源定价、物料管理、成本控制、订单管理、供应商管理以及支付管理等（见图2-10）。柠檬豆的这一纵向资源整合策略使家电企业的采购活动得以完全在线上执行，提高了操作效率和透明度。与此同时，通过明确的采购询盘参数和规格，柠檬豆运用数据分析技术形成智能采购方案，有效避免了低价竞争，从而增强了家电企业的供应链竞争力。一方面，大幅减少了用户的采购和沟通时间，节约了约70%的时间成本，提高了时间效率；另一方面，通过集中采购和推荐替代产品，帮助家电企业实现了平均8%~12%的成本降低，显著提升了整体的降本增效成果。

全链条数字化

寻源定价 → 物料管理 → 成本控制 → 订单管理 → 供应商管理 → 支付管理

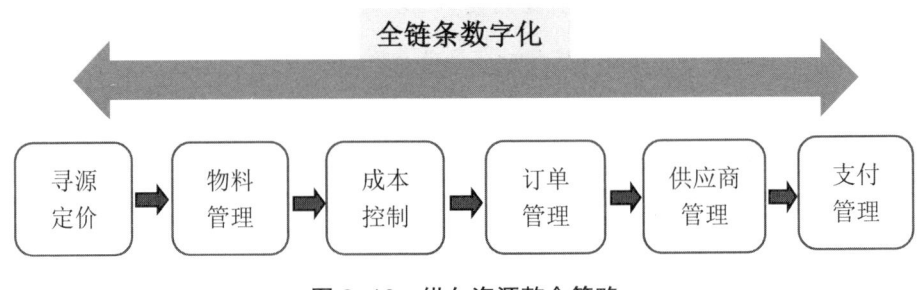

图2-10　纵向资源整合策略

3. 总结与展望

柠檬豆以数字化升级的方式，解决中小企业供应链相关难题，匹配最为契合的供应商，提高了匹配的准确性和效率，还增强了供应链的透明度和响应能力，为企业提供更可靠、成本效益更高的合作伙伴，进而实现资源整合和降本增效。未来，随着技术的不断进步，柠檬豆有望进一步深化其算法，实现更加精细化和个性化的供应商匹配，预计将引入更多的实时数据源和高级分析工具，以更好地适应市场变化和客户需求。随着数字技术的发展和应用，柠檬豆将会为企业打造更加智能、高效的供应链环境，推动整个行业的创新发展。

第四节 配送要素：效率与生产力的提高

在企业供应链全流程管理中，配送要素起着至关重要的作用，直接影响到企业的生产效率、客户满意度以及整体的市场竞争力。配送要素通常包括订单处理、仓储管理和运输送货3个关键环节。

一、订单处理

订单处理是供应链配送要素中的关键环节，要求企业在订单接收、履行和客户服务方面实现高效、准确和友好的操作。通过优化订单处理流程、加强库存管理的协同以及提供优质的客户服务，企业不仅能够提升生产效率和生产力，还能够增强客户满意度和忠诚度，从而在激烈的市场竞争中获得优势，如图2-11所示。

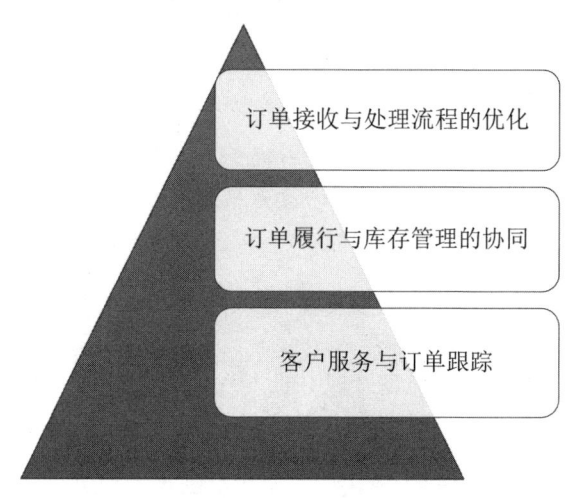

图 2-11　订单处理要点

1. 订单接收与处理流程的优化

订单处理的第一步是接收客户订单。企业需要建立一个高效、可靠的订单接收系统，无论是电话、电子邮件、在线平台还是其他渠道。订单信息的准确性和完整性对于后续的处理至关重要，因此，企业应确保订单数据的准确录入，并采用先进的订单管理系统来跟踪订单状态，确保从接收到处理的每个环节都能无缝对接。此外，企业还应实施订单审核流程，以防止错误或欺诈订单的产生。

2. 订单履行与库存管理的协同

订单处理的核心环节是订单履行，这涉及库存管理的紧密协同。企业需要确保有足够的库存来满足订单需求，同时避免过剩库存带来的成本。为此，企业可以采用实时库存管理系统，通过精确的库存数据来指导订单履行。在订单履行过程中，企业还应考虑订单的优先级，例如，对于紧急订单或大额订单，可能需要优先处理。此外，企业还可以通过交叉配送、直接配送等策略来提高订单处理的效率。

3. 客户服务与订单跟踪

订单处理不仅仅是后台的操作，它还涉及与客户的直接互动。企业应提供优质的客户服务，确保客户在订单处理过程中的任何疑问都能得到及时解答，包括提供订单状态的实时更新、处理延迟或变更的订单以及处理退货和换货等。为了提高客户满意度，企业可以应用订单跟踪系统，允许客户随时查看订单的进展情况。同时，企业还应建立有效的反馈机制，收集客户对订单处理的意见和建议，以便不断改进服务流程。

二、仓储管理

仓储管理作为供应链全流程管理中的关键环节，对于提升企业的生产效率和生产力具有显著影响。仓储管理是供应链管理不可或缺的一部分，要求企业在库存控制、仓库布局、信息技术应用以及安全管理等方面进行综合考虑和持续优化。通过有效的仓储管理，企业不仅能够提高仓储效率，降低成本，还能够确保供应链的稳定性和客户满意度，从而在市场中保持竞争优势。

1. 库存控制与优化

有效的库存控制是仓储管理的核心。企业需要通过精确的需求预测和库存分析来确定最佳的库存水平，以减少库存积压和缺货风险。采用先进的库存管理系统，如实时库存跟踪和自动补货系统，可以帮助企业实时监控库存状态，及时响应市场变化。与此同时，企业还可以采用经济订货量模型、安全库存策略等方法来优化库存水平，确保供应链的灵活性和响应能力。

2. 仓库布局与空间利用

仓库的物理布局对仓储效率有着直接的影响。合理的布局可以缩短拣选路径，提高作业速度，减少搬运时间。企业应根据产品特性、订单处理流程和物流需求来设计仓库布局，如采用直线拣选、区域拣选或批量拣选等策略。同时，企业还需要考虑仓库的空间利用，通过货架系统、立体仓库等技术提高空间利用率，降低仓储成本。

3. 信息技术的应用

信息技术在现代仓储管理中扮演着越来越重要的角色。企业应利用仓库管理系统（Warehouse Management System，WMS）来自动化库存管理、订单处理和报告功能。通过条形码扫描、射频识别等技术，企业可以提高数据录入的准确性和效率。此外，企业还可以通过ERP系统和SCM系统实现供应链各环节的信息共享和流程协同。

4. 安全管理与质量控制

仓储管理还涉及货物的安全管理和质量控制。企业需要制定严格的安全规程，包括防火、防盗、防损等措施，确保仓库环境的安全。并且，企业应实施质量控制流程，对入库和出库的货物进行检查，确保产品符合质量标准。通过定期的库存审计和质量检查，企业可以及时发现并解决问题，减少损失和客户投诉。

> 专栏 2-4

广域铭岛：以仓储物流云提高仓储效率

1. 企业简介

广域铭岛数字科技有限公司（以下简称广域铭岛）是吉利控股集团旗下的数字科技企业，是专注工业数字化、智能化领域的技术创新与服务公司，深耕汽车产业链，辐射上下游，打造跨行业跨领域服务生态，构建全国首个打通汽车产业全场景、实现多链条融合发展的国家级"双跨"工业互联网平台——Geega（际嘉）工业互联网平台。

2. 打造仓储物流云，提高仓储效率

MOMaster摩码智造管理大师+为汽车行业提供的供应链协同解决方案，整合了仓储物流、质量控制、采购管理和生产协调四大核心功能，通过连接主机厂与上游供应商，优化了质量、采购、物流和生产流程，消除了传统系统中的信息孤岛和操作瓶颈，实现了基于需求的高质量、准时交付，提升了整个供应链的效率和响应速度。从仓储管理层面，打造了仓储物流云，致力于提升仓储效率，优化库存管理。

（1）仓储物流云的运行思路。

仓储物流云是一个为汽车主机厂设计的轻量级协同产品，旨在促进上下游物流信息的互通。仓储物流云提供订单协同、库存共享、运输管理等功能，实现库存与运输信息的透明化，以及生产计划和财务结算的互动。仓储物流云通过开放标准API（Application Programming Interface, 即应用程序编程接口）服务，实现主机厂与供应商之间的系统互联，支持采购人员实时查询供应商库存，确保生产需求得到满足。供应商可以通过移动设备实时查看库存并安排生产与发货，减少库存积压。在线送货单的创建和信息传递进一步增强了供应链的信息互联互通，

提升了整个汽车主机厂的内部仓储管理和供应链协同效率,如图 2-12 所示。

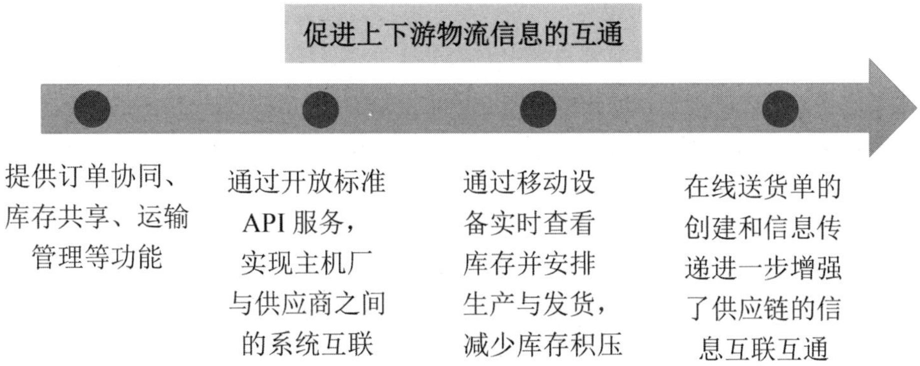

促进上下游物流信息的互通

| 提供订单协同、库存共享、运输管理等功能 | 通过开放标准 API 服务,实现主机厂与供应商之间的系统互联 | 通过移动设备实时查看库存并安排生产与发货,减少库存积压 | 在线送货单的创建和信息传递进一步增强了供应链的信息互联互通 |

图 2-12　仓储物流云的运行思路

（2）仓储物流云取得的成效。

仓储物流云通过透明化链主和供应商的库存信息,使得各方能够实时掌握在途库存、中转仓、VMI 库存和线边库存等关键数据,有效降低了 5% ~30% 的库存积压和呆滞。通过部署仓储物流云,能够有效消除与链主企业间的数据壁垒,完善物流和计划数据中心,实现了订单、运输、库存和生产进度的数据互通与共享,不仅优化了库存管理,实现了即时供货,还降低了生产和运营成本,并为灵活生产提供了坚实的数据支撑。

3. 总结与展望

广域铭岛通过其仓储物流云解决方案显著提升了仓储效率,为供应商及时准确供货提供信息支撑,实现信息互联互通,并且通过库存信息透明化,减少库存积压与呆滞现象的发生,实现最优库存和及时供货。未来,随着技术的不断进步,广域铭岛的仓储物流云预计将进一步整合人工智能、物联网和大数据分析等先进技术,以实现更高级别的自动化和智能化,探索更多环保和节能的仓储解决方案,以满足市场和社会的需求,继续推动仓储物流行业向更高效、更智能、更绿色的方向发展。

三、运输送货

运输送货是供应链全流程管理中的关键环节，直接关系到客户满意度和企业服务水平。通过制定合理的运输策略、优化运输网络、应用信息技术以及建立风险管理机制，企业能够确保货物安全、准时地送达客户手中，从而提升客户满意度，增强企业在市场上的竞争力，如图 2-13 所示。

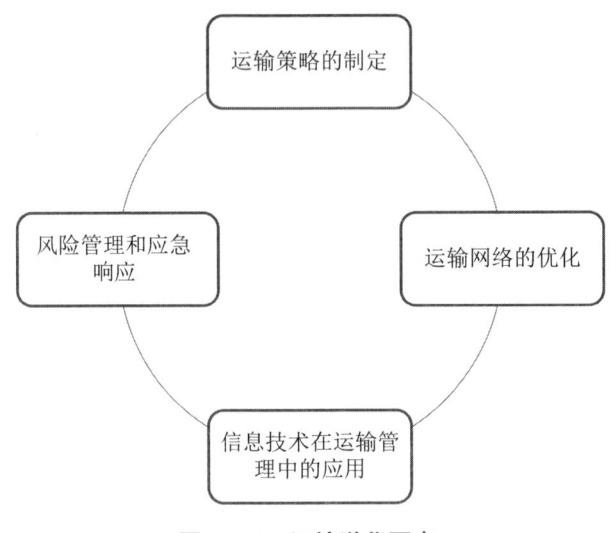

图 2-13 运输送货要点

1. 运输策略的制定

企业需要根据产品特性、客户需求、成本预算和市场条件来制定合适的运输策略。其中，企业需要选择合适的运输模式（如陆运、海运、空运或多式联运）、规划合适的运输路线，以及选择合适的运输合作伙伴。同时，运输策略的制定应考虑到运输成本、时效性、可靠性和环境影响等多个因素，以实现最佳的服务效率和成本效益。

2. 运输网络的优化

运输网络的优化是提高运输效率的关键。企业应通过分析运输数据、物流成本和客户分布，设计高效的运输网络，这可能涉及运输中心的选址、配送路线的规划以及运输资源的合理配置。通过优化运输网络，企业可以减少运输时间，降低运输成本，提高货物的交付速度。

3. 信息技术在运输管理中的应用

信息技术的应用对于提高运输管理的透明度和效率至关重要。企业可以利用运输管理系统（Transportation Management System，TMS）来监控运输过程、实时跟踪货物位置，以及管理运输订单。以此同时，通过电子数据交换（Electronic Data Interchange，EDI）和全球定位系统（GPS）等技术，企业可以与运输合作伙伴实现信息共享，提高运输调度的灵活性和响应速度。

4. 风险管理和应急响应

运输过程中可能面临各种风险，如天气变化、交通拥堵、货物损坏等。企业需要建立风险管理机制，对潜在的风险进行识别、评估和控制。同时，企业应制定应急响应计划，以便在运输中断或延误时迅速采取行动，最小化对客户服务的影响，例如做好备选运输路线的选择方案、额外运输资源的储备以及与保险公司的合作等。

章末案例

浙江恒立：打造一流的供应链管理服务能力和质量

1. 企业简介

浙江恒立以服务业主为宗旨，具有丰富的业绩和大型项目管理综合经验。在采购服务方面，成功执行了大连华一锂电科技有限公司的锂电池电解质及添加剂项目，以及北方华锦联合石化有限公司的原料工程项目。在催交及接保检服务方面，成功完成了巴斯夫（上海）的Shape树脂3扩建项目，以及科思创聚合物（珠海）的TPU项目。在施工管理方面，已完工了石家庄市藁城经济开发区政通建设开发有限公司的水处理中心除臭系统项目，以及乙烯装置模块化预制施工管理服务。在工程造价方面，正在执行浙石化舟山炼化一体项目的预算及工程量清单编制、进度款及结算款审核、签证及变更审核等造价服务。这些成功的项目案例充分展示了浙江恒立的专业能力和服务质量得到国际一流公司认可，也证明了浙江恒立在采购服务、催交及接保检服务、施工管理、工程造价等方面的丰富经验和强大实力可与国际一流项目管理公司相媲美。

2. 项目供应链管理的全流程

浙江恒立构建了完备的全流程项目供应链管理解决方案，包含了采购准备、招标询价、催交检验、物流运输、仓储管理、采购收尾一系列的管理框架，如图2-14所示。

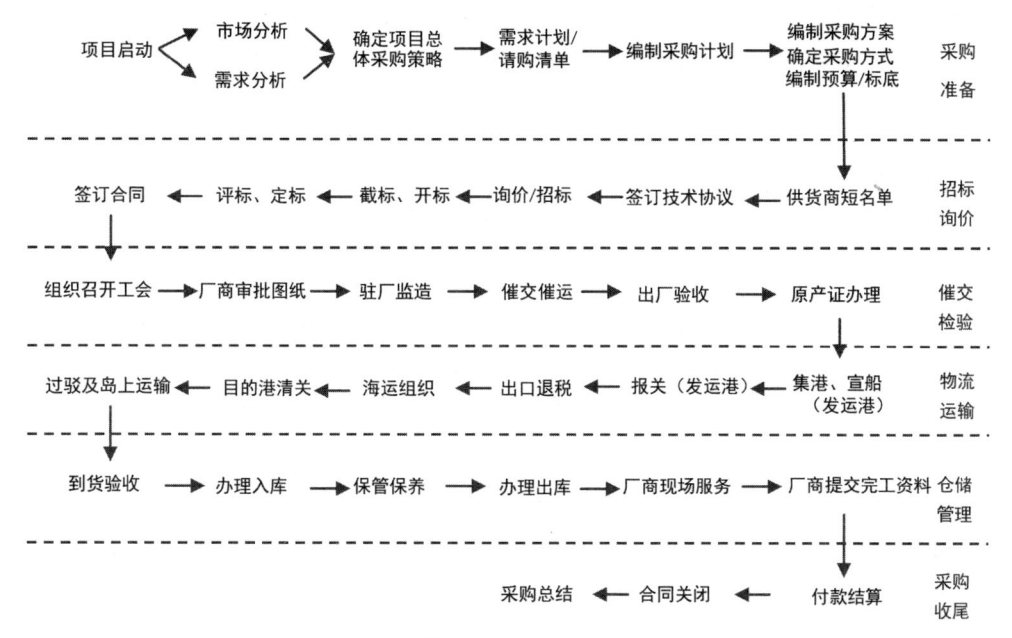

图 2-14　浙江恒立项目供应链管理的全流程

（1）采购准备。

浙江恒立在采购层面做足了充分的准备。项目启动后首先进行市场分析和需求分析，以更好地确定项目总体采购策略，制定需求计划或者请购清单，编制采购计划，进而编制采购方案，确定好采购方式，编制预算或者标底。

（2）招标询价。

先是出具供货商短名单，按需签订技术协议，而后进行询价/招标、截标、开标、评标、定标，最后签订合同。

（3）催交检验。

组织召开工会后，需要厂商审批图纸，按需驻场监造，在这个过程中还需要进行催交催运，直至出厂验收，办理原产证。

（4）物流运输。

在发运港集港、宣船并报关，办理出口退税，由海运组织到达目的地清关，最后进行过驳和岛上运输。

（5）仓储管理。

到货后首先进行验收，验收合格后办理入库，入库后还需要注重保管保养，以便出库使用，而后厂商于现场服务，并提交完工资料。

（6）采购收尾。

进行付款结算，关闭合同，对采购进行总结。

3. 提前规划，统一协调

（1）物流运输：提升协同效率。

浙江恒立的物流运输涉及海外项目，在这个过程中会出现各种各样的问题。例如物资量大，涉及的物资可达数百万计费吨；物资种类繁多，需求不一，对运输资源整合能力要求极高；重大件设备多，运输难度大；项目供货商、施工承包商众多，物流协调难度大；项目工期短，发运周期紧张；物流通道存在瓶颈；出口退税及进口关税占采购成本比重大等。对此，浙江恒立进行提前规划，并制定预防措施，搭建了项目供应链管理体系，致力于在专业化分工的基础上实现高效协同，进而实现物流、信息流、资金流的高效运作。此外，浙江恒立还引入智能物流系统，利用物联网技术对货物进行实时监控，自动追踪物流进度，减少人为错误和延误；运用大数据分析预测物资需求，优化库存管理，减少过剩或短缺的情况，同时预测潜在的物流瓶颈，提前做出调整，协调好多方需求。

（2）材料物资：形成有序管理。

浙江恒立发现，在项目供应链管理中，信息系统的过于频繁会导致实际业务的卡壳，同时物资编码也缺乏统一的管理，项目供应链全链条缺乏统一，也使得供应链管理的运作出现问题，效率低下。对此，浙江恒立着力于加强材料核销管理的力度，强化材料控制团队的力量，统一物资编码，并借助专业的采购信息平台开展材料核销工作，从而控制项目剩余物资金额，形成有序管理。与此同时，浙江恒立还利用云计算服务平台，实现物资管理数据的集中存储和处理，提高数据处理能力和安全性。

4. 打造全流程管理，实现信息共享

（1）催收检验：理顺管理流程。

在催收验收环节，浙江恒立构建了完整的流程体系，并且针对可能会出现的问题，进行了有针对性的解决。该环节主要会出现的问题包括：设计院设备制造图纸滞后；制造厂接单量大、制造负荷高；制造厂拖欠二级供应商款项，外购件无法按期到货；项目工期短，合同约定的设备制造周期十分紧张；设备材料制造交付进度与现场施工要求不匹配；制造厂自身管理能力不足，影响项目总体进度。为此，浙江恒立加强关键设备、包设备厂商生产制造的全流程管理，派遣专人常驻关键设备、包设备厂商工厂，代表业主参与从设计图纸催交、原材料选购、生产调度到成品发货的每一个环节，参与了生产制造全流程管理，包括催图、原材料采购、排产计划、生产制造以及发货顺序等，减少各环节出现的延误现象，确保了关键设备按时交付，从而提高了整个生产流程的效率和供应链的响应速度，为项目的顺利实施提供了坚实保障。

（2）接保检管理：优化物资管理效率。

在接保检管理方面，浙江恒立发现，在实际的供应链管理中，会出现物资到货与现场施工进度不匹配、项目建成后剩余材料金额巨大、前期库房规划不足存在多次倒运等问题。究其原因，还是缺乏信息共享。因此，浙江恒立采取联合办公的方式，要求施工单位派专门的接保检管理人员，与业主接保检团队联合办公，从而实现信息完全共享。

同时，物资保管保养不善也会导致其需要重新采购或者返修，而在海外项目中则是会遇到整船集中发运，物资到货集中的问题。对此，浙江恒立建立严格的物资保管保养制度，对所有物资进行分类管理，明确各类物资的存储条件和保养要求。例如，对于易受潮物资采用防潮存储措施，对机械设备定期进行维护和检查，确保其良好状态，减少损耗和损坏，避免因保管不善导致重新采购或返修。而针对海外项目整船集中发运导致的物资到货集中问题，浙江恒立与物流服务提供商合作，制定更加精细化的发运计划，通过采用分批发运或多港口卸货的策略，平衡物资到货时间，避免了因集中到货导致的物流压力和潜在的保管风险。

5. 发展与总结

浙江恒立致力于打造一流的供应链管理服务能力和质量，打造完备的全流程项目供应链管理解决方案，统一协调物流运输以及材料物资，形成协同效能和有序管理，并且理顺催收检验流程，参与全流程管理，强化信息共享，提高物资管理效率。据此，可以得出如下几点启示：第一，建立完善、统一的项目供应链管理全流程体系，是企业的重中之重；第二，不打无准备之战，对物流运输及材料物资等关键流程给予重视，并进行事前准备，实现高效协同；第三，信息共享在供应链管理全流程中是一个关键手段，能够有效解决接保检等方面出现的各种问题，提升管理效率。

第三章

供应链全流程管理方法

> **开篇案例**

农夫山泉：精细化供应链规划和管理

1. 企业简介

农夫山泉股份有限公司（以下简称农夫山泉）成立于1996年，公司总部位于浙江省杭州市，系养生堂旗下控股公司。自1996年起，农夫山泉在千岛湖畔的工厂破土动工，历经20余载的砥砺前行，已发展成为一家市值超过5000亿元的商业巨头。农夫山泉每年成功地将近百亿瓶饮料产品分销至全国各地，稳居中国瓶装水市场的领先地位。在其迅猛发展的过程中，供应链管理的卓越构建起到了至关重要的作用。在公司成立之初，农夫山泉便着眼于未来的发展战略，制定了系统的发展规划。在国内供应链管理理念尚不成熟的背景下，农夫山泉勇于开拓创新，积极实践，克服重重困难，不断探索和革新，建立了一套高效的供应链管理体系。这一体系不仅有效地协调了生产与销售，还为企业构筑了坚固的竞争优势。

2. 信息化供应链——利润增长的秘诀

农夫山泉不只是做搬运物流，而是要做到纯净水的全流程供应链管控。对此，农夫山泉建立了自己的供应链服务比较优势。

（1）数字化的供应链管控。

农夫山泉通过数字化供应链管控，实现了瓶装水的高效供需响应。自2010年起，农夫山泉引入了先进的供应链计划系统，也就是LLamasoft和JDA，以优化产能规划、仓储布局和运输路径。通过先进的供应链计划系统，农夫山泉能够精确预测销售趋势，优化库存管理，并响应季节性需求变化。供应链计划系统通过分析潜在的运输和调拨路径，结合销售预测数据，自动选择成本效益最高的配送方案，显著提升了供应链效率。农夫山泉还参与了京东的"物竞天择"项目，利用算法优化配送网络，缩短平均配送时间至两小时，最快可达 30 分钟。这一系列举措，使得农夫山泉的分销中心数量从 20 多个减少至 5 个。

在管理信息系统的领域内，SAP 公司推出了其创新的数据库平台——SAP Hana。SAP Hana 平台的应用显著提升了数据处理的效率，将处理同等数据量所需的时间从 24 小时大幅缩短至 0.67 秒，实现了近乎实时的数据处理能力。农夫山泉公司通过采用 SAP Hana，结合其多年来对终端销售数据的深入收集与分析，已经能够比经销商更精准地掌握终端市场动态。基于对终端市场的深刻理解，农夫山泉开始大幅度减少经销商数量，旨在直接控制销售终端，以优化其分销网络。目前，农夫山泉已能够利用先进的数据分析技术准确预测市场需求，从而有效平衡生产计划。此外，农夫山泉将 400 个办事处和 30 个配送中心整合至其供应链体系，构建了一个动态的网状供应链结构，使退货、残次品等问题能够与生产基地实现实时信息连接，进一步提升了供应链的响应速度和效率。

农夫山泉的供应链管理实践表明，尽管供应链看似远离市场和客户，但其在需求预测中扮演着关键角色。销售团队的经验和市场感知虽然重要，但并非预测的主要依据，其核心职责在于市场开拓和竞争，而非纯粹的数据分析。农夫山泉的供应链计划系统不仅提高了运营效率，也为企业的长期发展奠定了坚实的数据基础。

（2）库存与季节性需求波动的匹配。

JDA 软件集团于 7 月 21 日宣布，农夫山泉股份有限公司已顺利完成 JDA® Demand、JDA®Fulfillment、JDA®Collaborate 及 JDA®Master Planning 等一系列解决方案的部署。这些综合性的管理工具旨在增强农夫山泉对季节性需求波动的预测精度，并优化供应链库存的管理。农夫山泉的产品需求呈现出显著的季节性变化特征。在引入 JDA 解决方案之前，农夫山泉依赖于自主开发的技术来进行需求预测和库存管理。得益于 JDA 系统的支持，农夫山泉的需求预测准确性得到了显著提升，目前，农夫山泉已能够制定并维护一个 53 周的滚动需求预测模型，并确保每周进行数据更新。基于这些预测，农夫山泉生成了一套从工厂到分销中心的日滚动生产计划，以指导日常生产活动。同时，这些预测数据也被用于制定 12 个月的滚动采购计划，从而进一步提高了供应链的效率和响应能力。通过这些先进的供应链管理策略，农夫山泉在维持市场竞争力方面迈出了坚实的步伐。

（3）实现仓配一体的现代物流。

农夫山泉通过采用网络规划工具，优化了城市仓库布局，提升了仓配效率。传统的销售预测模式被基于历史数据的统计预测所取代，由生产管理部门和办事处共同制定12个月的共识预测，以此驱动供应链计划。

自2011年起，农夫山泉与SAP合作，针对饮用水行业特有的运输环境，开发了一套数据模型。该模型考虑了多种变量，包括高速公路费用、道路状况、天气、配送中心服务范围、季节性变化、市场售价、渠道费用、人力成本以及突发性需求等，以精确控制物流成本。利用这些综合数据，农夫山泉设计出最优的仓储运输方案，实现了全国十多个水源地与数百家办事处和配送中心的整合，构建了一个动态的网状供应链结构，实现了实时监控。这一体系使得退货和残次品问题能够与生产基地实时连接，确保了生产与配送的精确匹配。通过大数据的应用，农夫山泉实现了采购、仓储、配送流程的智能化，物流成本的精准控制，以及运输资源的合理配置，有效解决了供应链管理中的关键问题。

（4）构建农夫山泉芝麻店。

农夫山泉加速推进新零售战略，将传统的地下停车场自动售卖机升级为农夫山泉芝麻店，并自行承担每台机器的年费用，包括场地租金和电费。目前，全国范围内已有3万多个芝麻门店。芝麻店的推出旨在解决五升水的最后一公里配送问题，并在2018年已拥有300万名会员。芝麻店与自动售货机的主要区别在于，芝麻店主要服务于社区固定家庭用户，销售大桶水，而自动售货机则面向流动客户。此外，芝麻店的核心目标是收集用户消费行为数据，通过线下数据收集与线上会员体系相结合，实现供应链的转型和升级。在芝麻店的App中，农夫山泉已开始销售东北香米、17.5度橙子和调味酱等新产品，显示出公司正围绕消费者行为场景进行全产业链布局。

3. 改革供应链全流程管理

（1）探索供应链管理职能变革，优化流程。

在初期实施供应链计划管理系统的过程中，农夫山泉面临着缺乏专业需求计划经理和集成供应链管理职能的挑战。系统规范的业务逻辑与实际操作的灵活性之间存在显著冲突。为了推动项目，公司进行了供应链管理职能的多次变革，包括从 CIO（Chief Information Officer，即首席信息官）到物流部总监的角色调整，并最终成立了供应链市场统筹部。

农夫山泉供应链市场统筹部整合了原销售、生管和物流部门的计划职能，包括需求计划、供应计划和补货计划，将分散在不同部门的计划功能集中起来。特别强调"市场"二字，表明该部门不仅负责供应链计划的整合，还注重前后端的协同作用。这种职能架构通过分离计划与执行职能，使供应链市场统筹部能够专注于整体和前瞻性的规划，而非仅仅应对紧急调整。这一变革使得供应链管理更加高效和具有战略性，为农夫山泉的长期发展提供了坚实的基础。

（2）渗透供应链前端，推进通路转型。

为了使销售和经销商能够更集中精力于销售、市场营销和终端推广，农夫山泉的供应链市场统筹部总监领导了供应链计划流程的三阶段优化，如图3-1所示。

第一阶段
全国性的产能规划
仓储布局
物流路线设计
需求预测
主生产计划
大宗物料需求计划

第二阶段
DC的补货建议自上而下主动提出
实行"盲上单制"
不再考核物流部门的库存管控和营销部门的物流费用

第三阶段
LLamasoft 和 JDA 软件的自动对接
物流路径优化
产能规划
仓储规划
动态供应网络管理

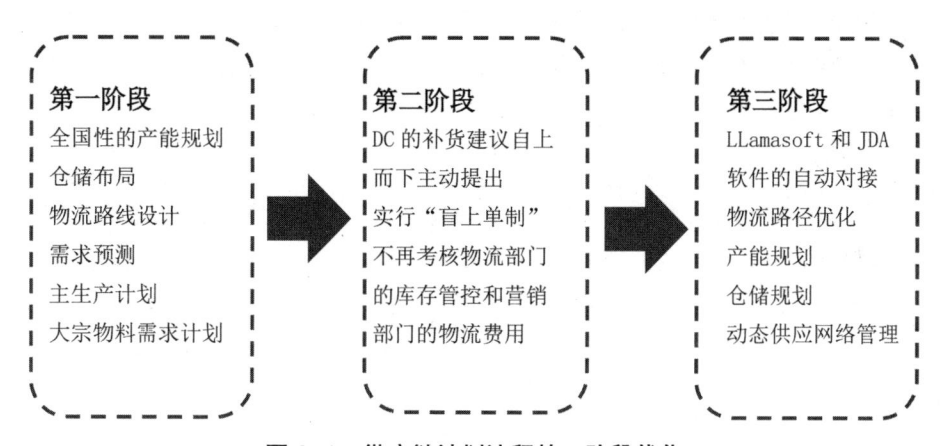

图 3-1 供应链计划流程的三阶段优化

首先，总部的供应链市场统筹部门持续负责全国性的产能规划、仓储布局、物流路线设计、需求预测（销售大区参与预测，但最终决策权归供应链部门）、主生产计划和大宗物料需求计划的优化工作。

其次，供应链市场统筹部门接管了全国订单供需平衡的评估，改变了原有的由分销中心（Distribution Center，DC）和经销商自下而上的库存上报模式。新的模式下，DC的补货建议由系统自上而下主动提出，物流部门可对建议进行调整。同时，实行经销商不看库存的"盲上单制"，以获取真实的订单需求，避免供应导向下的抢货和囤货行为。这一改变提升了货物配送的全局优化和铺货效率，农夫山泉为此放弃了一些短期利益，如不再考核物流部门的库存管控和营销部门的物流费用，实现了订单驱动的端到端供应链集成管理。

最后，在第二阶段的基础上，农夫山泉扩展了 LLamasoft 和 JDA 软件的功能，并实现了两者数据的自动对接。通过每月进行物流路径优化和每年进行产能规划、仓储规划，公司将日常供应网络管理从静态模式转变为动态模式，显著提升了物流效率，并最大化了预测改善后的应用效果。

（3）持续变革，通力后端。

农夫山泉在供应链管理上取得显著成效后，继续推进变革，旨在解放销售和经销商，实现对渠道的全面掌控。供应链部门不仅为 DC 提供自上而下的订单推动建议，也为经销商提供上单建议，主动承担库存管理责任，从而减轻销售和经销商的预测、订单和库存管理压力。供应链变革提升了农夫山泉的软性竞争力，关注于整合能力提升和总成本优化。这种竞争力在经济下行期显得尤为重要，有助于企业更好地经营。农夫山泉的变革不仅优化了执行层面，还强化了供应链计划的整合性。

在渠道转型方面，农夫山泉通过供应链变革支持收入增长，尤其是在经济下行期保证利润。农夫山泉采取"减负发力"策略，将预测订单和库存管理的压力转移到供应链端，使销售和经销商能够专注于市场拓展。大客户制度的推行也依赖于供应链对渠道的支持和控制，确保经销商对企业形成依赖，从而有效管理渠道风险。

4. 总结与展望

农夫山泉通过数字化供应链管控、匹配库存与季节性需求波动、建立仓配一体的现代物流体系、构建农夫山泉芝麻店等举措打造信息化供应链，实现利润增长，并改革供应链全流程管理，不断优化流程，渗透供应链前端，推进渠道转型，持续变革，通力后端。未来，农夫山泉可以持续利用技术创新，如 AI 和物联网，以进一步提高供应链的智能化和自动化水平。同时，面对全球化市场，公司将加强供应链的韧性和风险管理，以适应不断变化的国际环境和消费者需求，确保可持续发展。

第一节 供应链全流程管理的基本原理

一、推拉策略

供应链全流程管理是一种综合性的管理方法，涉及从原材料采购、生产制造到产品交付给最终用户的整个流程。在供应链管理中，推拉策略是一个核心应用，关系到供应链的效率、成本控制以及对市场需求的响应速度。

1. 推拉的基本理念

推（Push）策略和拉（Pull）策略是供应链管理中的两种基本运作模式。推策略是基于预测的，即企业根据市场需求预测来生产产品，然后将产品推向市场；拉策略则是基于实际需求的，即企业只有在接到客户订单后才开始生产和配送产品。推策略适用于需求相对稳定、可预测的市场环境，如日用品、标准化产品等；而拉策略则适用于需求波动较大、个性化需求明显的市场，如时尚品、定制产品等。

2. 推拉策略的特点

推策略的特点主要体现在预测性、库存管理、生产计划以及供应链风险4个方面（见图3-2）。从预测性来看，推策略依赖于对未来市场需求的预测，要求企业具备较强的市场分析能力；从库存管理来看，为了满足预测的需求，企业通常会保持较高的库存水平，以确保产品能够及时推向市场；从生产计划来看，生产活动通常是批量进行的，以降低单位成本；从供应链风险来看，由于依赖预测，推策略面临较高的不确定性风险，可能导致过剩库存或缺货。

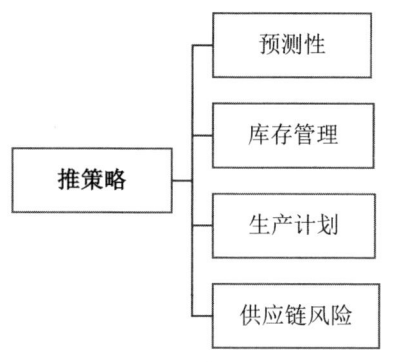

图 3-2 推策略的特点

拉策略的特点主要体现在响应性、库存水平、生产灵活性以及信息流 4 个方面（见图 3-3）。从响应性来看，拉策略强调对实际客户需求的响应，这要求企业具备灵活的生产和配送能力；从库存水平来看，拉策略下，企业倾向于保持较低的库存水平，以降低成本和风险；从生产灵活性来看，生产活动通常是按需进行的，以适应市场变化；从信息流来看，拉策略依赖于准确的信息流，确保供应链各环节能够及时响应客户需求。

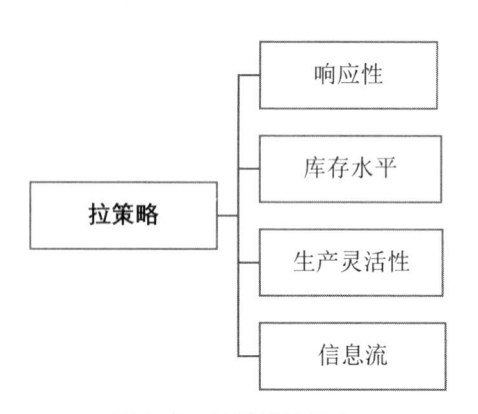

图 3-3 拉策略的特点

因此，总结归纳推拉策略的优缺点可知，推策略的优点在于能够实现规模经济，降低生产成本，缺点是可能导致库存积压和对市场变化的响应不够灵敏；拉策略则能够更好地适应市场变化，减少库存风险，但可能面临较高的生产和配送成本，以及对供应链信息流的高要求。

3. 推拉策略的实际应用

在实际应用中，企业往往会结合推式和拉式两种策略，即在供应链的不同环节采用不同的策略。例如，对于需求稳定的原材料采购和生产环节，可以采用推策略，而对于面向最终消费者的销售环节，则采用拉策略，以提高供应链的整体效率和响应能力。

当前，企业普遍采纳推拉混合式的供应链管理模式，该模式结合了推式和拉式供应链的特点，展现出独特的优势。相较于纯粹的推式或拉式管理模式，推拉混合模式在降低产品生产成本、提升规模经济效益、减少外界环境的不确定性、促进供应链各环节与消费者之间的沟通方面均有显著效果。其主要优势体现在以下几个方面：第一，推拉混合模式通过在供应链中引入中间缓冲环节，以通用半成品的形式维持库存，直至接到具体订单后再进行最终加工，有效降低了库存和物流成本，提高了成本效率。第二，制造商能够依据市场调研和基本预测，进行半成品的规模生产，以应对市场需求的季节性波动，从而在一定程度上降低了运输和生产的总体成本。第三，该模式通过提高供应链的反应速度，缩短了产品的交货周期。对于大规模的订单需求，供应链各方能够迅速响应，确保产品及时交付，提升了客户满意度。第四，推拉混合模式通过快速响应顾客需求，有效降低了存货成本和风险，减少了因市场预测失误导致的存货跌价损失，增强了企业抵御外部风险的能力。第五，推拉混合式供应链模式促进了生产端与消费端之间的沟通与交流，结合了推式和拉式供应链的优势，既能够提供定制化的产品和服务，又能够实现规模经济，从而最大化整体利润。

因此，企业需要根据自身的产品特性、市场环境以及供应链能力，灵活选择和调整推拉策略，以实现供应链的最佳运作。通过有效的推拉策略的结合，企业可以更好地适应市场变化，提高客户满意度，同时控制成本，增强竞争力。

> 专栏 3-1

桃李面包：推拉相结合的供应链模式

1. 企业简介

桃李面包股份有限公司（以下简称桃李面包）起源于1997年成立的沈阳市桃李食品有限公司，专注于烘焙食品的制造、加工与销售。桃李面包的产品线涵盖面包、糕点以及针对特定节日的月饼、粽子等季节性食品。凭借多年的行业经验和市场积累，桃李面包已经将其核心产品——面包及糕点打造成为桃李品牌，在全国范围内获得广泛认可，成为跨越地域界限的著名面包品牌。

2. 推拉相结合的供应链模式

桃李面包采用了一种结合推式和拉式供应链策略的模式，以满足其短保质期面包产品的市场需求和新鲜度保证，如图3-4所示。

```
推式供应链                        拉式供应链

建立中央工厂          ⟷         以市场需求为驱动力
高效的物流配送                    建立快速的物流配送系统
网络                              紧密的协同关系
```

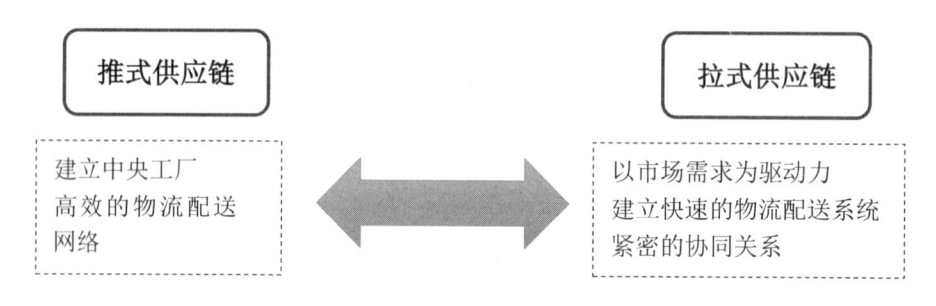

图 3-4　桃李面包推拉相结合的供应链模式

（1）推式供应链。

桃李面包作为中国知名的面包和糕点制造商，以推式供应链模式来确保其产品的广泛分销和高效生产。

一方面，桃李面包的核心供应链策略是建立中央工厂，这些工厂通常位于大中城市，具有大规模生产的能力。中央工厂模式是推式供应链的核心，允许桃李面包集中生产，实现规模经济，降低单位成本。采用中央工厂模式，桃李面包可以根据历史销售数据和市场趋势进行生产规划，预测市场需求，并提前准备产品，进而保证产品的稳定供应，同时减少库存积压的风险。

另一方面，桃李面包的推式供应链模式依赖于一个高效的物流配送网络。桃李面包通过与专业的物流服务提供商合作，确保产品能够快速地从中央工厂运输到各个销售点。桃李面包的物流系统设计得非常精细，包括冷链物流以保持产品的新鲜度，以及优化的路线规划以减少配送时间和成本。这种物流配送模式使得桃李面包能够在最短的时间内将新鲜出炉的面包送达消费者手中，满足市场对即时满足的需求。

（2）拉式供应链。

桃李面包在供应链管理上还利用了拉式供应链模式的特点，以更好地适应市场需求和保证产品的新鲜度。

首先，桃李面包的拉式供应链模式以市场需求为驱动力。桃李面包根据零售商和分销商的实际订单来生产面包和糕点，减少过剩库存的风险，并确保产品在到达消费者手中时保持最佳新鲜度。

其次，由于桃李面包的产品通常具有较短的保质期，因此拉式供应链模式对于保证产品质量至关重要。桃李面包通过建立快速的物流配送系统，确保产品能够在最短的时间内从工厂送达零售点。快速响应的物流体系使得桃李面包能够在每天凌晨开始配送，确保面包在早餐时间前到达超市和便利店，满足消费者对新鲜面包的需求。

最后，在拉式供应链模式下，桃李面包与销售终端之间形成了紧密的协同关系。桃李面包通过实时的销售数据反馈，及时调整生产计划和物流安排，这种产销协同机制不仅提高了供应链的整体效率，还有助于减少生产和配送过程中的浪费。桃李面包通过这种方式，能够更好地满足消费者的个性化需求，同时保持库存水平的优化。

3. 总结与展望

通过这种推拉结合的供应链模式，桃李面包能够有效地平衡预测生产和需求驱动生产之间的关系,既保持了生产的效率,又能够快速响应市场和消费者的需求,确保产品的新鲜度和高质量,从而使得桃李面包在短保面包市场中保持了竞争优势。未来,桃李面包有望进一步深化推拉结合的模式,以适应市场变化和消费者需求,优化生产计划和库存水平,并且可以加强与零售商的合作,实现更快速的订单响应和配送服务。

二、快速响应原理

快速响应原理认为,在全球经济一体化的宏观背景下,市场竞争的激烈程度日益增加,经济活动的步调加速,消费者对交付时间的期望也不断提高。消费者不仅期望企业能够准时交付产品,而且期望的交付周期正变得越来越短。鉴于此,企业必须具备对市场变化的敏捷响应能力,以及强大的产品开发和快速生产组织能力。企业需要持续推出能够满足消费者多样化和个性化需求的产品,以此来巩固市场地位并取得竞争优势。

快速响应原理强调在供应链中实现信息的实时共享和流程的紧密协作,这意味着从原材料供应商到制造商,再到分销商和零售商,每个环节都能够迅速地对市场需求的变化做出反应,不仅包括生产和配送,还包括产品设计、定价和促销策略的调整。对此,企业可以通过历史销售数据和市场趋势分析进行更准确的需求预测,进而建立紧密的客户关系,及时了解客户需求,提供个性化服务,提高客户满意度;可以整合供应链资源,确保各环节能够无缝对接,减少不必要的延误,实现流程优化和信息共享,从而使整个供应链的运作效率得到提升;还可以提高生产线的灵活性,能够快速调整生产计划以适应需求变化,使企业迅速抓住市场机会,增强企业竞争力。

快速响应是供应链管理中的一种重要策略,通过提高供应链的灵活性和效率,帮助企业更好地适应市场变化,满足客户需求。快速响应原理的实施,需要企业在信息技术、供应链整合、生产灵活性等方面进行投入和改进。尽管存在信息技术、供应链协同的挑战,需求预测的不确定性等方面的挑战,但通过有效的实施，企业可以实现库存成本的降低、客户满意度的提升以及市场竞争力的增强。在当今快速变化的市场环境中，快速响应原理对于企业的成功至关重要。

三、动态重构原理

动态重构原理强调供应链的动态性和可重构能力。供应链被视为一种具有特定生命周期的组织结构，它在特定时期内形成，以捕捉市场机遇并满足特定需求。该原理指出，随着市场环境的演变和消费者需求的变动，以核心企业为中心的供应链体系必须展现出快速的适应性，能够进行及时的动态调整和结构重组，对于企业在不断变化的市场条件下保持竞争力至关重要。

市场机遇、合作伙伴选择、核心资源集成、业务流程重组以及敏捷性是供应链动态重构的主要因素（见图3-5）。第一，在供应链管理中市场机遇的把握是动态重构的首要因素。企业需要通过市场分析，识别和预测消费者需求的变化趋势，以及新兴市场和潜在的增长点。因此企业需要具备强大的市场洞察力和数据分析能力，以便在第一时间捕捉到市场机遇，并迅速调整供应链策略以利用这些机遇。第二，合适的合作伙伴能够提供必要的资源、技术和市场渠道，帮助企业快速响应市场变化。选择合作伙伴时，企业需要考虑其财务稳定性、运营效率、技术能力、信誉以及与企业的战略契合度，通过建立稳固的合作伙伴关系，企业可以共享资源，降低风险，提高供应链的整体竞争力。第三，核心资源的集成是指将企业的关键资源如技术资源、人力资源、物流资源和信息资源等，与供应链中的其他资源相结合，以提高供应链的整体效率和响应速度。通过资源的集成，企业可以实现规模经济，优化成本结构，同时提高对市场变化的响应能力。第四，业务流程重组是动态重构原理中的关键环节，涉及对供应链中各个环节的流程进行优化和再设计，以提高效率和降低成本，包括简化操作流程、消除瓶颈、采用新技术、改进信息流等。通过业务流程重组，可以建立一个更加灵活、高效和客户导向的供应链。第五，敏捷性是供应链动态重构的核心特征，敏捷供应链能够快速适应市场变化，响应客户需求。敏捷性使企业能够在面对不确定性和复杂性时保持竞争力，如快速的生产调整能力、灵活的库存管理、高效的物流配送以及强大的信息处理能力等。

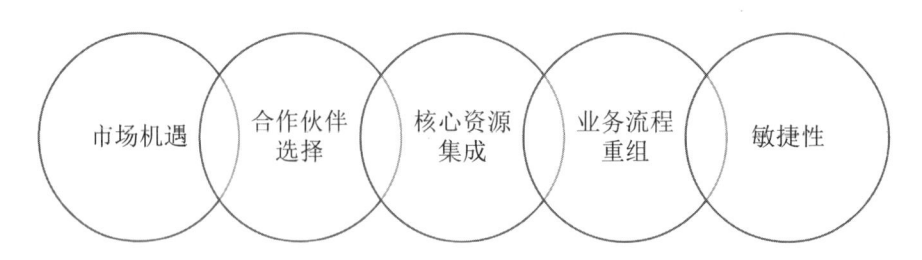

图 3-5　供应链动态重构的主要因素

四、资源横向集成原理

资源横向集成原理是在新经济时代背景下提出的一种创新的管理理念。在经济全球化快速发展的当下，企业依靠传统的管理模式和有限的内部资源已难以满足市场快速变化的需求。因此，企业需摒弃传统的纵向管理模式，转向基于横向思维的新型管理方式。这种转变涉及与外部相关企业进行资源整合，通过构建"强强联合，优势互补"的战略联盟，形成利益共同体，共同参与市场竞争。这样的合作旨在提升服务质量、降低成本、快速响应客户需求，并为客户提供更广泛的选择。

不同的思维模式引导着不同的管理模式和企业发展战略。纵向思维倾向于"纵向一体化"的管理模式，其发展战略着重于纵向扩展；而横向思维则倾向于"横向一体化"的管理模式，其发展战略侧重于建立横向联盟。资源横向集成原理特别强调通过横向集成优势资源，即供应链各环节的企业利用其核心竞争力参与供应链的资源整合，以各自的优势业务参与并推动供应链的整体运作，如图3-6所示。

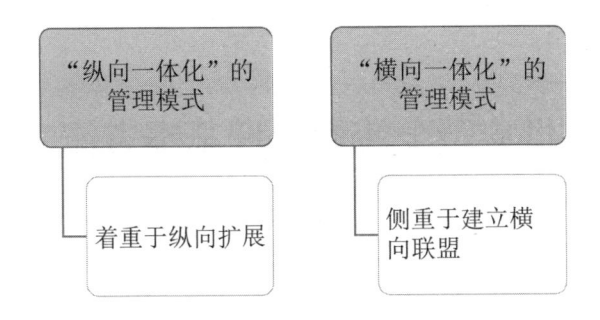

图 3-6 "纵向一体化"与"横向一体化"的管理模式

资源横向集成原理的运用存在成本效益、市场响应速度、创新能力、风险分散的优势。具体而言，在成本效益方面，通过资源横向集成，企业可以专注于其核心业务，将非核心业务外包给具有专业优势的合作伙伴，减少企业在非核心业务上的投资，降低运营成本，同时提高资源的使用效率；在市场响应速度方面，能够提高供应链对市场变化的响应速度，迅速调整其生产计划和物流安排，以满足新的市场需求，有助于企业抓住市场机会，提高市场份额；在创新能力方面，资源横向整合可以促进知识和技术的交流，激发创新，也可以共享研发资源，共同开发新技术和新产品，从而有助于缩短产品的研发周期，提高产品的创新性和竞争力；在风险分散方面，合作可以降低对单一市场或供应商的依赖，分散单一企业面临的市场和运营风险，从而降低整体的运营风险。

第二节 供应链全流程管理基本方法

一、快速反应

快速反应是一种物流企业针对多品种、小批量需求市场的应对策略。在这种策略下，企业不是简单地储备成品，而是准备各种生产要素，当接到客户需求时，能够迅速提取这些要素，进行及时的组装或配置，以满足客户对服务或产品的需求。

起源于美国纺织服装行业的快速反应是一种供应链管理技术，其核心在于迅速响应消费者的需求变化。在此框架下，零售商与制造商通过建立战略伙伴关系，利用 EDI 等信息技术手段，共享销售数据和进行订单补货等经营信息的交流。通过高频次、小批量的商品配送，快速反应旨在缩短交货时间，降低库存水平，提升客户服务品质及企业的市场竞争力，这一切的实现都是基于零售商与供应商之间稳固的战略伙伴关系。

快速反应的主要目标是提升客户服务水平和降低供应链的总体成本。通过减少供应链中的库存和成本，同时增加销售额，成功的快速反应伙伴关系能够增强整个供应链中所有参与者的盈利能力。实施快速反应的方法可分为 3 个阶段（见图 3-7）：首先，对所有商品进行条码化处理，并通过 EDI 传输订购单和发票等文档；其次，增强内部业务处理能力，使用 EDI 传输更多种类的文档，如发货通知和收货通知；最后，与贸易伙伴紧密合作，采用更为先进的策略，例如联合补库系统，以便快速响应客户需求。

```
条码化处理 → 增强内部业务处理能力 → 与贸易伙伴紧密合作
```

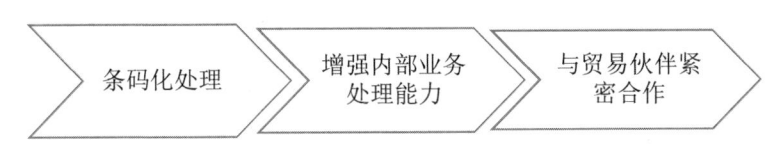

图 3-7　实施快速反应的 3 个阶段

二、有效客户反应

有效客户反应是 1992 年从美国发展起来的一种供应链管理策略，最初在食品杂货行业中得到发展。该策略涉及供应链中的生产制造商、批发商、零售商等多个环节，旨在通过各参与方的协调合作，更高效、迅速且成本较低地满足消费者需求。有效客户反应策略强调通过信息共享、流程优化和技术应用，提高供应链的整体响应能力和服务水平，从而在竞争激烈的市场中为各方创造更大的价值。

1. 有效客户反应的基本特征

有效客户反应是一种以满足消费者需求和降低物流成本为核心原则的供应链管理战略。该战略强调通过及时且精确的反应，优化商品供应和服务流程。其核心在于将传统上各自为政的供应链环节紧密联结，形成一个协同工作的网络，以更好地满足消费者的期望。其目标是通过提升消费者价值、增强供应链的运作效率以及降低整个系统的成本，从而增强企业的市场竞争力。其优势在于供应链各参与方为了共同的目标——提高消费者满意度而进行紧密合作，包括信息共享和最佳实践的交流。

2. 有效客户反应的观念

消除供应链中的浪费、建立合作体制和结盟关系、实现准确即时的信息流是有效客户反应的核心观念，如图 3-8 所示。

```
消除供应链    建立合作体    实现准确即
  中的浪费  →  制和结盟关系 →  时的信息流
```

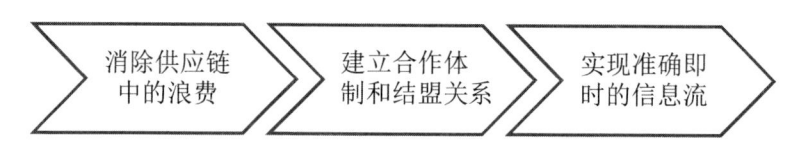

图 3-8　有效客户反应的核心观念

（1）消除供应链中的浪费。

在有效客户反应中，消除浪费是提高供应链效率的首要任务，对消费者没有附加价值的所有浪费都必须从供应通路上排除，以达到最佳效益。具体而言，企业可以通过精确的需求预测和库存管理，减少过剩库存和缺货现象，降低库存成本；采用精益生产方法如及时生产，减少生产过程中的浪费，提高生产效率；优化物流网络设计，减少不必要的运输和搬运，降低物流成本。

（2）建立合作体制和结盟关系。

有效客户反应强调供应链各环节之间的合作，这要求企业之间建立稳固的合作关系。企业需要确认供应链内的合作体制和结盟关系，共享资源和市场信息，共同应对市场变化。同时也要选择与企业战略目标相匹配的合作伙伴，确保双方在合作中能够互补优势，明确利益分配机制，确保各方都能从合作中获得实际利益。此外，还要注重不同合作企业之间的文化融合，尊重并适应不同企业的文化，促进合作双方的沟通和协作。

（3）实现准确即时的信息流。

信息流的准确性和及时性对于有效客户反应的成功至关重要。这要求供应链各环节建立有效的信息共享机制，确保供应链各环节能够实时获取和更新信息，进而对收集到的数据进行深入分析，为供应链决策提供支持。同时，企业也要利用先进的信息技术，如 ERP 系统、EDI、物联网等，提高信息处理的速度和准确性。此外，企业还要确保信息在传输和存储过程中的安全，保护企业和消费者的隐私。

3. 实施有效客户反应的原则

有效客户反应的实施应当遵循以下 5 项原则：第一，以较少的成本，提供更优的产品、更高的质量、更好的分类、更好的库存服务以及更多的便利服务；第二，必须由相关的商业带头人启动，该商业带头人决心通过互利双赢的经营联盟来代替传统的输赢关系而获利；第三，必须利用准确、适时的信息以支持有效的市场、生产及后勤决策；第四，要确保客户能随时获得所需产品；第五，必须采用共同一致的工作业绩考核和奖励机制。图 3-9 为有效客户反应系统的运作示意图。

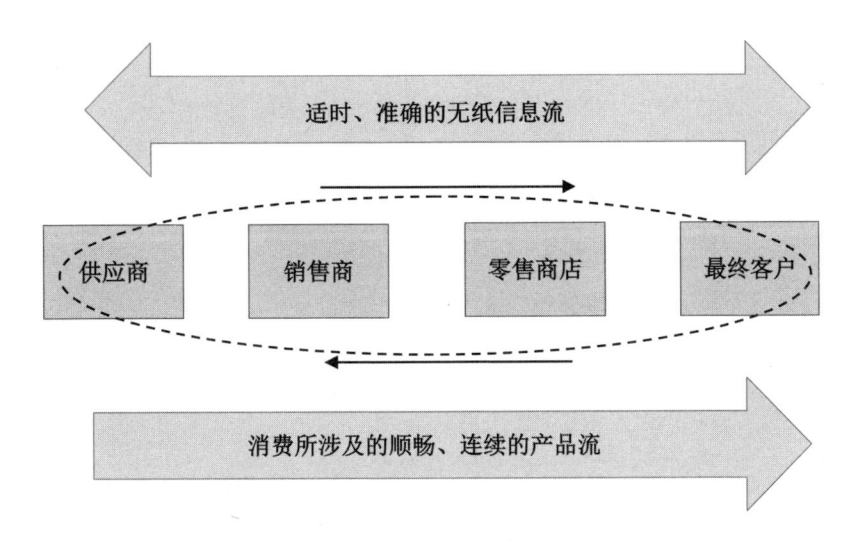

图 3-9　有效客户反应系统运作示意图

三、电子订货系统

电子订货系统是一种跨组织间通过通信网络和终端设备实现的在线订货操作与信息交换平台。电子订货系统允许将批发商和零售商的订货数据直接输入计算机系统，并通过计算机网络即时将这些数据传输至总部、批发商、商品供应商或制造商。电子订货系统最初由连锁零售企业采纳，旨在实现分店与总部之间的库存补货和业务管理的合理化与高效运作。通过该系统，企业能够提高订货的准确性，加快订货处理速度，并优化库存管理，从而提升整体供应链的响应速度和服务质量。

1. 电子订货系统的组成

电子订货系统由供应商、零售商、网络、计算机系统组成，构成一个完整的电子订货系统流程（见图3-10）。其中，供应商是指商品的制造者或供应者（生产商、批发商），零售商是指商品的销售者或需求者，网络是用于传输订货信息（订单、发货单、收货单、发票等），计算机系统是用于产生和处理订货信息。

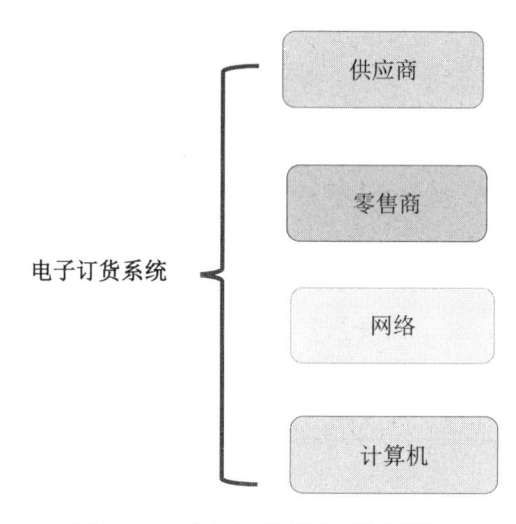

图3-10 电子订货系统运作示意图

2. 电子订货系统的操作流程

电子订货系统的操作流程可分为以下几个关键步骤：第一，零售商在门店终端使用条码扫描器捕获欲采购商品的条码信息，并在终端设备上输入相关订货信息，随后通过电话线路和调制解调器将数据传输至批发商的计算机系统中。第二，批发商根据接收到的订货信息生成提货凭证，并依据该凭证编制拣货单，执行拣货操作，随后依据送货凭证进行商品的配送。第三，送货凭证上的信息将转化为零售商的应付账款记录和批发商的应收账款记录，并被录入相应的账款管理系统中。第四，零售商在收到货物后进行质量检验，确认无误便可将商品上架销售。为确保电子订货系统的有效运用，前提是订货业务流程的标准化，这有助于提高整个订货系统的效率和准确性。

> 专栏 3-2

云上互联：打造全渠道营销订货系统

1. 企业简介

深圳云上互联科技有限公司（以下简称云上互联）成立于 2015 年，是一家专业的供应链数字化提供商，致力于订货系统和 B2B 供应链解决方案 10 年以上，服务过 26 个行业，订货系统系列产品客户累计上万，中大型供应链解决方案客户累计过百，为商贸批发商、品牌厂商和连锁总部提供搭建专属 B2B 订货商城平台，将生意搬上互联网。

2. 全渠道营销订货系统

云上互联的核心产品云上订货是一款全渠道营销订货系统。其核心价值是将传统生意互联网化和数据化，连接企业上下游，打破了传统管理软件的信息孤岛问题，通过云上订货，快速地搭建专属的订货平台，电脑、App、微信、小程序一次性拥有。通过订货端展示商城和商品，让客户自主下单，以客户订单快速驱动企业销售、仓库、采购、财务等企业内部环节运转起来。

（1）一体化的产品架构。

一套系统融合了"订货商城+进销存 ERP+配送管理+CRM"，打造企业全面数字一体化的订货商城平台，如图 3-11 所示。

（2）全终端订货商城。

电脑、App、微信、小程序，客户订货商城一次性拥有，商城装修让你 5 分钟拥有与众不同的订货商城。此外，云上订货还具有商品图文并茂展示的特点，使得订货过程像网购一样简单，同时支持对客户分等级、分区域进行灵活控价。系统的移动支付功能能够快速对账，加速资金回笼，而订单各个环节的实时更新让库存情况、物流进度实时可查。这些特点不仅提高了用户体验，也为企业带来了更高的业务透明度和决策效率。

订货商城
- 移动订货
- 商城装修
- 商品管理
- 数据统计
- 客户管理
- 运营分析

进销存 ERP
- 订单管理
- 采购管理
- 仓库管理
- 财务管理

配送管理

图 3-11　一体化的产品架构

（3）云上供应链解决方案。

云上互联提供的云上供应链解决方案是专为中小企业设计的，旨在解决企业内部业务繁杂问题，提高销售业绩的管理工具。该方案结合了移动互联网、办公流程自动化和云技术，提供了一体化的服务平台，包括客户订货商城（电脑和微信）、采购、销售、库存、财务、办公自动化、客户管理和供应商智能补货等功能。

云上互联提供的云上供应链解决方案包括集团版和联营版。集团版赋能下游分销商以及合作伙伴，适合集团统一管理总部与各分支机构业务往来，各分支机构独立经营自主开展业务（见图 3-12）。联营版整合上游供应商扩充品类联合经营，适合多供应商联合经营，扩充品类提升影响力，搭建统一的全国或区域订货平台，如图 3-13 所示。

第三章 | 供应链全流程管理方法

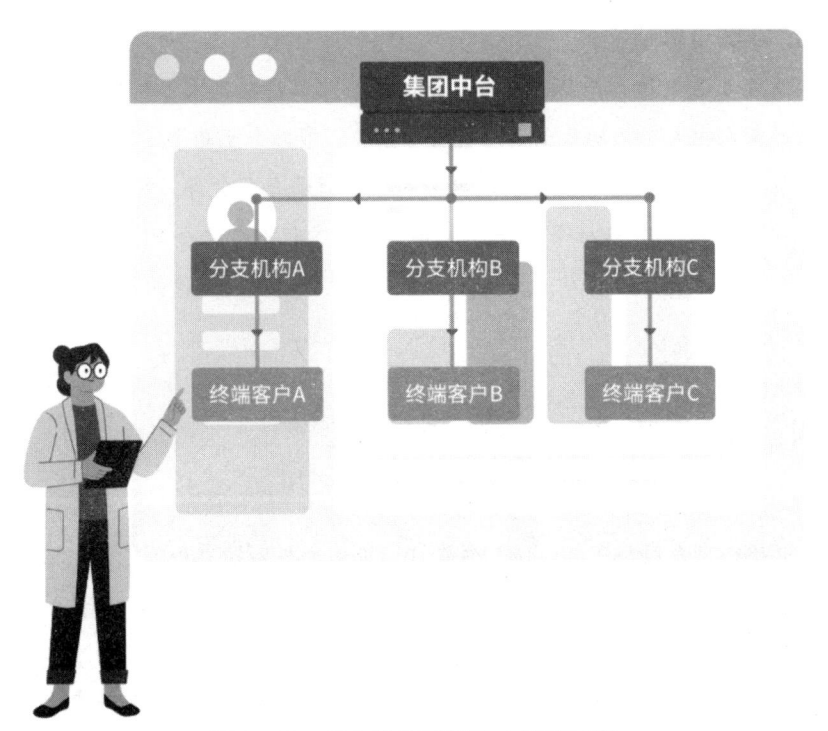

图 3-12 云上供应链解决方案集团版

图 3-13 云上供应链解决方案联营版

109

3. 发展与总结

云上互联基于核心产品云上订货，围绕企业供应链需求不断拓展产品体系，其提供的面向中大企业的云上供应链数字系统，帮助企业向上连接整合更多的供应商联营扩充品类，向下连接赋能更多的分销商和合作伙伴，对接供应链金融，通过"平台+金融"扶持平台合作伙伴，实现了税务合法合规，为平台后续健康发展注入源源不断的活力，最终帮助客户实现区域或全国性的行业互联。

四、六西格玛 DMAIC 流程改进方法

六西格玛理念最早于 20 世纪 80 年代后期由摩托罗拉工程师比尔·斯密斯提出，并将其在摩托罗拉公司推动运行，取得了较大成功。六西格玛理论的核心是控制解决波动问题，是一个比较严格的流程，其技术中心理念是测量一个流程所产生的缺陷数并应用系统方法来消除那些缺陷，帮助企业实现近乎完美的产品。通用电气可以说是六西格玛最早也是最有力的倡导者，通用电气前 CEO 杰克·韦尔奇曾宣称："六西格玛不仅仅是质量控制与统计，它还可以帮助组织应用一些工具方法来解决关键问题，进而提升组织的领导力。六西格的核心理念是彻底改变一个组织，使其关注顾客需求。"六西格玛的主要优点在于让企业管理者能利用过程波动来描述过程的绩效，并用统一的度量来衡量比较考核不同的过程。

六西格玛在通用电气的成功实践引起了全球业界的关注和重视，使其从一个全面质量管理方法逐渐演变为高效的企业流程设计、改善和优化的技术，并逐渐成为企业提高竞争力的管理模式。六西格玛方法整合了许多统计分析工具并可将其应用于企业管理系统中，包括 SIPOC 高阶流程图、帕累托图、因果图、控制图、运行图、测量系统分析、过程能力分析、方差分析、回归分析、聚类分析等。

1. 六西格玛 DMAIC 流程改进方法包含的阶段

六西格玛项目应用最广泛、用来改进流程并解决问题的 DMAIC 流程改进方

法是通用电气发明并首先倡导实施的标准过程。六西格玛 DMAIC 流程改进方法主要包含 5 个阶段：定义阶段、测量阶段、分析阶段、改进阶段、控制阶段。定义阶段，主要是识别问题并确定需求，定义改进目标。测量阶段，主要是用六西格玛各种统计工具和方法对流程中的输入项进行数据测量，对问题进行验证，用数据和图形进行量化和可视化。分析阶段，主要是用六西格玛相关工具和系统方法分析关键问题的根本产生原因。改进阶段，主要是提出问题改进及解决方案，并对改进措施进行测量。控制阶段，主要是建立标准化程序固化改进成果，保持绩效，并持续改进。图 3-14 为六西格玛 DMAIC 流程改进方法的运行模式。

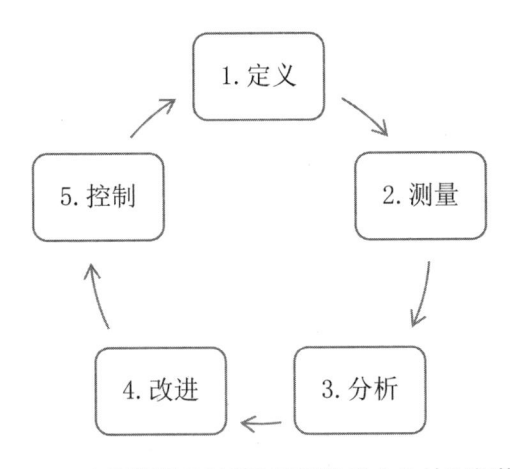

图 3-14　六西格玛 DMAIC 流程改进方法的运行模式

2. 六西格玛 DMAIC 流程改进方法的优劣势

六西格玛 DMAIC 流程改进方法是一种基于减少缺陷、改进过程的统计思维的管理体系，是解决问题的方法论。因此，六西格玛 DMAIC 流程改进方法具有降本增利、提高解决问题的技能、改善沟通、提升士气、降低缺陷率、提高质量、提高可靠性、以事实和数据说话、强调数据分析、方法体系逻辑严谨、财务回报可衡量可量化等诸多优势，但是也存在获取高质量数据的挑战性、启动成本高、专业性技能性强等劣势。

第三节 供应链全流程管理优化途径

一、思维：突破既有的管理思维局限

供应链全流程管理的优化是企业提升竞争力、降低成本、提高效率的关键。在众多优化路径中，突破既有的管理思维局限是首要且基础的一步，要求企业从传统的、线性的、静态的管理思维模式转变为更加动态、系统化、以客户为中心的思维方式。

传统的供应链管理存在一定的局限性，往往侧重于成本控制和内部效率优化，而忽视了供应链的整体性和外部环境的变化。传统供应链全流程管理思维通常为线性思维，采取静态管理和内部导向的方式，将供应链视为一系列独立的环节，每个环节只关注自身的优化，而忽视了环节间的相互依赖和协同效应。在变化缓慢的市场环境中，企业可能采用静态的预测和管理方法，并且重点关注内部流程和成本控制，而在当今快速变化的市场环境中，企业需要更加灵活、敏捷地应对各种挑战。因此，突破管理思维局限，采用更加全面和动态的管理方法，对于企业的成功至关重要。对此，企业需要从线性思维转向系统思维、从静态管理转向动态管理、从内部导向转向价值导向，如图3-15所示。

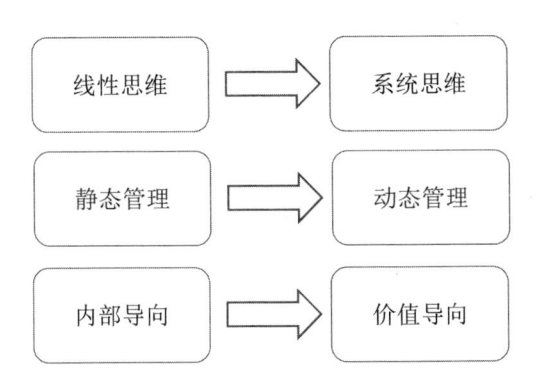

```
线性思维  →  系统思维
静态管理  →  动态管理
内部导向  →  价值导向
```

图 3-15　突破既有的管理思维局限

1. 从线性思维转向系统思维

传统的供应链管理往往采用线性思维，即从原材料采购到产品制造，再到产品交付的单向流程。而现代供应链是一个复杂的网络系统，涉及多个环节和参与者，企业需要从系统思维的角度出发，认识到供应链各环节之间的相互依赖性和影响。这种思维的转变要求企业全面审视供应链，不仅要关注内部流程，还要考虑外部环境、市场需求、供应商和客户等因素，进而通过整合供应链各环节实现整体流程的优化，而不仅仅是单个环节的效率提升。此外，企业还可以在供应链中建立有效的反馈和调整机制，以便快速响应市场变化和应对内部问题。

2. 从静态管理转向动态管理

市场环境和技术的快速变化，要求供应链管理必须具备动态适应性，企业需要从静态的管理方式转向动态的管理方式，以应对不确定性和变化。企业可以通过采用灵活的生产计划、库存管理和物流策略，建立灵活的供应链，使其能够快速适应市场变化，或是实施敏捷管理方法，如敏捷供应链、精益供应链等，提高供应链的敏捷性和适应性。

3. 从内部导向转向价值导向

传统的供应链管理往往以成本控制和内部流程管理为核心，而忽视了为最终用户创造价值的重要性。在当今的市场环境中，企业需要将价值创造作为供应链管理的核心目标。对此，企业应当深入研究市场和客户，了解他们的需求和期望，以此为基础设计供应链，以此提高供应链的响应速度、灵活性和可靠性，提升客户体验和满意度，并且企业还可以鼓励供应链各环节的创新，开发新的产品和服务，以满足市场的多样化需求。

突破既有的管理思维局限是供应链全流程管理优化的关键。企业需要从线性思维转向系统思维，从静态管理转向动态管理，从成本导向转向价值导向，这不仅能够帮助企业提升供应链的效率和响应能力，还能够增强企业在市场中的竞争力，实现可持续发展，以更好地应对市场变化，满足客户需求，实现长期稳定的发展。

二、技术：引入新一代数字技术

在供应链全流程管理中，引入新一代数字技术是推动供应链优化的关键路径之一。目前，市场需求的不确定性要求供应链必须具备快速响应的能力，同时随着全球化和市场的不断变化，供应链的复杂性也在不断增加。新一代数字技术，如物联网、大数据分析、云计算和人工智能，能够提供实时的供应链监控和分析，帮助企业更好地理解供应链的运作情况，从而提高透明度和效率。

新一代数字技术在供应链管理中的应用十分广泛，体现在物联网、大数据分析、人工智能和机器学习、云计算、区块链等方面。物联网技术通过传感器、RFID 标签等设备，实现对供应链中物理对象的实时监控和管理，有助于企业实时跟踪货物的位置、状态，优化库存管理，减少损耗。大数据分析能够处理和分析海量的供应链数据，帮助企业发现模式、趋势和异常，从而做出更加精准的预测和决策，多用于需求预测、库存优化、风险管理等多个方面。人工智能技术可以自动化复杂的决策过程，如智能补货、价格优化等。机器学习算法可以从历史数据中学习，不断优化供应链管理策略。云计算提供了弹性的计算资源和存储能力，使供应链管理软件和服务可以更加灵活地部署和扩展，有助于企业快速适应市场变化，降低 IT 成本。区块链提供了一种安全、透明、不可篡改的数据记录方式，在供应链中可以用于追踪产品来源、确保交易的真实性和透明度，提高供应链的可追溯性和信任度。

因此，企业在供应链全流程管理中，可以通过引入新一代数字技术，采取建立数字化基础设施和平台、促进供应链信息的集成和共享、培养数字化人才和文化等措施来实现优化，如图 3-16 所示。

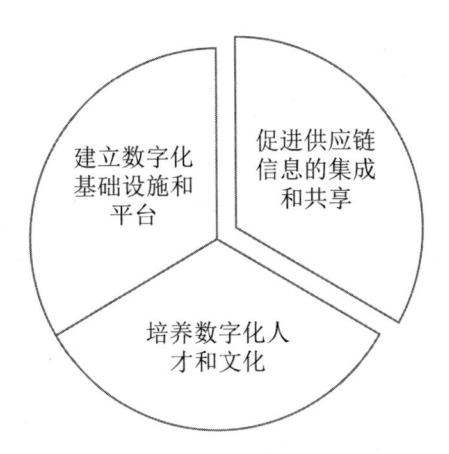

图 3-16 供应链全流程管理的优化措施

1. 建立数字化基础设施和平台

企业首先需要建立强大的数字化基础设施，这是引入新一代数字技术的基石，例如云计算平台，部署云服务以提供弹性的计算资源和数据存储能力，支持供应链各环节的数据处理和分析需求；完善物联网系统，通过传感器、RFID 标签等技术收集供应链各环节的实时数据，实现对货物流动、库存状态和生产过程的实时监控；利用大数据分析工具处理和分析收集到的海量数据，以发现供应链中的效率瓶颈和潜在风险，为决策提供数据支持；应用人工智能技术进行预测分析，如需求预测、库存优化和价格调整，以提高供应链的响应速度和准确性。

2. 促进供应链信息的集成和共享

信息的集成和共享是供应链管理的关键，新一代数字技术可以帮助企业实现这一点。对此，企业可以建立供应链协同平台，以更好地使供应商、制造商、物流公司和零售商实时共享信息，如订单状态、库存水平和运输安排等。还可以采用 EDI 系统，实现自动化供应链中的文档处理，如订单、发票和运输通知，减少手动输入错误和提高处理速度。此外，区块链可以提供一种安全、透明、不可篡改的数据记录方式，用于追踪产品来源、确保交易的真实性和透明度，提高供应链的信任度，企业可以对区块链技术进行合理利用。

3.培养数字化人才和文化

企业需要培养具备数字技能的人才，并建立支持数字化的企业文化。首先，培训现有员工，为员工提供数字技术培训，如数据分析、云计算和人工智能应用，以提升他们的技能和适应数字化转型的能力；其次，招聘数字化人才，吸引和招聘具有数字技术背景的专业人才，如数据科学家、AI 工程师和 IT 专家，以支持供应链的数字化项目；最后，建立数字化文化，鼓励创新思维和持续学习，建立一种鼓励尝试新方法、容忍失败并从中学习的企业文化，以支持数字化转型。

通过建立数字化基础设施和平台、促进供应链信息的集成和共享以及培养数字化人才和文化，企业可以有效地引入新一代数字技术，优化供应链全流程管理。这不仅能够提高供应链的效率和透明度，还能够增强企业的市场竞争力，实现可持续发展。在数字化转型的道路上，企业需要不断探索和实践，以适应不断变化的市场环境。

专栏 3-3

志晟信息：引入数字化技术，搭建供应链协同平台

1. 企业简介

河北志晟信息技术股份有限公司（以下简称志晟信息）成立于 2004 年，总部位于河北省廊坊市。志晟信息是一家专业从事智慧城市相关信息化项目的设计、建设与运营的高科技企业，秉持"发展智慧产业，创造幸福生活"的愿景，致力于持续的技术创新与务实发展。

2. 搭建供应链协同平台

（1）依托数字化平台工具，实现企业内外部数据共享和高效协调。

志晟信息通过为企业定制云智 MES 系统，强化了生产管理并提升了数据采集能力。该系统通过电子看板实现了生产流程的可视化，解决了传统 ERP 系统在生产管理上的不足，确保了生产数据的实时传递和反馈，为企业上游供应商的采购决策和下游客户的订单销售提供了及时有效的数据支持。

通过 BI 数据平台，志晟信息进一步打通了 ERP、MES、PLM（Product Lifecycle Management，即产品生命周期管理）等系统，实现了数据的整合和可视化分析，为管理层提供了精准且实时的决策支持。同时，服务团队还协助企业建设供应链协同平台，加速整个供应链的数字化转型。

通过整合关键系统数据，建立企业数据平台，连接上下游企业，共享供应链协同平台，推动了整个链条上的数字化转型。在项目实施过程中，专业团队与企业共同制定实施计划，由经验丰富的项目经理负责流程优化、人员培训和技术支持，确保项目顺利完成并达标。此外，建立了长效服务机制，持续为企业提供陪伴式服务，根据业务需求变化进行更新和定制化开发，不断迭代和完善解决方案。

（2）供应链协同平台取得的成效。

志晟信息的供应链协同平台取得了以下 3 项成效，如图 3-17 所示。

图 3-17　供应链协同平台取得的成效

首先，志晟信息的供应链协同平台通过创新商业模式和优化流程，显著提升了供应链的效率和价值。通过 ERP 系统优化和部署 MES、BI 系统，供应链协同平台加强了企业内部管理，规避了操作风险，提高了生产效率，并提升了采集数据的利用率，工作效率提升了31%，人工成本综合降低了27%，实现了降本增效。

其次，供应链协同平台的信息共享功能加强了与供应商的配送联动，提高了订单应对预算的准确性和响应速度。主要原材料库存降低了41%，准时到货率提升了15%，避免了因核心原材料供应问题导致的生产中断。生产效率和质量显著提升，同时促进了供应商的数字化转型，提高了供应商服务能力和满意度。

最后，通过与客户系统的对接和寄售库房的应用，成品准时交付率提升了6%，没有发生因成品供应问题导致的客户产线中断，客户对物流、到货、库存等方面的投诉率为零，客户满意度得到了提升。

3. 总结与展望

志晟信息通过引入数字化技术，成功搭建了供应链协同平台，实现了供应链管理的创新和优化。其供应链协同平台整合了ERP、MES和BI系统，提升了企业内部管理效率，降低了人工成本，并增强了数据驱动的决策能力；供应链信息的实时共享和协同作业提高了响应速度和准时交付率，显著降低了库存成本，同时提升了供应商和客户的满意度。未来，随着技术的进一步发展，志晟信息的供应链协同平台有望实现更高级别的自动化和智能化，继续推动供应链的数字化转型，为企业带来更大的竞争优势和市场影响力。

三、人才：重视供应链全流程管理人才的建设

在当今快速变化的商业环境中，供应链全流程管理的优化已成为企业提升效率、降低成本、增强竞争力的关键。其中，重视供应链全流程管理人才的建设是实现这一目标的核心要素。在全球化的背景下，供应链面临的挑战日益复杂，市场波动、政治经济变化、自然灾害等因素都可能对供应链造成影响。供应链管理人才需要具备快速适应和应对这些变化的能力，了解全球市场的动态，预测潜在

的风险，并制定相应的应对策略，以确保供应链的稳定性和效率。与此同时，新一代数字技术如人工智能、大数据分析、物联网等正在重塑供应链管理的面貌。这些技术的应用可以提高供应链的透明度、预测能力和自动化水平。而这些技术的有效运用需要供应链管理人才具备相应的技术知识和创新能力，不仅要理解这些技术如何与供应链管理相结合，还要能够领导团队实施这些技术，以实现供应链的数字化转型。因此，企业应当注重供应链全流程管理人才的建设，具体可以从以下 3 个方面出发。

1. 建立系统的人才培养体系

建立系统的人才培养体系，需要从教育与培训、人才引进、实践与经验积累 3 个方面着手。

（1）教育与培训。

在专业教育方面，企业可以与高校合作，开设供应链管理相关课程，培养具有扎实理论基础的毕业生。在在职培训方面，企业可以为现有员工提供定期的供应链管理培训，包括最新的行业知识、技术应用和管理技能。此外，企业还可以鼓励员工参加供应链相关的专业认证，如 CSCP（Certified Supply Chain Professional，即供应链专业人士认证）或 CPIM（Certified in Production & Inventory Management，即生产和库存管理师认证）等，以提升专业水平。

（2）人才引进。

在人才引进策略上，一方面，企业需要制定针对性的招聘策略，吸引具有丰富经验和专业技能的供应链管理人才；另一方面，企业需要做到合理的人才激励，提供有竞争力的薪酬福利和职业发展路径，以吸引和留住关键人才。

（3）实践与经验积累。

要想从实践与经验积累层面完善企业人才培养体系，一是企业可以为员工提供实际操作的机会，如参与供应链项目、跨部门协作等，以积累实践经验；二是企业可以通过分析成功和失败的供应链案例，让员工从中学习经验教训，提高问题解决能力。

2. 构建跨学科的团队合作环境

企业可以从以下 3 个方面构建企业内部跨学科的团队合作环境。一是跨部门协作。企业应当致力于打破壁垒，鼓励不同部门之间的沟通和协作，打破信息孤岛，实现资源共享。同时也可以通过团队建设活动，增强团队成员之间的信任和合作精神。二是构建多元化团队。多样性是构建多元化团队的核心内容，企业团队可以包括不同背景、经验和技能的人才，从而促进创新思维和解决问题的多角度考虑。三是领导力培养。企业可以为有潜力的员工提供领导力培训，培养他们成为未来的供应链领导者，并给予员工一定的决策权和责任，让他们在实践中锻炼领导能力。

3. 利用技术提升人才效能

企业可以通过数字化工具、在线学习平台来实现技术与人才的结合，实现人才效能的提升。一方面，在数字化工具的应用层面，企业可以引入先进的供应链管理软件，如ERP、SCM等，提高工作效率；还可以利用大数据分析工具，帮助员工更好地理解市场趋势和客户需求，做出基于数据的决策。另一方面，在在线学习平台层面，企业可以建立或利用在线学习平台，上线在线课程为员工提供随时随地的学习资源，并且鼓励员工在内部论坛或知识库中分享经验和最佳实践，形成知识共享的文化。

专栏 3-4

中供国培：培养高质量供应链人才

1. 企业简介

中供国培（北京）供应链管理有限公司（以下简称中供国培）是一家专业从事采购和供应链培训、咨询的服务型企业，主要负责供应链职业经理人、采购工程师以及采购职业经理人等项目的培训、考试等服务。中供国培的核心理念是通过专业的供应链管理培训和采购课程，帮助企业提升运营效率和竞争力。中供国培拥有一支经验丰富、专业知识深厚的顾问团队，致力于为企业提供个性化的解决方案，从而满足不同的业务需求。

2. 高质量供应链人才的培育

中供国培是一家专注于供应链人才培养的企业，采取了多种措施来培养和提升供应链人才的专业能力，主要包括综合培训体系的建立与实施、实战导向的教学方法以及跨职能培养与职业发展，如图3-18所示。

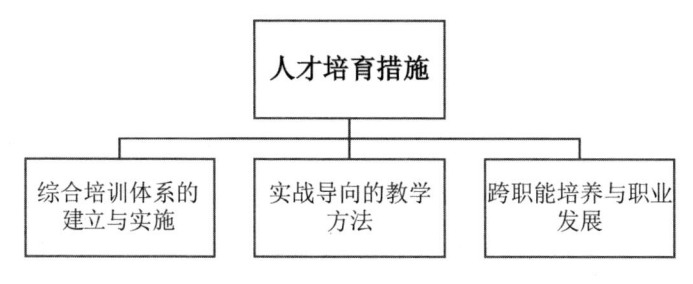

图 3-18　高质量供应链人才的培育

（1）综合培训体系的建立与实施。

中供国培针对供应链管理的关键领域，如计划管理、运营管理、风险管理、质量管理和战略管理等，建立了一套全面的培训体系，不仅包括供应链基础知识的教育，还涵盖了最新的供应链技术和管理趋势，确保了培训内容的全面性和前瞻性，帮助学员掌握供应链管理的核心技能和知识。同时，中供国培还提供供应链职业经理人证书项目，专为有一定工作经验的供应链从业者设计，旨在提升他们的实战技能和职业素养。此外，公司还引入了国际供应链管理的认证体系，如CSCP等，以确保学员能够获得国际认可的专业资格。

（2）实战导向的教学方法。

中供国培强调实战技能的重要性，通过案例分析、模拟演练和现场教学等互动式教学方法，使学员能够在真实或模拟的供应链环境中学习和应用所学知识，不仅提高了学员的实际操作能力，还增强了他们解决实际问题的能力。同时，中供国培还与多家企业合作，为学员提供实习机会，让他们在真实的工作场景中应用所学知识，从而加深对供应链管理的理解。此外，中供国培注重培养学员的国际视野，通过引入国际先进的供应链管理理念和实践，使学员能够在全球供应链网络中有效工作，满足中国企业对国际化供应链人才的需求。

（3）跨职能培养与职业发展。

为了培养能够适应供应链复杂环境的复合型人才，中供国培提倡企业建立有效的供应链岗位内部轮岗机制。通过跨职能的工作和职业发展机会，员工可以在采购、物流、仓储、计划和国际贸易等多个供应链环节中积累经验，全面提升对供应链的理解和管理能力。中供国培还与多家企业合作，为学员提供实习和就业机会，使他们能够在实际工作中进一步巩固和提升供应链管理能力。

3. 总结与展望

通过综合培训体系的建立与实施、实战导向的教学方法以及跨职能培养与职业发展等具体的培养措施，中供国培不仅为学员提供了全面的供应链知识和技能，还帮助他们在供应链管理领域建立了坚实的职业基础。随着供应链管理在全球经济中的重要性日益增加，中供国培将继续致力于培养能够适应未来挑战的供应链人才，为更多的企业提供高质量的供应链管理培训和咨询服务，推动中国供应链行业的进步和发展。

四、模式：开发信息集成的管理模式

开发信息集成的管理模式是供应链全流程管理优化的关键路径之一。在全球范围内，企业越来越重视可持续发展，信息集成有助于企业更好地管理资源，减少浪费，实现环境友好型的供应链管理。与此同时，供应链面临着各种风险，如供应中断、价格波动等，信息集成有助于企业及时识别风险，评估影响，并制定应对措施，从而降低风险带来的潜在损失。

1. 设计和实施集成的信息系统架构

首先，企业需要选择合适的技术解决方案，分析评估现有的信息系统，确定其在供应链管理中的局限性并识别改进点，进而选择能够支持供应链各环节信息流动的 ERP、SCM 或其他供应链管理软件，如果现有系统无法满足需求，则要考虑开发定制的集成解决方案。其次，确保数据的一致性和兼容性，对此，企业可以建立统一的数据格式和编码规则，确保供应链各环节能够理解和使用相同的数据，并且开发或集成 API 和中间件，实现不同系统之间的数据交换和通信。最后，加强数据安全和隐私保护，采取加密、访问控制和网络安全措施，保护供应链数据不被未授权访问。此外，企业还需要确保信息集成遵守相关的数据保护法规，如 GDPR（General Data Protection Regulation，即一般数据保护条例）等。

2. 促进供应链各环节的信息共享与协同

一方面，企业需要与供应商、分销商和客户建立基于信任的合作关系，鼓励信息共享，共同优化供应链性能，或是选择创建或加入供应链共享平台，如 B2B 电子商务平台，以便于合作伙伴之间直接交换信息。另一方面，企业可以通过共享销售数据和市场趋势，共同进行需求预测，实现供应链的动态调整，同时进一步实现生产计划与库存水平的实时共享，优化库存管理，减少过剩或缺货情况。

> 章末案例

怡亚通：深入布局供应链领域

1. 企业简介

深圳市怡亚通供应链股份有限公司（以下简称怡亚通）自1997年成立以来，已发展成为我国供应链管理行业的领军企业，并在2007年成功登陆深圳证券交易所。截至2020年，怡亚通已建立起覆盖近300个城市、拥有500多家分支机构的庞大网络，员工总数超过3万人。公司以其卓越的供应链整合能力，被誉为"中国供应链第一整合平台"，并荣获福布斯中国顶尖企业的殊荣。怡亚通的核心业务集中在全程供应链管理及物流服务，其业务范围横跨"供应链＋互联网""供应链金融服务""供应链＋连锁加盟／智能零售""供应链＋营销联盟""供应链＋品牌孵化"以及"供应链＋科技"等六大战略板块。经过20多年的深入发展，怡亚通已成为供应链综合服务的运营商，其服务网络不仅覆盖国内320多个城市，还扩展至新加坡、美国等国际市场。

2. 怡亚通商业模式发展历程

（1）怡亚通商业模式的发展演进。

怡亚通的商业模式演进可分为3个显著的发展阶段，如图3-19所示。

第一，初始阶段。怡亚通以宽泛的供应链服务为特色，专注于提供行业服务。在上市前夕，怡亚通的核心战略聚焦于生产性服务，旨在为产品开拓更高效的销售渠道，或为市场需求匹配合适的生产资源。

第二，发展阶段。随着2007年公司的成功上市，怡亚通转向深耕供应链服务。在"互联网＋"的框架下，怡亚通推出了融合线上线下的"380平台计划"。该计划基于平台战略，旨在为企业匹配优质的上下游合作伙伴，并通过外包非核心业务，增强企业核心竞争力。

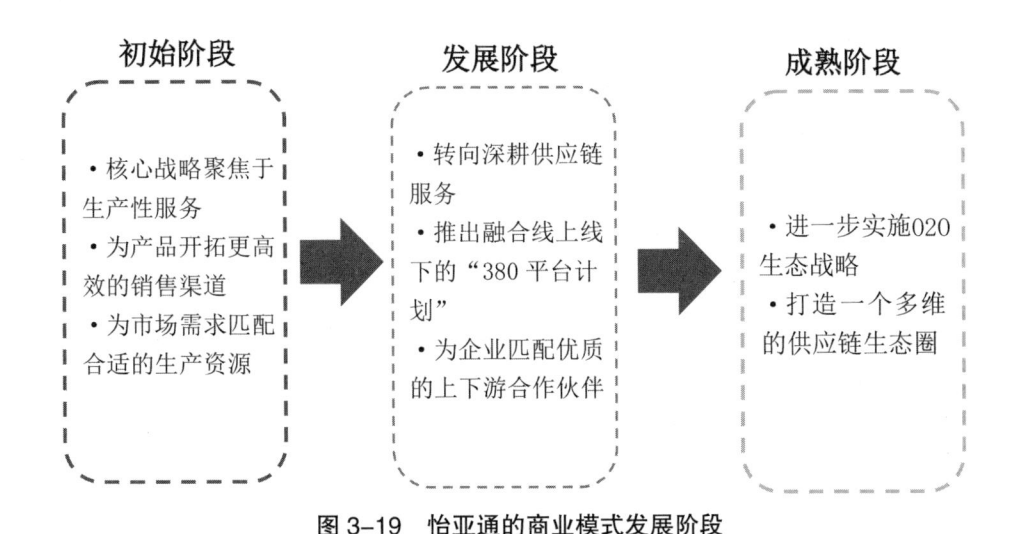

```
初始阶段                    发展阶段                    成熟阶段

• 核心战略聚焦于          • 转向深耕供应链
  生产性服务                服务                    • 进一步实施O2O
• 为产品开拓更高          • 推出融合线上线            生态战略
  效的销售渠道              下的"380平台计          • 打造一个多维
• 为市场需求匹配            划"                      的供应链生态圈
  合适的生产资源          • 为企业匹配优质
                            的上下游合作伙伴
```

图 3-19　怡亚通的商业模式发展阶段

第三，成熟阶段。2015 年起，怡亚通在"380 平台计划"的成果上，进一步实施 O2O 生态战略，致力于打造一个多维的供应链生态圈，并志在成为该生态系统中的关键供应链企业。

至今，怡亚通已经实现了从传统物流企业到综合 O2O 物流供应链服务领导者的华丽转变。怡亚通的定位和业务范围均经历了深刻的演变，展现了其在供应链管理领域的创新能力和适应市场变化的灵活性。

（2）怡亚通物流商业模式创新路径。

怡亚通物流在商业模式创新方面采取了多项措施，以提升企业内控、加强客户洞察、落实一站式供应链服务，并强化技术创新与人才培养。

第一，对企业内控提高要求。在内控方面，怡亚通通过构建风险评估模型、市场信息反馈系统和风险处理机制，以提高对外债风险的管理能力，包括对企业在外汇管理中的合规性进行严格控制，确保结汇流程的顺利进行等。

第二，加强客户洞察。怡亚通基于客户追踪建立商业模式，重视客户反馈，及时调整产品和服务，以满足未被满足的企业和顾客需求。同时，公司通过大数据分析和多维度信用模型，对客户进行精准的风险评估，从而更有效地管理贷前、贷中、贷后的风险。

第三，落实一站式供应链服务的商业模式。在一站式供应链服务方面，怡亚通帮助企业强化主营业务，通过提供咨询服务和上下游资源整合，降低创新成本。此外，公司还扩张业务范围，提供全方位的供应链服务，包括国内外物流、报关、仓储等，并在共建"一带一路"国家和地区建立分销网点，提供技术支持。

第四，加强技术创新与注重技术人才培育。怡亚通采用先进的运输、库存、装卸、包装以及物流信息技术，提高物流效率，降低成本。同时，怡亚通注重技术人才的培养，与高校合作，增设相关课程，加强实践教学，并通过薪资与职称挂钩、定期培训等措施，提升员工的专业技能和服务质量。

3. 着力塑造供应链金融服务

怡亚通通过区块链技术的创新应用，不仅优化了小微企业的融资环境，也为整个供应链金融领域带来了新的发展机遇。区块链技术在怡亚通的小微企业融资策略中发挥了关键作用，主要体现在降低融资成本、加强融资风控体系建设以及拓展融资途径等多个方面。

（1）区块链降低小微企业融资成本。

怡亚通通过融合供应链管理与区块链技术，对产业链上下游企业的非核心业务进行优化外包，从而提升了采购、物流、销售等关键环节的运营效率。公司推出的供应链金融产品——流通保，致力于打造一个共享生态联盟，促进了供应链中债权和信用的高效流转。该产品有效地解决了小微企业在融资过程中信用证明的挑战，显著降低了这些企业的整体融资成本。

（2）区块链助力小微企业融资风控体系建设。

怡亚通运用区块链技术的透明性和数据不可篡改的特点，加强了核心企业与小微企业之间的信任基础，提升了信息透明度和可访问性。怡亚通还将区块链技术整合入 AI 贷后雷达系统，实现了对潜在欺诈风险的精确识别和实时监控。通过智能化分析和可视化展示，怡亚通完善了风险控制体系，确保了小微企业贷款后的风险管理有效性。

（3）区块链拓宽小微企业融资渠道。

借助区块链技术确保交易真实性和数据完整性的特性，怡亚通扩大了金融机构对小微企业的授信范围。利用区块链的分布式账本和点对点传输的优势，怡亚通为供应链中的小微企业开辟了更广阔的融资途径。这些企业因此能够获得更公平、更高效的普惠金融服务，从而促进了金融资源的优化配置。

4. 打造五大智慧服务平台

怡亚通在供应链服务上运用信息技术手段整合各方面资源，又通过共享建立与合作伙伴共融共生的商业生态圈，这种供应链思维与战略在当今供应链发展上具有一定的优势。怡亚通据此构建了五大智慧服务平台，即智慧物流服务平台、B2B/O2O采购与分销平台、连锁加盟平台、380深度分销服务平台以及供应链金融服务平台。

（1）智慧物流服务平台。

怡亚通已建立起包含400余个智能物流网点的庞大网络，覆盖逾200万个终端，拥有200万平方米的仓储空间，并实现了从核心城市到县乡镇的直达配送服务。其智慧物流信息系统包含客户体验、智能化作业、数据交互的内部系统，以及与外部系统的实时数据对接，确保信息的高效流通。

（2）B2B/O2O采购与分销平台。

怡亚通通过其广度平台服务，整合上下游企业需求，打造综合性的采购、销售和物流平台，促进企业专注于核心竞争力的同时，外包非核心业务。该平台通过信息化手段，提高采购效率，降低成本，实现供应链的透明化和优化库存管理，从而提升整体运营效能。销售平台则直接连接制造商与分销商，利用多渠道策略，增强产品竞争力，拓宽利润空间。物流平台方面，怡亚通布局全国，提供一站式服务，通过智能化DC、RDC（Regional Distribution Center，即区域分销中心）网络和先进的管理理念，实现供应链效率的提升。

（3）连锁加盟平台。

怡亚通的连锁加盟平台基于供应链整合理念，旨在通过构建星链系列多品牌加盟网络，打造集连锁加盟、产品采购、品牌服务等多功能于一体的综合服务平台，以促进"新流通"模式的创新发展。星链云商作为一个一站式交易营销平台，连接品牌商与经销商，提供在线智能分销服务，增强双方的分销和营销能力；星链云店则专注于传统零售门店，通过整合采购、销售、服务功能，实现零售终端的O2O互联网化，降低采购成本并提升盈利能力；星链生活面向消费者提供社区 O2O 家庭购物服务，既满足生活便利需求，又为销售方创造营销机会；星链友店则为个人卖家提供创业平台，共享创业资源，降低创业门槛及风险，实现商品与营销资源的共享。

（4）380 深度分销服务平台。

怡亚通的 380 深度分销服务构成了其流通消费性供应链战略的核心，旨在通过平台运营模式取代传统渠道代理，建立起广泛的直供网络，覆盖多个城市区域。该服务以 380 个城市为服务节点，连接供应商、终端消费者和金融机构，追求商业共赢。业务范围涵盖医疗、家电、酒饮、母婴、食品及日用品等，提供包括市场服务、信息资源、销售渠道、商务活动、物流分拨、支付结算及售后保障在内的综合供应链解决方案。这一服务可以助力企业克服人力资源、成本及运营挑战，实现商品的快速分销和高效流通。

（5）供应链金融服务平台。

怡亚通致力于融合互联网和大数据技术于供应链金融服务之中，通过整合金融机构、物流服务商、仓储运营商、数据分析提供商、信用评估机构及行业软件等资源，打造全面的供应链金融平台。该平台旨在满足客户多元化需求，利用信息技术捕获并整合金融数据，构建数据库，运用大数据分析进行风险评估与控制。怡亚通的这一策略不仅优化了信息处理流程，还为客户提供了精准的资产配置建议和增值服务。

5. 总结与展望

怡亚通致力于推进供应链服务的创新发展，服务涵盖快速消费品、家电、通信、信息技术、医疗、终端零售等，着力塑造供应链金融服务，降低小微企业融资成本、助力小微企业融资风控体系建设、拓宽小微企业融资渠道并构建了五大智慧服务平台——智慧物流服务平台、B2B/O2O 采购与分销平台、连锁加盟平台、380 深度分销服务平台以及供应链金融服务平台。未来，怡亚通可以继续深化信息技术的应用，提升供应链的透明度和效率，同时探索新的服务模式，如区块链技术在供应链中的应用，以进一步降低运营成本，提高响应速度，增强供应链的韧性和竞争力。

第四章

供应链全流程管理实施

> 开篇案例

引之科技：数字化助力全流程链条的效率提升

1. 企业简介

上海引之信息科技有限公司（以下简称引之科技）成立于2016年，是商业多物理场仿真分析软件平台、专家预示机器学习平台的完整方案供应商。引之科技在电动机、发电机、高压电器、核控制棒、避雷针、磁悬浮、电磁阀、涡轮无损检测、电磁炉、低温超导、电磁制动器、绝缘套管、扬声器等行业应用及专业培训、项目咨询等服务领域快速发展，同时还为客户提供专业的软件及项目培训、各类工业设计等项目完整咨询服务。引之科技致力于成为国内顶尖的仿真解决方案提供商，其技术团队由海内外具有丰富产品开发及工程经验的世界五百强工程师组成，具有丰富的项目经验。

引之科技旨在打破传统CAE（Computer Aided Engineering，即计算机辅助工程技术）行业销售模式，集透明化、专业化、网络化为一体，让各类型企业都能以更低的价格享受到更领先的技术咨询、更专业的售后服务，让客户能够真正提升自己的技术能力，缩短研发周期、降低研发成本，研发出更具市场竞争力的产品。

2. 全流程效率提升服务存在的痛点

引之科技致力于为客户提供高效率的全流程工程软件研发服务和系统的解决方案，但在寻求效率提升的路径时，尚存在如下痛点亟待解决，如图4-1所示。

```
1.数据及其分析     2.知识共享尚未    3.实际需求未能
  存在困难          找到出口          得到满足
```

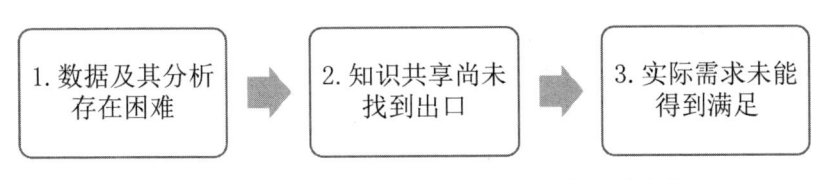

图 4-1　引之科技全流程效率提升服务存在的痛点

（1）数据及其分析存在困难。

一方面，面对设计仿真数据量大且存储分散的现象，引之科技往往在查找和重用的过程中较为困难，积累的大量数据难以得到体现；另一方面，数据分析流程尚未实现全面智能化，还需依赖人工衔接，这就导致引之科技在分析流程上存在效率低、易出错的问题。

（2）知识共享尚未找到出口。

大数据时代促使组织边界不断被打破，部门间的融合不断被推进，组织协同得到越来越广泛的认可，但是鉴于引之科技的业务性质，大多知识经验都存在于人员的头脑中，无法进行系统化的共享和使用。与此同时，引之科技自身拥有在特定工程领域的经验和算法，受制于软件易用性影响，得不到有效传承。

（3）实际需求未能得到满足。

随着组织协同的广泛认同，"斜杠"精神越来越重要，单一领域的知识已无法满足当前的社会及企业需求，组织及其人员复合化、精简化是当前的重要趋势。目前，引之科技内部单一物理学科已经无法满足实际工程工作需求，需要向多物理场进行拓展，并且在设计仿真分析过程存在大量重复劳动的工作，效率低下，设计和仿真人员没法专心于创造性的工作上。同时，目前的商业软件的通用功能无法解决实际工程问题，还需要借助开发。

对此，引之科技将通过先进的 IT 技术以及丰富的 CAD（Computer Aided Drafting，即计算机辅助制图软件）/CAE 行业软件开发经验，为客户提供全流程工程软件研发服务和系统解决方案。

3. 着力提升塑造定制开发能力

引之科技从"设计 + 仿真 + 数据"的理论推理、"假设 + 实验 + 归纳"的实验验证，逐渐走向基于数字孪生的"模拟择优"。引之科技致力于通过对各类设计、仿真软件以独有的技术手段实现模型处理、格式转换、网格处理、求解简化、后处理、报告，对现有重复工作进行固化、提高效率。同时与机器学习、大数据、统计算法相结合，实现智能化，打造智能化平台；结合需求和模型数字化、模型参数化建模和装配、专业模块设计流程封装和固化以及研发数据的统一管理，实现专业产品的数字化平台。此外，引之科技还通过对各类仿真软件进行接口开发、以现有软件方法进行封装，实现多个物理场间的耦合分析，实现多学科的集成。

（1）设计仿真协同平台。

引之科技的设计仿真协同平台包括设计仿真任务管理、设计仿真数据管理及可视化、设计/仿真工具集成管理、仿真流程标准/自动化集成、HPC（High Performance Computing，即高性能计算）平台集成、自动后处理及报告自动生成、仿真数据试验数据对比分析、设计仿真参数化模板等多个模块，提供材料库、模型库、建模、分析方法和规范等内容在内的设计仿真知识库，打造继承设计仿真工具，优化工具封装和流程化应用，打通流程，同时设计仿真实验数据管理与应用，使得设计仿真试验结果数据实现有效管理分析和重用。

第一，空气动力学数据库与仿真自动化系统。随着任务的不断增多，数据孤岛和重复性劳动对任务的延迟和对技术创新的阻碍变得愈来愈明显，开发建设空气动力学数据库与仿真自动化系统，能够有效实现仿真试验数据的统一存储与查询和仿真优化的自动化。空气动力学数据库可以快速地为设计人员提供车型的空气动力学性能的参考值；仿真自动化系统可以显著地提高车型的空气动力学仿真分析效率，缩短造型反馈周期。引之科技期望通过空气动力学数据库与仿真自动化系统，实现仿真和试验数据统一存储和管理，试验任务数据管理和任务跟踪，数据查询、分析、对比、可视化，HPC集成与计算监控，优化任务流程集成及项目管理。

第二，船用发电机综合设计平台。通过发电机综合设计平台可以使得原本孤立的仿真设计工作变成专用的发电机设计平台，该平台集成了电磁、结构、流体、电控等多物理场耦合仿真功能，也集成了先进的3D工艺设计管理功能，使得产品离数字孪生、数字化样机更近了一步。随着产品的迭代，加之大数据机器学习算法的加持，该平台可以以更高的效率来解决客户关于产品的所有问题。

（2）专家预示系统。

引之科技开发专家预示系统，将历史数据汇集综合起来并以统一的数据结构存放在专家数据库中，通过不同数据的分析计算，快速获得预示模型，还可以根据不同典型型号，输入相应的数据组分、工艺参数和生产时的环境条件，使用机器学习快速计算获得预示性能及参数结果数值。此外，专家预示系统还具备预示模型自动优化功能，结合实际性能数据进行对比分析，运用优化方法优化模型算法，不断提升性能预示准确度。

（3）智能电控工程设计平台。

引之科技的航空航天电控工程设计流程是遵循自顶向下（top-down）设计的原则，从系统定义、原理设计到工艺设计，各个设计阶段数据自动流转，一处数据更改，其他位置自动变更，而后是权限及版本管控，元件库管理，数据导航，快速查看各种图纸等。

（4）EB一体化电控工程设计平台。

引之科技的EB一体化电控工程设计平台，致力于建设一个智能化电气设计平台，为公司带来管理、产品质量、时间效率、数字化等诸多方面的提升。第一，设计数据在不同阶段的唯一性，电控工程整个设计流程在同一中央数据库、同一项目中完成，有效地解决了变更的复杂性；第二，设计效率最大限度的智能化、自动化、集成化，可基于用户自定义模板自动生成报表，相对传统CAD设计整体效率提升50%以上；第三，设计质量保证，利用数据的驱动直接到终端输出，同时实现设计标准化、制图标准化，产品风格统一，便于审核，降低差错率；第四，易学易用易推广，真正脱离工具命令式的绘图操作，有益于知识共享与传递；第五，提供了无限的二次开发空间，为用户需求的多样性提供了前提，以及与其他业务流程系统的最佳集成。

4. 总结与展望

引之科技自2016年成立以来，专注于多物理场耦合仿真分析软件和工程仿真设计解决方案，服务于多个工业领域。面对数据管理和知识共享的挑战，引之科技致力于提供全流程工程软件研发服务和系统解决方案，通过IT技术和

CAD/CAE 软件开发经验，实现模型处理和智能化平台建设。同时着力提升定制开发能力，打造设计仿真协同平台，开发空气动力学数据库与仿真自动化系统，以及船用发电机综合设计平台。开发专家预示系统和智能电控工程设计平台实现了设计数据的自动化流转和智能化设计，提升了管理效率、产品质量和设计标准化，满足了企业对多物理场耦合分析和跨学科集成的需求。展望未来，引之科技将继续引领工业科技之美，推动行业数字化转型，持续以数字化技术提升效率，解决数据管理、知识共享和多物理场耦合分析的行业痛点。

第一节 市场环境、市场机会与顾客价值分析

一、市场环境分析

市场环境分析是供应链全流程管理实施的关键一步，为企业提供了一个宏观的视角，帮助企业理解外部市场条件、竞争态势以及潜在的市场机会，不仅对制定有效的供应链战略至关重要，也是企业制定整体商业战略的基础。企业对市场环境包括宏观经济指标、政策法规、社会文化趋势等进行分析，有助于企业理解宏观趋势，更好地把握市场的整体发展方向，为供应链战略提供宏观指导。同时，市场环境的不确定性是企业面临的主要风险之一，通过市场环境分析，企业可以识别潜在风险，制定应对策略，降低供应链中断的风险。

市场环境分析涉及对企业外部环境的全面审视，以便更好地理解市场动态、竞争格局和潜在风险。市场环境分析的关键要素包括宏观经济分析、行业分析、竞争分析、政治法律环境分析以及社会文化分析，如图 4-2 所示。

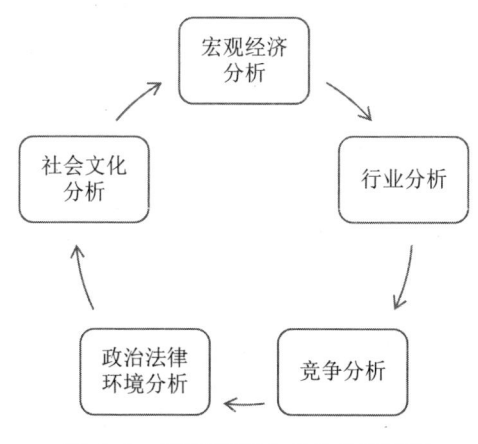

图 4-2 市场环境分析的关键要素

1. 宏观经济分析

宏观经济分析关注整体经济环境对供应链的影响，包括对经济增长、通货膨胀、利率、汇率、就业率和消费者信心等经济指标的研究，这些指标的变化直接影响到消费者的购买力、企业的生产成本和投资决策。例如，经济增长通常意味着消费者支出的增加，从而为企业提供更多的市场机会，因此通常采用经济增长率来衡量市场潜力；通货膨胀可能导致原材料价格上涨，压缩企业利润空间，在很大程度上影响企业的成本结构和定价策略；低利率环境有利于企业扩张，而汇率波动可能影响出口企业的竞争力，等等。

2. 行业分析

行业分析涉及对特定行业内部结构和动态的评估，包括对行业生命周期、行业集中度、市场增长率、技术发展和供应链结构的分析。

首先，企业需要了解行业所处的发展阶段（引入、成长、成熟或衰退），这有助于企业制定相应的供应链策略。其次，企业要注重行业集中度，高行业集中度可能意味着较高的进入壁垒和有限的竞争，而低集中度则可能预示着激烈的竞争和市场机会。最后，对技术发展情况进行分析，有利于企业把握市场环境，技术进步可以改变生产方式、降低成本或创造新的市场需求，对供应链管理产生深远影响。

3. 竞争分析

竞争分析关注企业在市场中的相对地位以及竞争对手的战略和行为，包括对竞争对手的市场份额、成本结构、供应链效率和创新能力的评估。市场份额的变化可以反映企业的竞争地位和市场影响力，了解竞争对手的成本结构有助于企业在价格竞争中制定策略，同时，供应链的效率和创新能力直接影响到产品的交付时间和成本，是企业竞争力的关键。

4. 政治法律环境分析

政治法律环境分析涉及对政府政策、法律法规、贸易协定和政治稳定性的评估，对企业的运营环境、成本结构和市场准入有直接影响。具体来说，税收政策、环保法规等政府政策的变动会对企业的运营成本和市场策略产生重大影响；

自由贸易区的建立等国际贸易协定，可以为企业打开新的市场，降低贸易壁垒；政治稳定性对企业的投资决策和供应链安全至关重要。

5. 社会文化分析

社会文化分析关注消费者行为、社会趋势和文化价值观的变化，影响消费者的购买决策和市场需求。第一，消费者对品质、价格、服务和可持续性的关注程度不断变化，影响着企业的产品设计和市场定位；第二，如健康意识的提升、老龄化社会的发展等社会趋势，为企业提供了新的市场机会；第三，不同地区的文化价值观差异，可能会影响产品的接受度和市场推广策略。

二、市场机会分析

市场机会分析是供应链全流程管理中的关键步骤，它涉及识别和评估市场中可能为企业带来增长和利润的潜在机会，进而帮助企业确定其产品和服务的潜在市场，以及如何有效地利用供应链资源来抓住这些机会。

1. 消费者需求分析

在市场竞争中，企业的业绩受到最终消费者行为的直接影响。因此，企业在参与市场竞争时，必须依据消费者的需求，发挥自身的竞争优势，创造与竞争对手不同的产品或服务。唯有如此，企业才能在激烈的市场竞争中保持领先地位。

在多变的市场环境中，尽管某一特定消费群体的成员可能展现出相似的需求模式，但这些需求本身往往伴随着不确定性。根据森尼尔·乔普瑞（2003）的观点，每位顾客的需求都可以转化为潜在的需求不确定性。潜在需求不确定性指的是供应链在满足需求时所面临的不确定性，这与消费者对特定产品需求的不确定性是两个不同的概念。需求不确定性关注的是消费者对产品需求的不确定性，而潜在需求不确定性则是供应链不确定性的直接结果。

尽管两者有所区别，但每个消费者的具体需求都会对潜在需求不确定性产生显著影响。此外，潜在需求不确定性还与需求的其他特性相关联。潜在需求不确定性较高的产品通常处于市场生命周期的早期阶段，缺乏直接竞争对手，因此其边际收益较高。然而，由于需求预测的准确性较低，实现供需动态平衡的难度增加，导致产品的积压率、脱销率和被迫销毁率较高。相反，潜在需求不确定性较低的产品，其边际收益相对较低，需求预测的误差较小，相应的积压率、脱销率和被迫销毁率也较低，如表4-1所示。

表4-1 潜在需求不确定性与需求特性之间的关系

需求特性	低潜在需求不确定性	高潜在需求不确定性
产品边际收益	低	高
平均预测误差	10%	40%～100%
平均产品脱销率	1%～2%	10%～40%
季末平均被迫销毁率	0%	10%～25%

2. 竞争环境与差异化分析

竞争环境分析可以帮助企业了解市场中的竞争态势，以及如何在竞争中找到自己的定位。首先，企业可以进行竞争对手分析，了解竞争对手的优势和劣势，据此制定有效的竞争策略，对此，企业需要识别主要竞争对手，分析他们的市场份额、产品线、价格策略和分销渠道。其次，企业应当寻找市场中的差异化机会，差异化机会是通过独特的产品特性、创新的服务模式或者更高效的供应链管理实现的，可以帮助企业在竞争激烈的市场中脱颖而出。最后，企业可以进行市场壁垒评估，据此来评估市场机会的可行性和风险，对此，企业需要分析进入新市场或扩大现有市场份额可能遇到的壁垒，如专利保护、品牌忠诚度、资本要求等，如图4-3所示。

图 4-3　竞争环境与差异化分析

3. 法规、政策与宏观经济因素分析

法规、政策和宏观经济因素对市场机会的识别和把握有着重要影响。第一，法规与政策因素可能会影响企业的运营成本、市场准入和竞争策略，因此企业应当了解目标市场的法规和政策环境，包括税收政策、环保法规、贸易协定等。第二，宏观经济因素会影响消费者的购买力和整体市场需求，因此企业应当重点分析宏观经济趋势，如 GDP 增长率、失业率、通货膨胀率等。第三，社会文化因素可能会影响消费者的需求和偏好，从而为企业提供新的市场机会，因此企业也需要研究社会文化趋势，如人口结构变化、消费者价值观和生活方式的变化等。

三、顾客价值分析

顾客价值分析是供应链全流程管理实施中的关键步骤，涉及对顾客需求、偏好和满意度的深入了解，以便企业能够提供真正符合顾客期望的产品和服务。顾客价值分析对于优化供应链设计、提高顾客满意度和忠诚度、增强市场竞争力具有重要意义。

1. 顾客需求识别

顾客需求是顾客价值分析的起点，企业必须准确识别顾客对产品或服务的具体需求。具体而言，企业需要识别的顾客需求包括功能性需求，即顾客对产品的基本功能和性能的期望，如耐用性、效率、兼容性等；品质需求，即顾客对产品质量和可靠性的期望，包括材料、工艺、品牌信誉等；价格需求，即顾客对产品价格的敏感度和支付意愿，以及他们对性价比的评估；服务需求，即顾客对购买过程中的服务体验的期望，如客户支持、售后服务、交货速度等。

2. 顾客满意度与忠诚度评估

顾客满意度和忠诚度是衡量顾客价值实现程度的重要指标。企业可以通过满意度调查、NPS（Net Promoter Score，即净推荐值）、重复购买率等对顾客满意度与忠诚度进行评估（见图4-4）。第一，定期进行顾客满意度调查，收集顾客对产品或服务的直接反馈；第二，通过NPS衡量顾客推荐产品或服务给他人的可能性，这是评估顾客忠诚度的有效工具；第三，分析顾客的重复购买行为，有助于了解顾客对品牌的忠诚程度。

图4-4 顾客满意度与忠诚度的评估

3. 顾客价值创造与传递

企业需要明确如何通过其产品和服务为顾客创造价值，并确保这些价值能够有效传递给顾客，具体包括价值主张、价值传递以及价值实现。在价值主张方面，企业需要明确企业的产品或服务如何满足顾客的需求，提供独特的价值主张。在价值传递方面，企业可以分析供应链的各个环节，确保价值在生产、销售和服务过程中得到有效传递。在价值实现方面，企业需要评估顾客实际体验到的价值与企业承诺的价值之间的一致性，识别差距并进行改进。

4. 顾客细分与个性化

顾客群体是多样化的，企业需要对顾客进行细分，以提供更加个性化的产品和服务。第一，对市场细分，根据顾客的地理位置、年龄、性别、收入水平等特征进行市场细分。第二，对需求细分，识别不同顾客群体的特定需求和偏好，为不同的市场细分提供定制化的解决方案。第三，对价值细分，分析不同顾客群体对价值的感知和评价，确保企业的价值主张能够满足各个细分市场的需求。

5. 顾客生命周期价值

顾客生命周期价值是衡量顾客长期价值的重要指标，涉及长期价值评估、顾客留存策略以及顾客流失分析。长期价值评估指的是评估顾客在与企业建立关系期间可能带来的总收益；顾客留存策略指的是分析影响顾客留存的因素，如产品质量、顾客服务、品牌忠诚度等，并制定相应的策略；顾客流失分析指的是识别导致顾客流失的原因，并采取措施减少流失率，提高顾客的生命周期价值。

> 专栏 4-1

大疆：真正做好市场与顾客分析

1. 企业简介

深圳市大疆创新科技有限公司（以下简称大疆）成立于 2006 年，是在全球范围内领先的无人飞行器控制系统及无人机解决方案的供应商，其主要产品是无人机及其他影像设备，专注于民用无人机领域，具体划分为消费级、专业级、行业级和系统模块4类。大疆成立之初，就十分注重产品的研发及技术的进步，在行业内发展十数年，申请多项专利技术，始终坚持以最尖端的科技手段和高性能的产品引领行业的发展，是一家具有强劲实力和强大市场规模的国际化企业。

2. 市场与顾客分析

（1）大疆的市场环境分析。

大疆在进入市场之前，对无人机行业的市场环境进行了全面的分析，以确保其产品和服务能够满足市场需求，并保持竞争优势，具体包括了解全球无人机市场的规模和增长趋势、潜在的法规限制、竞争对手的情况以及供应链风险（见图4-5）。

市场规模和增长趋势 → 法规限制 → 竞争对手 → 供应链风险

图 4-5 大疆的市场环境分析

第一，大疆分析了全球无人机市场的规模和增长趋势，认识到尽管市场规模相对较小，但增长潜力巨大，尤其是在商用无人机领域，帮助大疆确定了市场机会，并据此调整其产品开发和市场战略。第二，大疆密切关注全球各地对无人机飞行的法规限制，这些限制对无人机的设计和运营提出了特定的要求，通过分析这些法规，大疆确保其产品设计符合各地的法规要求，从而避免潜在的市场进入障碍。第三，大疆对竞争对手进行了深入分析，包括其产品特性、市场定位、价格策略等，以确保能够更好地理解市场竞争格局，并据此制定差异化的产品和市场策略。第四，大疆评估了供应链中可能存在的风险，包括供应商的稳定性、原材料价格波动、运输成本变化等，进而采取相应的风险管理措施，确保供应链的稳定性和效率。

（2）大疆的市场机会分析。

首先，大疆识别到市场机会在于技术创新和产品多样化，通过持续的技术创新，推出了多款创新产品，如 Mavic Mini 和 DJI OM 4，这些产品满足了消费者对便携性和易用性的需求。大疆的市场机会分析强调了技术创新在推动市场增长中的关键作用。其次，大疆通过市场调研和客户反馈，了解客户对无人机的具体需求和偏好，帮助大疆在产品设计和功能上做出调整，以更好地满足市场需求。例如，大疆推出了多种无人机产品，满足从业余爱好者到专业摄影师不同用户群体的需求。最后，大疆在供应链管理中也考虑了新业务领域的探索。例如，通过子公司 Livox 推出的激光雷达产品，大疆将无人机领域的技术优势扩展到了自动驾驶汽车市场。

（3）大疆的顾客价值分析。

大疆对顾客价值进行了细致的分析，以确保其产品和服务能够满足消费者的期望并创造竞争优势。大疆深刻理解用户体验是顾客价值的核心，因此，在产品设计和功能开发上始终将用户操作的便捷性、直观性和安全性放在首位。例如，大疆的无人机产品设计注重易用性，即使是新手也能快速上手。与此同时，大疆认识到高质量的产品是赢得顾客信任和满意的关键，在供应链管理中强调原材料的选择和生产工艺的控制，确保每一台无人机都能达到高标准的质量和性能。此外，大疆还注重收集和分析客户反馈，将其作为产品和服务改进的重要依据。具体而言，大疆通过社交媒体、用户论坛和直接的客户调研，不断了解顾客的需求和期望，并将这些信息反馈到供应链管理和产品开发中。

3. 总结与展望

大疆公司在市场和顾客分析方面表现出色，精准把握了无人机市场的增长趋势和消费者需求。未来，大疆有望继续利用其在供应链管理和产品研发上的优势，进一步拓展全球市场，特别是在商业应用和新技术融合领域。同时，大疆也会不断加强客户服务和售后支持，以维持和提升顾客价值，确保其产品和服务始终能够满足消费者的期望和市场的变化。

第二节 企业竞争战略的确立

一、分析企业核心竞争力

核心竞争力通常被理解为企业在特定领域内相对于竞争对手所具有的独特优势，这种优势能够为企业带来持续的竞争优势。在企业管理的理论与实践中，核心竞争力的分析是构建和实施有效竞争战略的关键环节。

1. 企业内部资源和能力分析

核心竞争力的分析需要从企业的内部资源和能力出发。资源基础观点认为，企业的资源和能力是其竞争优势的源泉，资源可以是物质的，如专利、技术、品牌、地理位置等；也可以是无形的，如企业文化、管理团队、知识体系等。这些资源的稀缺性、不可模仿性、不可替代性和组织化程度决定了它们能否成为企业的核心竞争力。

在分析资源时，企业需要识别哪些资源是有价值的、稀缺的、难以模仿的以及难以替代的。不可替代性意味着没有其他资源可以取代该资源的功能，例如专利技术就是典型的不可替代资源。难以模仿性则指的是竞争对手难以通过模仿或复制来获取相同的资源，通常涉及复杂的知识体系、企业文化或特定的技术工艺。具有不可替代性和难以模仿性的资源不仅为公司提供了市场优势，而且在短期内难以被竞争对手复制或超越。

2. 企业动态能力分析

核心竞争力的分析还需要考虑企业的动态能力。动态能力观点强调企业在快速变化的市场环境中，如何通过资源的整合、重组和创新来适应环境变化，要求企业不仅要拥有核心竞争力，还要能够不断地更新和提升这些能力。具体而言，动态能力包括感知市场变化、抓住机会及时跟进、重组资源和构建新的能力（见图 4-6）。首先，感知市场变化至关重要。企业需要建立有效的信息收集和分析系统，以便及时感知市场和技术的变化，如对客户需求、竞争对手动态、行业趋势等的持续监控。其次，抓住机会需要及时跟进。企业要具备快速响应市场变化的能力，以及在必要时进行战略调整的灵活性，从而在感知到市场变化后，能够迅速做出决策，抓住新的机会。再次，重组资源是企业构建动态能力的重要手段。企业需要不断地对内部资源进行重组，以适应新的市场环境，涉及资源的重新分配、流程的优化和组织结构的调整。最后，企业需要构建新的能力。在必要时企业需要构建新的能力来应对市场的变化，如开发新技术、建立新的合作伙伴关系或进入新的市场领域。

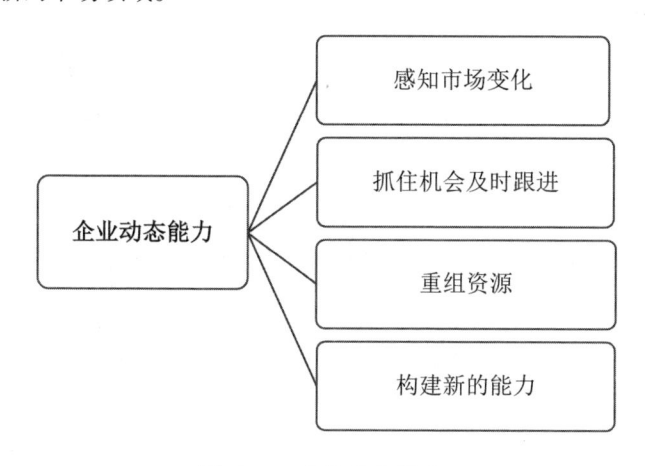

图 4-6　企业动态能力

3. 企业战略定位契合

在分析企业核心竞争力的过程中，还需要关注企业的战略定位。企业的战略定位决定了其核心竞争力的发展方向。企业需要明确自己在市场中的位置，以及如何通过核心竞争力来满足客户需求、创造客户价值，涉及企业对目标市场的选择、产品差异化策略以及价值创造方式的决策。

企业核心竞争力的分析是一个持续的过程，随着市场环境的变化和企业内部资源的演进，企业的核心竞争力可能会发生变化。因此，企业需要定期进行核心竞争力的评估和调整，确保其战略的有效性和可持续性。

二、实施有效的战略整合

实施有效的战略整合是企业供应链全流程管理中的关键步骤，涉及将企业的核心竞争力与供应链管理的各个方面相结合，以实现整体战略目标。所谓战略整合，是指将企业竞争战略与供应链战略按照整体性和系统性原则，进行有机的动态组合与调整，使二者拥有相同的目标，战略内容相互匹配，融合成一个协调一致的战略体系，使其能够主动应对不断变化的环境的过程。战略整合能够使企业在面对不断变化的市场环境时保持灵活性和适应性。

在供应链管理的背景下，战略整合被细分为静态和动态两个维度。静态整合涉及企业依据现有的资源状况和外部环境，深入理解竞争战略与供应链战略的关键要素及其层次结构。在此基础上，企业将内部资源与外部环境进行有效整合，以构建一个能够促进企业快速、高效且持续发展的策略体系。而动态整合则关注于战略体系的执行与实施阶段，强调企业在面对环境和资源变化时，必须不断地对战略体系进行调整，以确保其能够满足企业发展的动态需求。动态整合不仅要求企业具备前瞻性的规划能力，还要求其具备对变化的敏感性和应变能力，以实现长期的竞争优势。

1. 战略整合的价值及作用

战略整合是供应链管理所面临的一个关键问题，也是保证企业可持续发展的核心能力，更是企业在激烈的竞争环境中的一种必然选择，具有提高供应链企业运作效率、优化企业资源配置、帮助企业适应新环境这 3 个方面的价值及作用，如图 4-7 所示。

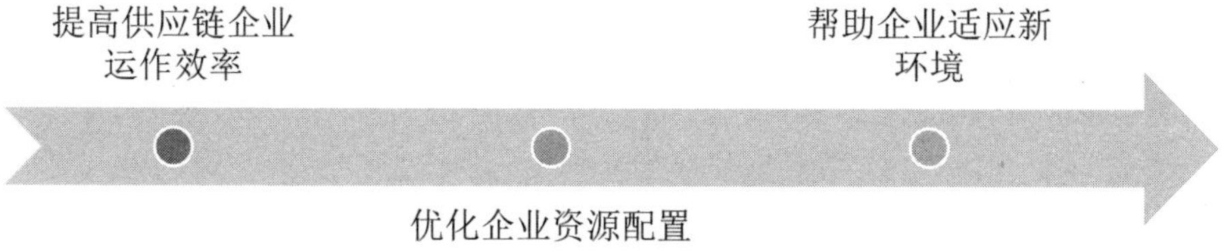

```
提高供应链企业                    帮助企业适应新
   运作效率                          环境
      ●              ●              ●
            优化企业资源配置
```

图 4-7　战略整合的价值及作用

（1）提高供应链企业运作效率。

战略整合对供应链上各企业的高效运作起着主导作用，是实施有效的供应链管理的基础。对供应链整体的有效控制和管理，能够较好地实现产品供应链全过程的价值和节点企业经营行为的最优化，有利于建立企业间的双赢合作关系，避免了竞争对抗方式对社会资源造成的破坏与浪费，达到了共同扩展市场和共同受益的目标，提高了社会经济效益。

（2）优化企业资源配置。

战略整合有利于企业优化配置内外部资源，企业只有实施有效的战略整合，才能将企业的各种资源统一到企业战略之下，从而避免出现资源分配与工作重点安排上的冲突。一切可以为企业发展所利用和支配的资源，都是企业战略整合的对象和内容。一个地区、一个国家或跨越这些界限和阻隔的、直到全球化的经济资源和发展资源，都可以用来整合以发展企业。没有这样的整合观念和能力，企业不可能实现全球化的发展。随着经济全球化的不断发展，企业发展的核心能力就是整合的能力。

（3）帮助企业适应新环境。

战略整合代表了企业间竞合关系的关键组成部分。随着全球经济的快速增长，经济体之间的相互依赖和交融日益加深，形成了一种错综复杂的相互关联网络。在此背景下，企业间的关系转变为竞合关系，即企业既是彼此的竞争对手，同时又是合作伙伴。战略整合作为一种强调企业间协作的战略发展模式，已成为企业在全球竞争和知识经济环境下应对挑战、实现可持续发展的重要策略，不仅促进了资源共享和风险分散，还增强了企业在动态市场中的适应能力和创新能力。

2. 战略整合的有效实施

为达成战略整合的目标，企业在设计竞争战略时必须确保其顾客优先目标与供应链能力目标之间的一致性。换言之，企业须确保其供应链具备满足消费者需求的能力。在深入理解市场需求和供应链特性的基础上，企业应调整供应链运营，使之与消费者需求相匹配。此外，供应链的反应能力应与需求不确定性的程度相适应。

如图 4-8 所示，构建一个二维坐标系，其中反应能力作为横轴，潜在需求不确定性作为纵轴。在横轴上向右移动表示供应链反应能力的增强，而赢利水平可能随之下降；在纵轴上向上移动则表示潜在需求不确定性的增加。在这个坐标系中，反应能力反映了供应链战略的强度，而潜在需求不确定性则映射了竞争战略的复杂性。坐标系内的点代表了竞争战略与供应链战略的特定组合。通过这一战略整合模型，企业可以更清晰地识别和调整其战略定位，以适应市场变化和提升竞争力。

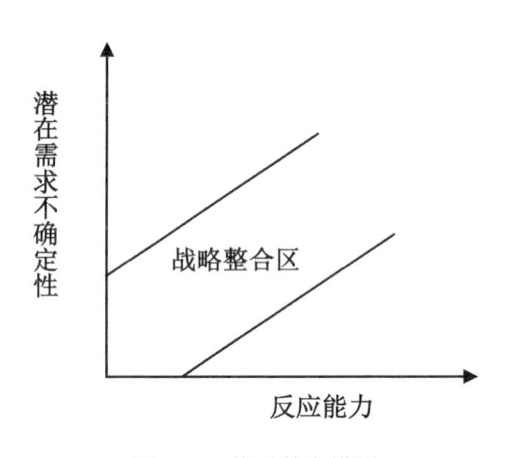

图 4-8　战略整合模型

随着潜在需求不确定性的增加，供应链必须提升其反应能力，以便有效地实现战略整合。这是因为，只有通过不断增强的反应能力，企业才能有效地应对由消费者需求不确定性增加所带来的风险。若一家公司的竞争战略是以合理的价格提供大量多品种、个性化的产品，而其消费者潜在需求具有较高的不确定性，那么公司可以选择具有高盈利水平的供应链，也可以选择反应能力强的供应链。高盈利水平的供应链往往利用廉价但并不快速的运输工具，以此形成生产的规模经济，若是公司选择该供应链，可能会实现短期利润的快速提升，但难以满足消费者多元化、个性化的产品需求。而反应能力强的供应链，则能够满足消费者多元化、个性化的消费需求，更加适合以合理的价格提供大量多品种、个性化产品的竞争战略。由此可见，潜在需求不确定性和反应能力表现出正相关性，即潜在需求不确定性越高，对应的反应能力要越强，反之亦然。在坐标系中表示为"战略整合区"。企业只有把竞争战略和供应链战略调整到战略整合区中，才可以实现战略的合理整合。

专栏 4-2

利丰贸易：以供应链整合实现差异化战略

1. 企业简介

利丰贸易有限公司（以下简称利丰贸易）成立于 1906 年，总部位于香港，是利丰集团旗下历史最为悠久且关键的成员之一。该公司专注于消费产品的出口业务，主要市场涵盖欧洲、美洲和日本，并在亚洲建立了采购基地。利丰贸易的出口产品以成衣为主导，同时经营范围也扩展至时尚饰品、家具等多样化商品。

2. 通过供应链整合实现差异化战略

面对贸易行业的严峻挑战，利丰贸易通过供应链管理实现了高于 5% 的利润收入。利丰贸易不仅关注生产成本，还从原材料采购到物流、批发零售和信息管理等环节优化价值链。利丰贸易的全球化网络和对供应商的协调能力是其成功的关键，其主要是从以下 3 个方面来整合供应链，实现差异化战略，如图 4-9 所示。

互联网思维：企业供应链全流程管理

```
                    ┌── 1. 从传统贸易商到供应链协调者的转型
        整合供应链 ──┼── 2. 供应链的数字化和技术创新
                    └── 3. 可持续发展和社会责任的整合
```

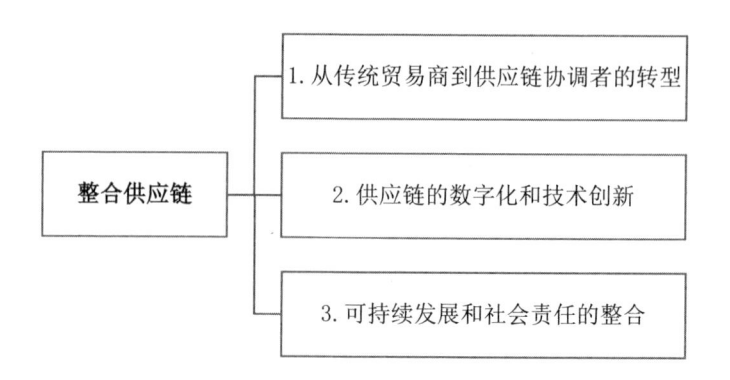

图 4-9　整合供应链实现差异化战略

（1）从传统贸易商到供应链协调者的转型。

利丰贸易最开始是一家传统的贸易公司，随着时间的推移，它逐渐认识到，要在竞争激烈的全球市场中保持差异化，必须转型为供应链协调者。这一战略转变意味着利丰贸易不再仅仅是买卖商品的中间商，而是成为连接制造商、供应商和零售商的桥梁，通过整合和管理整个供应链来提供价值。

利丰贸易通过建立一个高度灵活和可扩展的供应链网络，能够快速响应市场变化和客户需求。这种网络的建立依赖于与全球各地的供应商建立长期合作关系，以及对供应链中每个环节的深入理解和优化。利丰的供应链整合策略不仅提高了效率，还为客户提供了定制化的解决方案，从而实现了差异化。

（2）供应链的数字化和技术创新。

利丰贸易在供应链管理中积极采用数字化和技术创新，以提高透明度、效率和响应速度。利丰贸易通过物联网、大数据分析和人工智能等打造先进的信息系统和技术平台，来优化供应链的各个环节。这些技术的应用使得利丰能够更好地预测市场需求、管理库存，以及实现更精准的物流配送。

利丰贸易的数字化供应链平台具有实时的供应链可视化功能，使客户能够清晰地看到从原材料采购到成品交付的整个过程，增强了客户的信任，提高了供应链的协同效率，使得利丰贸易能够在市场上提供独特的价值。

（3）可持续发展和社会责任的整合。

利丰贸易将可持续发展和社会责任融入其供应链战略中，这不仅符合全球消费者和企业的价值观，也是公司差异化战略的重要组成部分。利丰贸易通过实施环保政策和社会责任计划，确保其供应链的每个环节都符合国际标准，减少对环境的影响，并提高社会价值。利丰贸易的供应链整合策略还包括对供应商的严格筛选和监督，确保他们遵守劳动法规、环境保护条约和道德标准，不仅提升了公司的品牌形象，还吸引了那些寻求环保和社会责任感强的合作伙伴和客户。

3. 总结与展望

利丰贸易通过供应链整合实现了差异化战略，从而在全球竞争中保持领先。利丰贸易从传统贸易商转型为供应链协调者，利用其全球网络和专业知识，为客户提供定制化解决方案。通过技术创新和数字化平台，利丰贸易提高了供应链的透明度和效率，同时注重可持续发展和社会责任。未来，利丰贸易会继续强化其供应链的智能化和灵活性，以适应不断变化的市场需求。同时，公司会进一步扩展其服务范围，探索新的业务模式，如供应链金融服务，以提供更加全面的解决方案，巩固其在全球供应链管理领域的领先地位。

三、锁定战略方向与规划

锁定战略方向与规划是企业供应链全流程管理中至关重要的一环，确保企业能够在不断变化的市场环境中保持清晰的发展方向，并有效地利用资源以实现既定的企业战略目标，具体涉及对供应链战略目标的设定、战略路径的明确、实施计划的详细制定以及建立监控与评估机制，如图4-10所示。

```
┌─────────────────────────┐
│  对供应链战略目标的设定  │
└─────────────────────────┘
     ┌─────────────────────────┐
     │     战略路径的明确      │
     └─────────────────────────┘
          ┌─────────────────────────┐
          │   实施计划的详细制定    │
          └─────────────────────────┘
               ┌─────────────────────────┐
               │   建立监控与评估机制    │
               └─────────────────────────┘
```

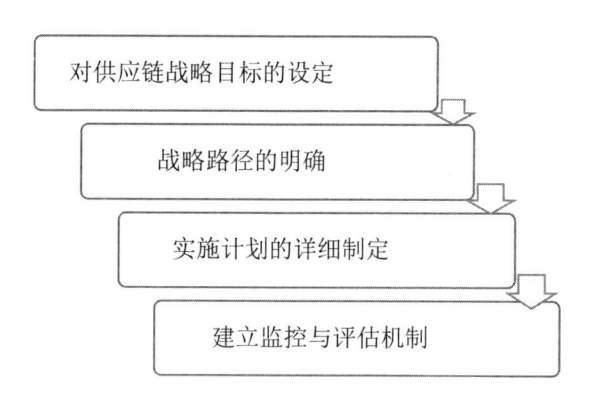

图 4-10 锁定战略方向与规划

1. 对供应链战略目标的设定

战略目标的设定是供应链规划的起点。企业需要根据自身的长期愿景和短期目标，结合市场分析和内部资源评估，设定清晰的供应链战略目标。供应链战略目标应当是量化的、可追踪的，并且与企业的整体战略相一致，以此来确保供应链活动支持企业的核心价值和长远发展。例如，如果企业的战略目标是成为市场领导者，那么供应链战略目标就可能包括提高市场份额、缩短产品上市时间、降低运营成本等。此外，企业还可以考虑环境、社会和治理（ESG）因素，确保供应链战略的可持续性。

2. 战略路径的明确

供应链战略的制定需要基于战略目标和内外部环境分析的结果，包括供应链的设计、采购策略、生产计划、库存管理、物流配送等方面的决策。企业应当设计合适的供应链战略路径，充分考虑成本、效率、质量和服务等多个维度，以确保供应链能够在支持企业战略目标的同时，保持竞争力。

3. 实施计划的详细制定

实施计划是将供应链战略转化为具体行动的蓝图，供应链计划的实施需要明确实施的步骤、时间表、责任分配和预算，应当具有可行性，并且能够灵活调整以应对不确定性和变化。在实际应用中，企业可能需要制定一个多阶段的实施计划，每个阶段都有明确的目标和评估标准。对此，企业可以将战略目标分解为可操作的小目标，合理分配人力、财力和物力资源，确保实施计划的可行性，同时进行时间管理，设定明确的里程碑和截止日期，监控项目进度。

4. 建立监控与评估机制

为了确保供应链战略的有效执行，企业需要建立一套监控与评估机制。通过持续的监控与评估，企业可以及时发现问题并采取纠正措施，确保供应链战略的实施与预期目标保持一致。具体而言，企业供应链管理的健康与评估机制可以采取设定关键绩效指标的方法，也就是根据战略目标设定关键绩效指标，用于衡量供应链的绩效；也可以定期审查进度和成果，与预定目标进行比较，评估实施效果；还需要分析偏差原因并及时调整策略，建立有效的反馈机制，确保问题能够被及时发现得到解决，并根据评估结果调整供应链战略，实现持续改进。

第三节 企业资源管理与整合

一、数据同步采集与实时分析

在供应链全流程管理中，数据同步采集与实时分析是供应链智能化和精细化管理的基础，对于提升供应链的透明度、响应速度和决策质量至关重要。

1. 数据同步采集的重要性

数据同步采集是指在供应链的各个环节中实时收集和更新数据的过程，具体包括库存水平、订单状态、生产进度、物流信息、市场需求等数据信息。数据同步采集的重要性体现在提高供应链透明度、优化企业库存管理、提升客户满意度、支持决策制定这4个方面。

第一，数据同步采集能够有效地提高企业供应链透明度，使得供应链的每个环节都能够被清晰地监控；第二，数据同步采集可以有效地优化企业库存管理，更加准确地预测需求，减少过剩或缺货的情况，从而降低库存成本；第三，数据同步采集对提升客户满意度具有显著效果，可以帮助企业更快地响应客户需求，提高交货速度和服务质量；第四，数据同步采集能够支持企业决策制定，为企业提供决策所需的信息，使管理层能够基于最新的市场和运营数据做出更加明智的决策。

2. 数据实时分析的作用

数据实时分析是指对采集到的数据进行即时处理和分析，以识别模式、预测趋势和发现问题。通过对历史和实时数据的分析，企业可以预测未来的市场变化和潜在的供应链风险，从而提前做好准备。对此，可以从流程优化和成本控制两个角度来考虑。

一方面，从流程优化的角度来看，实时分析通过提供即时、准确的数据洞察，使企业能够迅速识别并解决供应链中的效率瓶颈。通过对生产数据的实时监控，企业可以及时发现生产线上的异常情况，如设备故障或操作失误，从而快速采取纠正措施，减少停机时间。同时，实时分析还能帮助企业优化库存管理，通过精确预测需求，减少过剩库存，避免资金占用和仓储成本。在物流方面，实时分析可以优化运输路线和调度，减少运输时间和成本，同时提高配送效率。

另一方面，从成本控制的角度来看，实时分析为企业提供了精细化管理的工具。通过对供应链各环节成本的实时监控和分析，企业能够更有效地控制成本，提高资金使用效率。实时分析可以帮助企业发现采购成本中的异常波动，及时调整采购策略，避免不必要的支出。在生产过程中，实时分析可以揭示原材料浪费和能源消耗的环节，促使企业采取措施降低浪费，实现成本节约。同时，实时分析还能帮助企业在供应链中识别和消除冗余环节，简化流程，减少不必要的操作成本。此外，实时分析还能提高企业对市场变化的敏感度，使企业能够在原材料价格波动时做出快速反应，通过锁定价格或调整采购量来控制成本。

3. 数据同步采集与实时分析的实施策略

为了有效地实施数据同步采集与实时分析，企业可以采取以下策略，如图4-11所示。

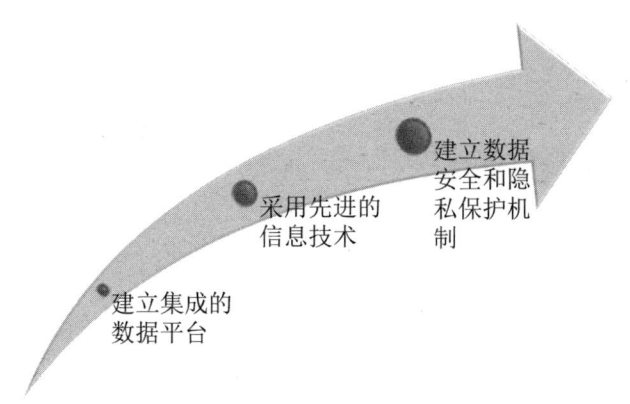

图 4-11 数据同步采集与实时分析的实施策略

（1）建立集成的数据平台。

为了实现数据的同步采集，企业首先需要建立一个集成的数据平台，连接供应链中的所有关键环节，包括供应商、制造商、分销商和零售商。集成的数据平台应该具备兼容性、可扩展性、安全性的特点。其中，兼容性指的是能够与各种不同的系统和设备兼容，确保数据可以从不同的来源无缝集成；可扩展性指的是随着企业的发展和供应链的扩展，数据平台应能够轻松地添加新的数据源和用户；安全性指的是确保所有传输和存储的数据都符合最高的安全标准，防止数据泄露和未授权访问。

（2）采用先进的信息技术。

数据采集的实时性要求企业采用先进的技术手段，实时收集供应链各环节的数据，提高数据采集和处理的效率。例如，物联网可以通过在仓库、运输车辆和生产设备上安装传感器，实时监控库存水平、货物位置和生产状态。而移动应用则为供应链管理人员提供移动互联，以便他们可以在任何地点实时更新和访问供应链数据。

（3）建立数据安全和隐私保护机制。

在实施数据同步采集与实时分析的过程中，企业必须遵守相关的数据保护法规，保护客户和合作伙伴的数据安全和隐私。对此，企业可以使用加密技术保护数据在传输和存储过程中的安全，并限制对敏感数据的访问，确保只有授权人员才能访问。

二、内部流程信息化

内部流程信息化是供应链全流程管理中提升效率和透明度的重要环节，是指企业通过引入信息技术，如 ERP 系统、CRM 系统、SCM 系统等，以实现流程自动化、数据集成和实时监控。

1. 内部流程信息化的重要性

内部流程信息化是企业资源管理与整合的关键环节，对于提升供应链效率和响应市场变化的能力至关重要，在整合流程、提升服务水平和竞争力、促进长期发展和创新能力 3 个方面具有重要意义。

首先，内部流程信息化通过数字化手段整合企业内部的各种操作和管理流程，包括生产、采购、库存、销售、财务等。通过整合，使企业能够实现信息的即时流通和共享，从而提高决策的速度和质量。例如通过 ERP 系统，企业可以实时监控库存水平，快速响应生产需求，减少库存积压，提高资金流动性。此外，内部流程信息化还有助于企业发现和消除运营中的浪费，通过流程优化降低成本，提升整体运营效率。

其次，内部流程信息化对于提升企业的客户服务水平和市场竞争力具有显著影响。在客户服务方面，内部流程信息化可以帮助企业更好地理解客户偏好，快速响应客户需求，提供定制化的解决方案和个性化的产品和服务，从而增强客户满意度和忠诚度。在市场竞争方面，内部流程信息化可以帮助企业快速适应市场变化，通过实时分析市场需求变化，及时调整生产计划和产品策略，抢占市场先机。

最后，内部流程信息化对于企业的长期发展和创新能力同样重要。信息化不仅提高了企业运营的效率和透明度，还为企业提供了大量的数据资源。这些数据资源可以用于分析市场趋势、消费者行为、产品性能等，为企业的战略规划和创新活动提供支持。同时，内部流程信息化还有助于企业建立知识管理体系，促进知识的积累和传播，提高企业的创新能力。

2. 内部流程信息化的实施策略

内部流程信息化是供应链全流程管理中的重要策略，要求企业明确信息化目标与需求，选择合适的技术解决方案，实施流程标准化与再造，并通过培训和文化变革确保信息化的成功。进而，企业可以提高运营效率，优化资源分配，提升客户服务水平，增强市场竞争力，并支持企业的长期发展和创新。

（1）明确信息化目标与需求。

在开始内部流程信息化之前，企业首先需要明确信息化的目标和需求，包括识别哪些业务流程需要优化、哪些数据需要集成，以及信息化将如何支持企业的战略目标。企业应该进行全面的业务流程审查，评估现有流程的效率和效果，确定信息化可以带来最大价值的领域。此外，企业还应该考虑员工的技能水平和接受度，确保信息化项目能够得到员工的支持。

（2）选择合适的技术解决方案。

选择合适的技术解决方案是内部流程信息化的核心。企业需要根据自身的业务需求、规模、预算和技术基础，选择合适的信息系统，如ERP、CRM或SCM等。在选择过程中，企业应该考虑系统的可扩展性、兼容性、用户友好性以及供应商的支持服务程度，还应该考虑系统的安全性，确保数据的安全和隐私得到保护。在实施过程中，企业可能需要与多个供应商合作，集成不同的系统和应用，以实现全面的信息化。

（3）实施流程标准化与再造。

为了确保信息化的成功，企业需要对现有的业务流程进行标准化和再造，这就涉及对流程的简化、优化和标准化，进而消除冗余步骤，提高流程的效率和一致性。对此，企业应该建立跨部门的团队，负责流程再造的设计和实施。在这个过程中，企业需要确保流程再造与信息化系统的功能相匹配，以实现流程的自动化和数字化。同时，企业还应该建立相应的流程监控和评估机制，确保流程再造的效果，并根据实际情况进行调整。

（4）培训与文化变革。

内部流程信息化不仅仅是技术的引入，更是企业文化和工作方式的变革。企业需要对员工进行充分的培训，使他们能够熟练使用新的信息系统，理解信息化带来的变化，并适应新的工作流程。同时企业还需要建立一种支持变革的企业文化，鼓励员工积极参与信息化项目，提出改进建议，共同推动企业的数字化转型。通过培训和文化变革，企业可以确保信息化项目得到员工的广泛支持，从而提高信息化的成功率。

三、供应链信息共享

供应链信息共享是企业资源管理与整合的关键环节，指的是在供应链的各个环节中，如供应商、制造商、分销商和零售商之间，实时共享订单、库存、生产计划、物流状态等关键信息，以提高整个供应链的透明度、效率和响应能力。

1. 供应链信息共享的重要性

供应链信息共享不仅能够提高供应链的透明度和效率，还能够增强供应链的响应速度和灵活性，降低运营风险。

一方面，信息共享能够显著提升供应链的透明度，使供应链各环节的企业能够实时了解库存水平、生产进度、市场需求等关键信息。供应链透明度的提升有助于企业更准确地预测需求，优化库存管理，减少过剩或缺货的风险。通过共享销售数据，制造商可以及时调整生产计划，以满足市场需求，而分销商则可以根据实际销售情况调整库存策略，避免库存积压。此外，信息共享还有助于降低供应链中的"牛鞭效应"，即需求信息在供应链传递过程中的放大现象，从而减少不必要的生产波动和库存成本。

另一方面，供应链信息共享对于增强供应链的响应速度和灵活性具有重要作用。在快速变化的市场环境中，企业需要迅速响应客户需求的变化，而信息共享正是实现这一目标的基础。通过实时共享供应链信息，企业能够快速识别并响应市场变化，及时调整生产和物流策略。若某个关键原材料出现供应短缺，供应链中的企业就可以迅速协调，寻找替代供应商或调整生产计划，以最小化对客户交付的影响。信息共享还促进了供应链各环节之间的紧密合作，有助于形成无缝供应链，提高客户满意度。通过共享信息，企业能够更好地理解客户需求，提供个性化的产品和服务，从而在竞争中获得优势。同时，信息共享还有助于降低供应链的运营风险，通过及时的沟通和协调，企业能够共同应对突发事件，如自然灾害、供应中断等，确保供应链的稳定运行。

2. 供应链信息共享的实施策略

供应链信息共享的实施策略是确保供应链各环节有效协作、提升整体运营效率的关键，包括建立统一的信息共享平台、制定信息共享的标准和协议以及培养供应链合作文化。

（1）建立统一的信息共享平台。

实施供应链信息共享的首要步骤是建立一个统一的信息共享平台，该平台应当具备高度的可扩展性和兼容性，能够整合来自供应链各环节的数据，包括供应商的原材料库存、制造商的生产进度、分销商的库存水平以及零售商的销售数据等。平台的设计应考虑到不同企业的技术基础和操作习惯，确保用户友好性和易用性。同时，供应链信息共享平台还应具备强大的数据处理能力，能够支持大数据分析和实时报告，帮助企业快速做出决策。此外，为了保障信息安全，平台还应实施严格的数据加密和访问控制措施。

（2）制定信息共享的标准和协议。

为了实现有效的信息共享，供应链各参与方需要共同制定一套信息共享的标准和协议，包括数据格式、交换频率、质量要求以及保密协议等。具体而言，标准化的数据格式有助于减少数据转换的时间和成本，提高信息处理的效率；定期的信息交换可以确保所有参与方都拥有最新的供应链状态，从而做出及时的响应；高质量的数据可以提高决策的准确性；保密协议则有助于保护企业的商业机密，增强各参与方对信息共享的信任。此外，在制定标准和协议的过程中，应充分考虑各方的利益和需求，确保信息共享对所有参与方都有利。

（3）培养供应链合作文化。

供应链信息共享不仅仅是技术层面的整合，更是供应链文化和合作方式的变革。为了推动信息共享，企业需要培养一种基于信任和合作的供应链文化，这要求企业之间建立长期稳定的合作关系，相互尊重和理解各自的业务需求和运营特点。对此，企业可以通过定期的沟通会议、联合培训和团队建设活动来加强合作。企业还应该鼓励员工积极参与信息共享，通过激励机制和培训提高员工的信息共享意识和能力，进而确保信息共享的持续性和有效性，实现供应链的整体优化。

然而，信息共享的实施也面临着技术兼容性、数据安全和文化信任等挑战。企业需要通过持续的技术创新、标准化工作和文化建设，克服这些挑战，确保信息共享的成功实施，从而在激烈的市场竞争中获得优势。

> 专栏 4-3

捷配：打造信息共享平台

1. 企业简介

杭州捷配信息科技有限公司（以下简称捷配）成立于2015年，总部位于杭州，是一家致力于构建ECMS（电子产业协同制造超级工厂）平台的技术型企业。捷配在全国范围内建立了1个研发与运营中心、9个产业基地以及2个省级工业互联网中心。经过近8年的快速发展，捷配已成长为全球领先的电子产业协同制造生态共同体，并被浙江省列为重点培育的电商平台，同时被认定为准独角兽企业。这一成就标志着捷配在电子产业协同制造领域的创新能力和市场领导地位。

2. 以信息共享平台提高企业效率

捷配电子行业工业互联网平台专注于为电子制造领域的上下游企业提供数字化赋能与资源协同共享服务，旨在解决行业发展的核心难题。在资源协同共享方面，平台通过实施制造（订单）共享、区域产能共享、检测实验设备共享以及工业品采购服务等多种模式（见图4-12），显著提高了上游制造企业的设备使用效率，并降低了原材料成本及劳动力开支。此外，捷配平台所配套的供应链金融服务进一步助力企业减轻流动资金的压力，增强资金的流动性和使用效率，从而在整体上优化了供应链的资金管理。

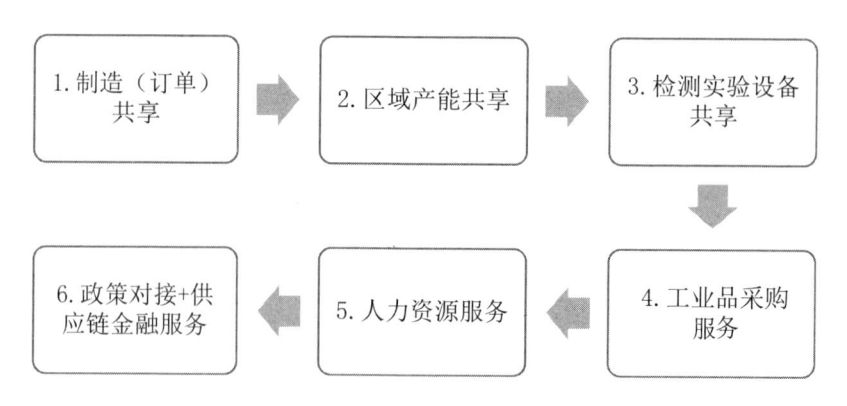

图 4-12 信息共享平台

（1）制造（订单）共享。

捷配运营多年的电子商务平台已服务全球 90 多万电子行业用户，日处理订单超过 5000 个，形成约 500 个生产订单。平台通过数据分析匹配合适的制造商，并利用数字化、自动化技术赋能，确保订单高效交付，实现了柔性平台与刚性工厂相结合的新型生产模式，提升产业效率。

（2）区域产能共享。

捷配建立了区域性产能共享平台，使传统 PCB（Printed Circuit Board，即印制电路板）制造企业能发布闲置产能，而需求方则可找到合适的加工伙伴，不仅提高了闲置产能利用率和发布方收益，还让接收方享受到更低的加工成本和更强的交付能力，实现双方共赢。

（3）检测实验设备共享。

为降低高价值但低频使用的检测和实验设备的维护成本，平台计划创建线上虚拟和线下实体共享实验室。企业可在此平台上共享设备，提供方获得经济收益，使用方则节省购置成本，实现互利共赢。

（4）工业品采购服务。

平台为企业提供集中采购服务，降低常规物料成本并稳定供应，减轻现金流压力。对于非常规物料，平台与原材料厂家合作，通过数据分析实现本地化统一备料，开放给区域内企业，降低备料风险和资金压力，确保订单按时交付。

（5）人力资源服务。

捷配创建了行业模拟示范产线，开发数字化转型培训材料，利用安徽工业互联网中心，每年举办人才培训，提升行业数字化人才和技术工人能力。同时，平台实现高端人才资源共享，使中小企业以可承受成本获得大企业专家支持，快速提升生产工艺和管理水平。

（6）政策对接＋供应链金融服务。

为缓解制造业中客户账期带来的现金流压力，平台与银行及供应链金融公司合作，提供基于核心企业上下游关系的融资服务。这使得上游供应商能提前收到货款，再投资于企业发展，提高资金周转率，减轻经营现金流压力。

3. 总结与展望

捷配通过工业互联网平台整合信息和资源，有效提升了制造业的运营效率。通过平台集中采购降低成本，共享高端人才资源提升企业竞争力，以及与金融机构合作缓解现金流压力，实现了供应链的优化。未来，捷配有望进一步深化数字化转型，利用大数据和人工智能技术提高预测准确性、优化库存管理，并通过平台的扩展服务，为制造业提供更全面的解决方案，推动整个行业的创新和发展。

第四节 供应链全流程管理的规划

一、建立供应链全流程管理目标

建立供应链全流程管理目标是供应链规划的核心环节，为供应链的实施提供了方向和依据。供应链全流程管理的目标应当反映企业的核心竞争力，支持其市场定位，并与客户需求和市场趋势保持同步。通过明确的目标，企业可以集中资源，优化供应链结构，提高供应链的效率和响应能力。

建立供应链全流程管理目标是确保供应链活动与企业战略相一致的关键步骤，具体可细分为理解企业战略、分析供应链现状、确定关键绩效指标、设定具体目标、制定实施计划 5 个步骤，如图 4-13 所示。

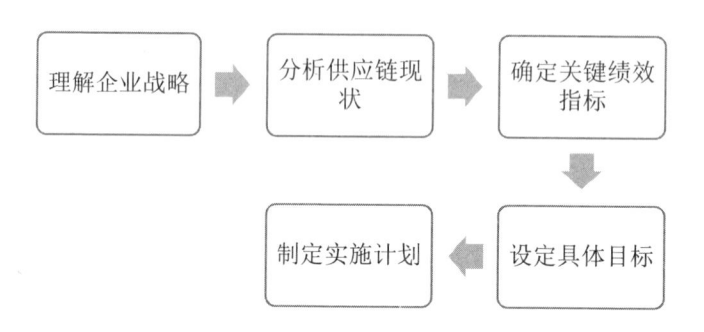

图 4-13　建立供应链全流程管理目标的步骤

1. 理解企业战略

供应链全流程管理目标的建立必须基于对企业战略的深入理解。企业战略定义了组织的长期愿景、使命和目标，为供应链管理提供了方向，供应链目标应当支持企业的战略目标，如市场扩张、产品创新、成本领导或客户服务等。理解企业战略还包括识别企业的核心竞争力,这些竞争力将直接影响供应链的设计和运作。例如,如果企业的核心竞争力在于快速创新,那么供应链目标可能包括缩短产品开发周期和提高市场响应速度。

2. 分析供应链现状

在设定供应链目标之前,企业需要对现有的供应链进行全面的分析,包括评估供应链的效率、成本、质量和服务水平,以及识别供应链中存在的瓶颈和改进机会。供应链现状分析可以通过内部审计、流程映射、成本分析和性能基准测试等方法进行。分析供应链现状的目的是确保供应链目标的设定既现实又可行,同时为供应链的持续改进提供基础。

3. 确定关键绩效指标

供应链目标的设定需要转化为可量化的关键绩效指标。这些指标应当能够反映供应链的主要活动和成果,如库存周转率、订单履行周期、准时交货率、客户满意度等。选择合适的关键绩效指标有助于企业监控供应链的绩效,评估目标的实现程度,并为决策提供数据支持。关键绩效指标的设定应当与企业战略和供应链现状分析的结果相一致。

4. 设定具体目标

在理解企业战略、分析供应链现状和确定关键绩效指标的基础上,企业可以设定具体的供应链管理目标。这些目标应当是符合 SMART 原则的,即具体的(Specific)、可衡量的(Measurable)、可实现的(Achievable)、相关的(Relevant)和有时限的(Time-bound)。例如,企业可能设定在未来一年内将库存周转率提高 10%,或者将订单履行时间缩短 20%。具体的目标有助于集中资源和精力,确保供应链团队的工作与企业的整体目标保持一致。

5. 制定实施计划

最后,企业需要制定详细的实施计划来实现设定的供应链目标。实施计划应当包括所需的资源、技术、人员和流程改进措施,还应当包括时间表、责任分配和预算。此外,企业应当建立监控和评估机制,以跟踪目标的实现进度,并根据实际情况调整计划。实施计划的成功执行需要跨部门的协作和沟通,以及管理层的支持和领导。

二、评估并选择合作伙伴

在供应链全流程管理的规划中,评估并选择合作伙伴是一个至关重要的环节。合作伙伴的选择直接影响到供应链的稳定性、效率和成本。合适的合作伙伴能够提供高质量的原材料和服务,保证生产和交付的及时性,降低运营成本,提高客户满意度。

1. 合作伙伴选择的标准

选择合适的合作伙伴对于确保供应链的稳定性、效率和成本控制具有显著影响,企业应当依照质量保证、成本效益、交货可靠性、技术与创新能力以及合作态度与文化契合度 5 个标准,来对合作伙伴进行综合评估,如图 4-14 所示。

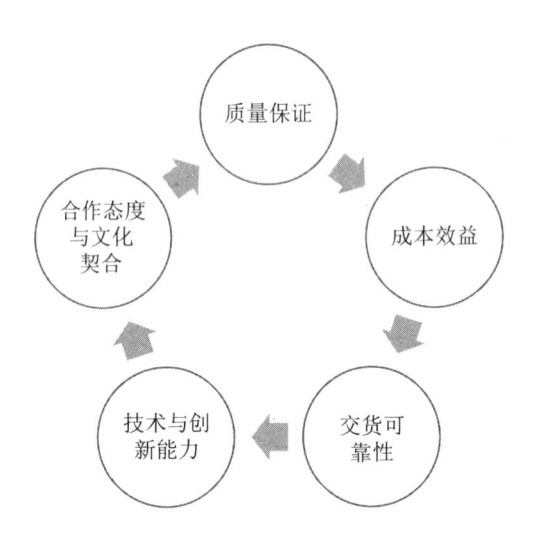

图 4-14 评估合作伙伴的标准

第一,质量保证。合作伙伴的质量保证能力是评估的首要因素。企业需要确保合作伙伴能够提供符合或超过既定标准的产品或服务,例如对原材料、生产过程、成品的严格质量控制。合作伙伴应具备相应的质量认证以及良好的质量管理体系,并且其历史业绩和客户反馈也是评估质量的重要依据。

第二,成本效益。成本效益分析是选择合作伙伴时的关键考量,企业应评估合作伙伴提供的产品或服务的成本与其价值之间的关系,具体可以通过对直接成本和间接成本的效益分析来进行,其中直接成本涉及采购价格,间接成本涉及运输费用、库存成本和潜在的质量问题导致的额外成本。企业选择的合作伙伴应能提供具有竞争力的价格,同时保证质量和服务水平。

第三,交货可靠性。交货可靠性直接影响到供应链的稳定性和企业对客户的承诺。合作伙伴应具有良好的交货记录,能够按照约定的时间和数量交付产品或服务。评估时应考虑合作伙伴的生产能力、库存管理、物流网络和应对突发事件的能力,高水平的交货可靠性能够减少供应链中断的风险,确保生产和销售活动的顺利进行。

第四,技术与创新能力。在当今快速变化的市场环境中,技术与创新能力是合作伙伴的重要评估标准。合作伙伴应具备持续改进和创新的能力,包括采用先进的生产技术、研发新产品和改进服务流程等,以适应市场需求的变化。合作伙伴的技术实力和创新能力可以帮助企业保持竞争优势,开拓新市场。

第五,合作态度与文化契合。合作伙伴的合作态度和企业文化的契合度对于建立长期稳定的合作关系至关重要,包括价值观、商业道德、社会责任等方面。合作伙伴应具有开放的沟通态度,愿意与企业共同解决问题,寻求共赢的解决方案。良好的合作态度和文化契合有助于减少合作中的摩擦,提高合作效率。

2. 合作伙伴关系的维护

合作伙伴关系的维护是一个动态的过程,它需要企业在选择合适的合作伙伴基础上,通过建立良好的沟通机制、建立互信、寻求共赢以及持续改进和创新来实现。一个稳定且高效的合作伙伴网络不仅能够提升供应链的整体性能,还能够为企业带来长期的竞争优势。

一旦确定了合作伙伴,接下来的任务就是建立和维护这种关系。首先,建立良好的沟通机制是至关重要的。企业可以召开定期的会议、报告和建立反馈系统，以确保双方能够及时了解对方的需求和期望。其次，合作伙伴之间应该建立互信，这可以通过共享信息、透明化操作和遵守承诺来实现。最后，合作伙伴关系应该基于共赢的原则，这意味着在合作中要寻求双方的利益最大化，而不是单方面的利益追求。企业可以通过提供培训、技术支持或其他增值服务来帮助合作伙伴提升能力，从而实现共同成长。

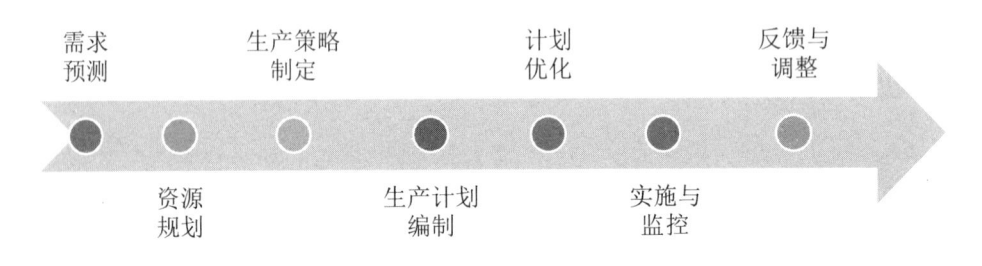

三、制定企业生产计划

制定企业生产计划是供应链管理中的关键环节，确保企业能够高效地响应市场需求，优化资源配置，降低成本，提高客户满意度。制定企业生产计划是一个系统性工程，要求企业在理解市场需求和资源能力的基础上，通过科学的方法和工具，制定出既符合市场需求又能有效利用资源的生产计划。在计划的执行过程中，企业需要具备灵活调整和快速反应的能力，以确保生产活动的顺利进行。制定企业生产计划时，具体可以分为需求预测、资源规划、生产策略制定、生产计划编制、计划优化、实施与监控、反馈与调整这 7 个步骤，如图4-15 所示。

图 4-15 制定企业生产计划的步骤

1. 需求预测

需求预测是制定生产计划的起点，即基于历史销售数据、市场趋势、季节性波动、经济指标、促销活动等因素，预测未来一段时间内的产品需求量。准确的需求预测可以帮助企业避免库存积压或缺货的情况，从而降低成本并提高客户满意度。需求预测通常采用时间序列分析、因果模型、专家意见等方法。

2. 资源规划

资源规划涉及对企业生产所需的人力、物料、设备等资源的评估和安排，企业需要充分了解自身的生产能力和资源限制，以确保生产计划的可行性。资源规划包括对原材料的采购计划、库存管理策略的制定，以及生产设备的维护和调度等。

3. 生产策略制定

生产策略的选择取决于产品特性、市场需求、企业资源和能力等因素。不同的生产策略如批量生产、定制生产、精益生产等，适用于不同的业务场景。企业需要根据自身情况选择最合适的生产策略，以提高生产效率和响应市场变化的能力。

4. 生产计划编制

在需求预测和资源规划的基础上，企业需要编制详细的生产计划，包括确定生产任务、安排生产时间表、设定生产批次和数量、分配生产线和工人等。生产计划应详细到每个工序，确保每个环节都能按时完成。

5. 计划优化

生产计划的优化旨在提高生产效率、降低成本、缩短生产周期。企业可以运用数学模型和算法，如线性规划、整数规划、模拟仿真等，对生产计划进行优化。优化过程可能涉及生产排程、库存控制、运输路线规划等方面。

6. 实施与监控

生产计划的实施需要跨部门的协调和沟通，生产部门、采购部门、销售部门等都需要根据生产计划进行相应的工作。在实施过程中，企业需要对生产进度、质量、成本等进行实时监控，确保生产活动按计划进行。监控工具如 ERP 系统、MES 系统等在此环节中会发挥重要作用。

7. 反馈与调整

生产计划不是一成不变的，而是需要根据实际执行情况和市场变化进行持续的反馈和调整。企业应建立有效的反馈机制，收集生产过程中的数据和问题，及时地对生产计划进行调整。动态调整的生产计划有助于企业快速响应市场变化，提高供应链的灵活性和韧性。

第五节 供应链全流程管理规划的执行

一、合作与协同

在供应链全流程管理中，合作与协同是确保供应链高效运作的关键，是供应链管理中不可或缺的部分，要求供应链各方在共同的战略目标下，通过信息共享、合作伙伴关系管理以及风险管理，实现资源的最优配置和供应链的高效运作。企业在供应链全流程规划的执行过程中，还需要关注 5 个关键问题，即建立共同的战略目标和愿景、促进信息共享与透明度、强化合作伙伴关系管理、实施有效的风险管理与应对策略、流程标准化与改进。

1. 建立共同的战略目标和愿景

供应链合作与协同的关键是建立共同的战略目标和愿景。共同的愿景有助于各方在面对决策时能够保持一致方向，减少内部矛盾，增强团队合作精神。对此，要求供应链中的所有参与者都要明确共同的长期目标，并且这些目标应当是可量化的，以便于跟踪和评估。

2. 促进信息共享与透明度

信息共享是供应链合作与协同的核心。供应链各方需要实时共享关键信息，包括需求预测、库存水平、生产计划、物流状态等。供应链全流程规划的执行需要企业建立一个可靠、安全的信息系统平台，如 ERP 系统或 SCM 系统，以确保信息的准确性和及时性，进而降低信息不对称，减少误解和冲突，提高供应链的响应速度和灵活性。

3. 强化合作伙伴关系管理

合作伙伴关系管理是供应链合作与协同的重要支撑，良好的合作伙伴关系能够降低交易成本，提高供应链的整体效率，具体涉及对供应商的选择、评估、发展和维护。企业需要建立一套评估体系，定期对供应商的表现进行评价，确保供应商能够满足企业的需求。同时，通过提供培训、技术支持等帮助供应商提升能力，实现共同成长。

4. 实施有效的风险管理与应对策略

供应链合作与协同面临着各种风险，如供应风险、需求风险、运输风险等。有效的风险管理要求供应链各方共同识别潜在风险，制定应对策略，并建立应急计划。具体来说，企业需要对关键供应链环节进行多元化，以减少对单一供应商或市场的依赖；建立灵活的库存策略，以应对需求波动；采用保险等金融工具，转移或减轻风险带来的损失。

5. 流程标准化与改进

合作与协同工作促进了供应链流程的标准化，使得不同企业的操作更加一致和高效。同时，合作与协同还鼓励持续改进，通过不断的反馈和调整，使供应链流程得到优化，以适应市场变化和客户需求。

> 专栏 4-4

闻泰科技：打通上下游产业链

1. 企业简介

闻泰科技股份有限公司（以下简称闻泰科技）于 2016 年通过中茵股份成功借壳实现 A 股上市，进入高速发展轨道。闻泰科技深耕 ODM 行业，不断丰富产品应用领域，已形成集半导体芯片设计、晶圆制造、封装测试以及半导体设备、光学影像、通信终端、笔记本电脑、物联网、服务器、汽车电子产品研发制造于一体的全产业链布局，迅速发展成为全球知名的半导体、光学影像及通信产品集成企业。

2. 打造资源有效交互和协同创造的产业链布局

闻泰科技自2016年借壳上市后，面对激烈的手机制造市场竞争，通过连续的并购策略扩展业务领域。这些并购均属于纵向整合，旨在通过产业链上下游的整合，切入新行业，实现全产业链布局，从而从单一的ODM业务转型为以半导体创新为主导的科技产品公司。闻泰科技的并购历程，如表4-2所示。

表4-2 闻泰科技连续并购历程

交易时间	交易标的	交易金额	标的领域	持股比例
2018年4月	合肥广芯半导体产业中心所持的安世半导体49.4亿元的LP份额	114.35亿元	半导体制造业	33.54%
2019年12月	安世集团股份	222.88亿元	半导体制造业	74.46%
2020年7月	少数股东所持的安世集团权益份额	63.34亿元	半导体制造业	98.23%
2020年9月	安世集团1.77%股权	3.66亿元	半导体制造业	100%
2021年3月	广州得尔塔影像技术有限公司100%股权以及江西品润光学有限公司拥有的相关设备	24.2亿元	光学影像制造业	100%
2021年8月	NEPTUNE 6 LIMITED100%股权	—	半导体制造业	100%

闻泰科技连续并购的目的是打通产业链上下游，实现纵向整合，实现人才和信息的共享，畅通物流和资金流动渠道。具体而言，闻泰科技是通过以下方式实现产业链资源要素整合，打造资源有效交互和协同创造的产业链布局。

（1）经营协同下的产业链整合。

在业务上，闻泰科技从手机ODM业务扩展到智能硬件、汽车电子和笔记本电脑等领域，并购后的整合实现了产业链一体化生产。客户资源方面，闻泰科技与被并购企业的客户资源互补，共同开拓新市场，降低成本，提升竞争力。技术资源上，闻泰科技通过并购获取了新的技术和研发能力，如与安世集团合作成立研究院，共同研发 SiP 模组等新产品，推动了公司的技术进步和产业升级。这些整合措施帮助闻泰科技在 5G 时代抢占先机，优化业务结构，提升了市场竞争力。

（2）管理协同下的产业链整合。

闻泰科技在并购过程中重视组织结构和人力资源的整合。为提升运营效率，公司建立了高效的商业管理和风险控制体系，并调整安世集团的组织架构，形成"3+1"治理模式，确保战略和风险的有效管控。同时，闻泰科技强调日常运营的协作，从战略到基层推进双方合作，涵盖销售、研发、采购等多个方面。在人力资源方面，闻泰科技注重吸纳研发人才，保持管理团队稳定，并通过晋升、股权激励等措施激发员工的积极性。闻泰科技还建立了全面的培训体系和股权激励计划，以吸引和留住人才，提升技术人员比例，加强研发能力，为全球化发展打下坚实基础。

（3）财务协同下的产业链整合。

闻泰科技在并购安世集团后，对财务管理进行了细致整合，调整了安世的关键绩效指标考核体系，强调利润和现金流指标，建立了严格的财务报告和风险管理制度。通过定期的财务会议和规范的投资审批流程，确保资金安全和业财融合。同时，闻泰科技构建了海外资金管理体系，实施多层次内控监管，提高资金管理效率。在税收方面，闻泰科技通过合理税收筹划降低税负，利用子公司的税收优惠政策和高新技术企业的税收减免，实现了税收成本的有效控制。

3. 总结与展望

闻泰科技成功地通过连续并购打通上下游产业链，实现产业链的有效整合，打造资源有效交互和协同创造的产业链布局，推动企业加速焕新。展望未来，闻泰科技将继续依托其在 5G、人工智能等领域的技术优势，加大研发投入，推动产品和技术创新。同时，闻泰科技将进一步拓展全球市场，特别是在新能源汽车和工业电子等高增长领域，以实现更广泛的业务布局和更稳健的增长。通过持续的产业链优化和资源整合，闻泰科技有望在全球科技产业中占据更显著的地位。

二、风险与安全

1. 主要风险与安全问题

供应链全流程规划在执行过程中，会面临多种风险和安全问题，这些问题可能会严重影响供应链的稳定性、效率和成本。具体而言，企业主要会遇到4类风险，即供应风险、物流风险、信息安全风险和合规性风险，如图4-16所示。

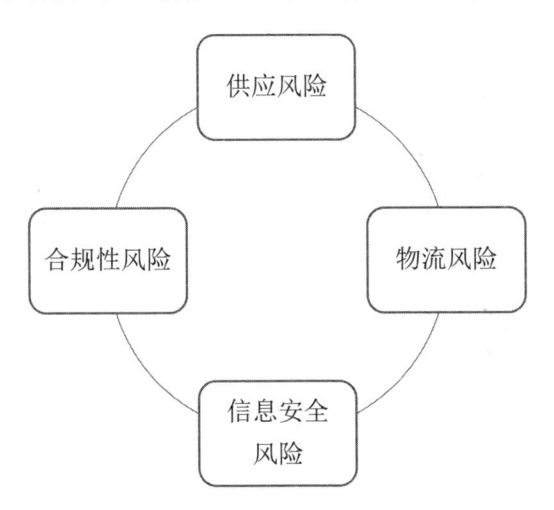

图 4-16 供应链全流程规划的风险

（1）供应风险。

供应风险主要涉及供应商的可靠性、生产能力和财务稳定性。供应商可能会因为各种原因，例如生产能力不足、技术故障、财务问题或管理层决策失误等，无法按时交付所需数量的原材料或产品。此外，供应商所在地区的政治不稳定、自然灾害或劳资纠纷等外部因素也可能导致供应中断。供应风险还可能包括原材料价格波动，这会影响企业的成本控制和利润率。

（2）物流风险。

物流风险涉及产品从生产地到消费者手中的整个运输过程，包括运输方式的选择、运输路线的规划、货物的包装和保险，以及货物在运输过程中的跟踪和管理，进而导致货物损坏、延误或丢失，影响客户满意度和企业声誉。此外，物流过程中的信息不透明也可能导致效率低下和成本增加。

（3）信息安全风险。

在数字化时代，供应链管理越来越依赖于信息技术系统，如 ERP 系统、SCM 系统等。这些系统存储了大量的敏感信息，包括客户数据、供应商信息、生产计划和财务数据。信息安全风险包括数据泄露、网络攻击、系统故障等，这些都可能导致企业机密外泄、业务中断和重大经济损失。此外，供应链中的信息不对称也可能导致决策失误和资源浪费。

（4）合规性风险。

合规性风险涉及企业在供应链管理中遵守相关法律法规的问题，包括国际贸易法规、环境法规、劳动法和知识产权法等。企业可能会因为不了解或未能遵守这些法规而面临法律诉讼、罚款或业务中断。例如，如果供应链中的某个环节使用了非法劳工或违反了环保法规，整个供应链都可能受到牵连。此外，随着全球贸易环境的变化，新的法规和政策的出台也可能对供应链造成影响。

2. 风险与安全问题的解决措施

在供应链流程规划的制定和执行过程中，企业可能会遇到以上 4 个主要的安全与风险问题，对此，企业应当采取相应的措施来优化供应链规划，以解决这些风险与安全问题。

（1）针对供应风险。

针对供应风险，企业应当贯彻执行多元化供应商的原则，建立多个供应商关系，以减少对单一供应商的依赖，并且要对供应商进行客观详尽的评估与稳定监控，定期对供应商进行财务和运营状况的评估，确保其稳定性和可靠性。在供应商层面，企业还可以采取建立备用供应商的方法，为关键物料和服务建立备用供应商名单，以应对潜在的供应中断。此外，合同管理对企业所面临的供应风险也存在一定的作用，企业需要在合同中明确交货条款和违约责任，保护企业利益。

（2）针对物流风险。

由于物流风险可能是由运输方式、路线选择、包装不当或物流合作伙伴的不可靠性引起，所以企业需要优化运输路线，选择最经济、最安全的运输路线，考虑多种运输方式的组合，并且开通货物保险，为高价值货物购买保险，以减轻潜在损失，也可以开展实时跟踪，利用 GPS 和其他跟踪技术监控货物运输状态，确保及时响应。同时要优化物流合作伙伴，选择信誉良好的物流合作伙伴，并与其建立长期合作关系。

（3）针对信息安全风险。

信息安全风险涉及客户数据、供应商信息、生产计划和财务数据等敏感信息的保护，对此，企业可以从数据加密、访问控制、安全审计、员工培训 4 个方面开展工作。第一，对敏感数据进行加密处理，可以确保数据在传输过程中的安全；第二，企业实施严格的访问控制策略，限制对敏感信息的访问，可以进一步保障信息安全，规避信息安全风险；第三，企业需要定期进行安全审计，发现并修复潜在的安全漏洞；第四，企业要对员工进行信息安全意识培训，提高他们对网络钓鱼、恶意软件等威胁的认识，以此更加全面地保障企业信息安全。

（4）针对合规性风险。

合规性风险涉及企业在供应链管理中遵守相关法律法规的问题，如不遵守这些法律法规，可能会导致法律诉讼、罚款或业务中断。因此，企业需要为员工提供合规性培训，确保他们了解相关法律法规。在培训员工相关观念和了解学习程度的同时，还需要建立合规监控机制，定期检查供应链活动是否符合法规要求。从供应链角度来说，企业需要提高其透明度，确保所有环节的操作都能够追溯和验证。此外，在涉及复杂法规的决策时，企业一定要寻求专业法律咨询。

三、利益与分配

企业供应链流程规划的执行过程中，利益与分配扮演着至关重要的角色。利益与分配不仅关系到供应链各参与方的经济回报，还影响到供应链的稳定性、效率和长期合作关系。

1. 利益与分配的关键意义与作用

利益与分配不仅关系到供应链各方的经济利益，还影响到供应链的稳定性、效率、创新能力和社会责任。企业在制定供应链规划时，应充分考虑利益与分配的公平性和合理性，以确保供应链的长期健康发展。通过建立有效的利益与分配机制，企业可以促进供应链各方的合作，共同应对市场挑战，实现可持续发展。

（1）激励与合作。

利益与分配机制是激励供应链各方合作的关键因素。合理的利益分配能够确保所有参与方，包括供应商、制造商、分销商和零售商等，都能从供应链的运作中获得相应的经济利益。激励有助于提高各方的积极性，促进他们更加主动地参与到供应链的优化和改进中，从而提高整个供应链的效率和响应速度。

（2）风险分担。

供应链中的每个环节都存在一定的风险，如供应风险、物流风险、信息安全风险等，而利益与分配机制可以帮助各方合理分担这些风险。例如，通过合同条款，可以约定在特定风险发生时各方应承担的责任和损失，这种风险分担机制有助于降低单一企业的风险承担，增强供应链的整体抗风险能力。

（3）长期合作关系的建立。

在供应链中，长期稳定的合作关系对于降低交易成本、提高供应链的透明度和灵活性至关重要。利益与分配的公平性直接影响到各方是否愿意长期合作，当供应链各方感到自己的利益得到了公正的对待，他们更可能与合作伙伴建立长期的信任关系，共同面对市场变化，实现共赢。

（4）创新与竞争力提升。

合理的利益分配可以激发供应链各方的创新动力，不仅能够提高供应链的整体效率，还能够提升企业在市场上的竞争力。例如，通过利润分享或奖励机制，可以鼓励供应商开发新技术、提高产品质量或优化生产流程。

（5）应对市场变化。

市场环境的不断变化要求供应链具有高度的灵活性和适应性，利益与分配机制可以帮助供应链快速响应市场变化。在需求增加时，可以通过调整分配比例，激励供应商增加产量；在需求减少时，可以通过降低分配比例，鼓励供应商减少库存，以降低整个供应链的成本。

（6）社会责任与可持续发展。

在当今的商业环境中，企业越来越重视社会责任和可持续发展。利益与分配机制可以促进供应链各方在环境保护、社会公正等方面达成共识。例如，通过设立环保奖励或社会责任基金，鼓励供应链各方采取环保措施，提高劳动条件，从而实现供应链的可持续发展。

2. 利益分配的关键举措

合理的利益分配机制能够确保供应链各方的利益得到平衡，促进合作，提高整体供应链的效率和竞争力。在供应链流程规划的执行过程中，企业应当通过明确利益相关方、设计公平的利益分配机制、建立绩效评估体系、制定风险管理与应对策略、持续沟通与调整、培养长期合作关系以及考虑社会责任与可持续发展等，来做好利益与分配。这不仅有助于提高供应链的整体效率和竞争力，还能够促进供应链的稳定和可持续发展。

（1）明确利益相关方。

企业需要识别供应链中所有的利益相关方，包括供应商、分销商、零售商、物流服务提供商等，了解各方的角色、贡献以及期望的回报是制定合理分配策略的基础。企业应当与各方进行沟通，明确各自的商业目标和预期，确保利益分配方案能够满足各方的基本需求。

（2）设计公平的利益分配机制。

企业应当设计一个公平、透明且可持续的利益分配机制，通常涉及利润分享、成本分担、风险共担等方面。例如，对于供应商，企业可以与其协商，根据原材料价格波动、市场需求变化等因素，动态调整采购价格；对于分销商和零售商，可以设定销售目标奖励、市场推广支持等激励措施。

（3）建立绩效评估体系。

为了确保利益分配的合理性，企业需要建立一套绩效评估体系，对供应链各方的表现进行量化评估，包括供应商的交货准时率、产品质量、成本控制等指标，以及分销商和零售商的销售业绩、市场反馈等。绩效评估结果应当作为利益分配的重要依据。

（4）制定风险管理与应对策略。

供应链中的不确定性和风险需要通过合理的利益分配来管理控制。在发生市场波动、自然灾害等不可预测事件时，利益分配机制应当能够确保各方共同承担风险，减轻单一企业的负担。企业应当与各方共同制定风险应对策略，如建立风险基金、保险机制等。

（5）持续沟通与调整。

利益分配不是一成不变的，企业需要根据市场变化、供应链效率、成本结构等因素，定期对利益分配方案进行评估和调整，持续的沟通是确保各方利益得到平衡的关键。企业应当定期与供应链各方举行会议，讨论市场趋势、成本变化、分配效果等，及时调整分配策略。

（6）培养长期合作关系。

利益分配的最终目的是建立长期稳定的合作关系。企业应当通过利益分配促进供应链各方的共同成长，包括提供培训、技术支持、市场信息共享等，帮助供应链各方提升能力，实现共赢。

（7）考虑社会责任与可持续发展。

在利益分配中，企业还应当考虑社会责任和可持续发展，包括确保供应链中的劳动条件符合国际标准、环境保护措施得到执行，以及支持当地社区发展等。通过这种方式，企业不仅能够提升自身的品牌形象，还能够促进供应链的整体可持续发展。

> 章末案例

小鹏汽车：从容应对供应链危机与挑战

1. 企业简介

小鹏汽车是广州橙行智动汽车科技有限公司旗下的互联网电动汽车品牌，成立于 2014 年，总部位于广州，是中国领先的智能电动汽车公司。小鹏汽车创始人是互联网公司 UC 的 CEO，团队主要来自世界各地的知名互联网科技企业和汽车零部件制造公司。小鹏汽车的主营业务是销售汽车充电模块，搭建充电网体系，制造、安装以及管理新能源汽车充电桩，投资研发整车制造和自动驾驶技术，设计、零售及批发汽车零配件，销售、修理和维护等。小鹏汽车在美国硅谷及中国北京、上海、广州均设立有研发设计中心，现有员工 4000 多人。

2. 市场环境分析

小鹏汽车所做的市场环境分析，如图 4-17 所示。

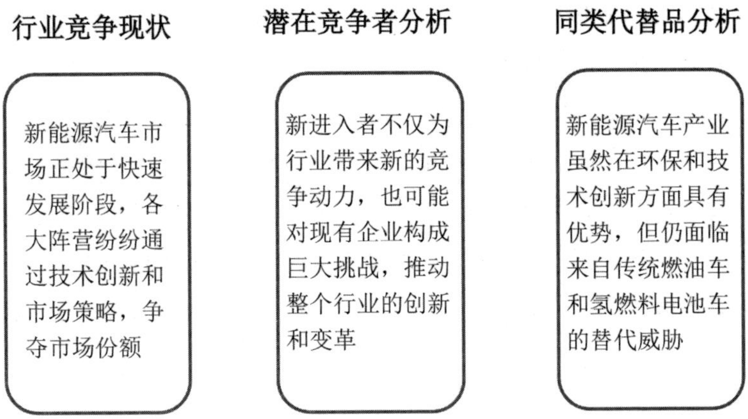

行业竞争现状	潜在竞争者分析	同类代替品分析
新能源汽车市场正处于快速发展阶段，各大阵营纷纷通过技术创新和市场策略，争夺市场份额	新进入者不仅为行业带来新的竞争动力，也可能对现有企业构成巨大挑战，推动整个行业的创新和变革	新能源汽车产业虽然在环保和技术创新方面具有优势，但仍面临来自传统燃油车和氢燃料电池车的替代威胁

图 4-17　市场环境分析

（1）汽车行业竞争现状。

新能源汽车市场由四大阵营构成：豪华电动车、合资电动车、自主电动车和新势力电动车。豪华品牌如奔驰和奥迪拥有强大的技术储备和品牌影响力，正逐步推进全面电动化战略；合资品牌如广汽丰田和东风日产凭借三电技术和供应链优势，正加速本土化发展；自主品牌如比亚迪在电池技术和电动平台上有深厚的积累，销量领先，同时上汽、广汽、长安等也在推出高端新能源品牌；新势力品牌如蔚来、理想和哪吒通过精准的市场定位和技术创新，实现了快速增长，华为、小米等科技巨头的加入预示着未来竞争将更趋激烈。整体而言，新能源汽车市场正处于快速发展阶段，各大阵营纷纷通过技术创新和市场策略，争夺市场份额。

（2）潜在竞争者分析。

潜在竞争者对新能源汽车产业构成显著威胁，他们可能来自初创企业或其他行业的跨界竞争者，带来新的资本、资源和技术，加剧市场竞争。随着"双碳"目标的推进和国家政策的鼓励，新能源汽车行业的进入壁垒降低，吸引了众多新企业加入。特别是3C领域的企业，凭借在自动驾驶算法和物联网技术上的优势，正强势进入新能源汽车市场。

小米集团的加入尤其引人注目，其计划在未来十年投入100亿美元，并已建立了规模庞大的自动驾驶研发团队，目标是在2024年进入自动驾驶行业的领先行列。小米汽车的技术配置和量产计划显示了其对市场的雄心壮志，预计将在新能源汽车市场中产生重大影响。这些新进入者不仅为行业带来新的竞争动力，也可能对现有企业构成巨大挑战，推动整个行业的创新和变革。

（3）同类代替品分析。

新能源汽车产业虽然在环保和技术创新方面具有优势，但仍面临来自传统燃油车和氢燃料电池车的替代威胁。尽管新能源汽车销量持续增长，其在国内汽车市场的占比仍相对较小，传统内燃机车辆因其成熟的工业规模和广泛的消费者基础，仍然是新能源汽车的主要竞争对手。新能源汽车企业需要通过技术创新和供应链优化来提升竞争力。

氢燃料电池车以其零排放的特性被视为未来潜在的替代品，但高成本限制了其市场化进程，目前对新能源汽车的威胁较小。此外，公共交通如地铁、公交和共享单车等低碳出行方式在年轻人中受到推崇，但由于体验和适用性的限制，这些出行方式暂时无法取代新能源汽车。因此，新能源汽车产业在面对替代品威胁时，仍需不断进步和创新，以巩固和扩大市场份额。

3. 面对供应链危机与挑战

（1）原材料上涨，外部供应链不稳定。

小鹏汽车在 2020—2022 年间面临了原材料成本上涨和外部供应链不稳定的双重挑战，多重因素导致了新能源汽车关键原材料和芯片价格的持续攀升。特别是动力电池，作为新能源汽车的核心组件，其价格在一年内上涨超过 50%。这一价格上涨直接影响了小鹏汽车的生产成本，迫使公司调整在售车型的售价以维持利润。同时，原材料供应的不稳定也导致了小鹏汽车工厂的生产计划受阻，进而影响了整车的交付时间。整车交付延迟的现象逐渐成为小鹏汽车需要解决的问题。这些挑战不仅考验了小鹏汽车的成本控制和供应链管理能力，也对整个新能源汽车行业的稳定性和可预测性提出了更高的要求。

（2）依赖外资或进口，产业供应链体系不完善。

作为中国新能源汽车行业的重要参与者，小鹏汽车见证了该行业及广东地区新能源汽车产业链和供应链的快速构建。尽管行业整体呈现出蓬勃发展的态势，但供应链的整体脆弱性问题依然凸显，尤其是在抵御风险的能力方面。供应链的关键环节，例如车载芯片、部分电池材料和电机电控系统，目前仍在较大程度上依赖进口，这揭示了供应链体系的不完整性。

在自动驾驶技术与新能源汽车技术融合加速的当下，对高性能芯片的需求激增。然而，外界多重因素均对全球芯片供应链造成了显著影响，加剧了芯片供应的紧张状况，并对车机芯片的国产化努力构成了挑战。此外，新能源汽车的核心部件，如驱动电机和控制器，在技术水平上呈现出不均衡的发展态势，同时存在对外资企业产品和技术的过度依赖。这种依赖不仅导致了结构性的产能过剩问题，也使得高端产能的不足成为潜在风险。因此，提升供应链的自主性和弹性，对于新能源汽车行业的持续健康发展至关重要。

小鹏汽车在追求快速发展的同时，需要关注并解决供应链中的这些薄弱环节，减少对外资或进口的依赖，提升供应链的整体抗风险能力，以确保产业的稳定和可持续发展。

4. 应对危机的重要举措

（1）优化供应链管理部门。

小鹏汽车为了应对供应链的复杂性和不断增长的管理难度，采取了一系列优化措施。面对超过340家直接供应商以及可能涉及的500多家二级供应商，小鹏汽车意识到供应链管理的重要性，并开始从新车型规划阶段就全面介入，支持研发、制造和量产的整个流程。

小鹏汽车建立了一个全面的供应链管理部门，这个部门不仅负责订单发放和成本控制，还涉及过程管控和后期的OTA（Over The Air-technology，即空中下载技术）升级。全链条的管理方法确保了从研发到生产再到售后服务的一致性和效率。小鹏汽车的供应链管理不再局限于量产后的环节，而是向前延伸到车型规划和供应商配合研发，确保了供应链的稳定性和产品的持续优化。

通过深度参与和全过程供应链管理，小鹏汽车能够更好地应对市场变化和潜在的供应链风险，同时也提升了与供应商的合作效率和产品质量。全链条的供应链管理模式，预示着未来汽车制造商在团队建设和组织能力建设方面的一个重要趋势。

（2）提升供应链管理人员能力。

为了应对供应链管理的新挑战，小鹏汽车相应地提升其供应链管理人员的能力，这些人员不再仅仅是采购者，而是需要具备推动产品创新的动力和能力。小鹏汽车的许多供应链管理人员实际上是由研发人员转型而来，这样的背景赋予了他们对技术的深刻理解和对行业趋势的敏锐判断力。这种转型不仅增强了供应链团队的技术理解力，还激发了他们在供应链管理中的创新精神。因此，小鹏汽车的供应链管理团队能够更有效地支持公司的整体战略，同时促进产品和服务的持续改进与创新。

（3）柔性供应链和精益库存管理的平衡。

小鹏汽车认识到，在面对市场和供应链的不确定性时，单纯追求零库存模式的效率和成本优势是不够的，实际上，这种模式缺乏应对突发事件的缓冲能力。小鹏汽车内部就曾经历过原材料囤积与工厂成本控制之间的冲突，这一事件凸显了在柔性供应链与精益库存管理之间找到平衡点的重要性。

小鹏汽车的高层管理团队意识到,虽然外界某些危机可能导致原材料短缺,但不能因此过度囤积,同时也不能维持一个完全没有抗冲击能力的库存状态。因此,小鹏汽车正在寻求在柔性供应链和精益库存管理之间找到一个合理的平衡,以确保既能保持运营效率,又能有足够的弹性应对未来的不确定性。

柔性供应链和精益库存管理的平衡不仅需要理念上的认同,还需要智慧和策略上的创新。小鹏汽车预计,在未来几年,供应链的短缺状态可能仍将持续,因此,高层管理者将持续关注并优化柔性供应链和精益库存管理的平衡,将其作为公司长期战略的一个重要课题。通过柔性供应链和精益库存管理的平衡,小鹏汽车旨在构建一个既能快速响应市场变化,又能抵御外部冲击的供应链体系。

5. 总结与展望

小鹏汽车面临激烈的市场竞争环境,认识到供应链管理在当前环境下的重要作用,因而在这方面采取了一系列措施以应对行业挑战和市场变化。面对原材料成本上涨和供应链不稳定的问题,小鹏汽车通过优化供应链管理人员的能力、实现柔性供应链与精益库存管理的平衡,以及提升对上游原材料市场的敏感度和应对策略,增强了供应链的抗风险能力。小鹏汽车还强调供应链管理人员的技术理解力和行业趋势判断力,以推动供应链的自主创新。未来,小鹏汽车会继续关注供应链的长期稳定和效率优化,同时加大对关键技术如电池和芯片的研发投入,减少对外部供应商的依赖,从而在竞争激烈的市场中保持领先地位。此外,小鹏汽车可以探索更多与供应商的战略合作,共同应对全球供应链的不确定性,确保供应链的稳定和可持续发展。

第五章

供应链全流程管理变革

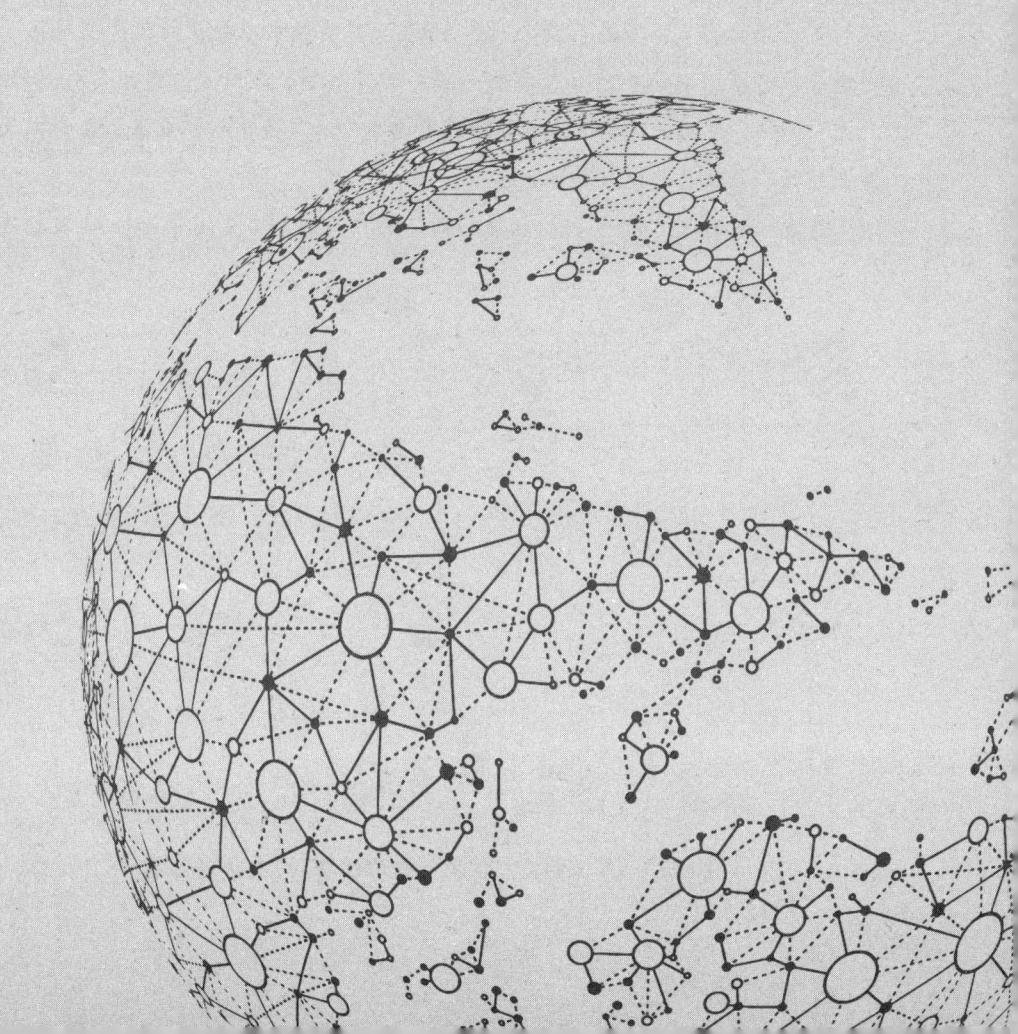

开篇案例

易流科技：科技仓配一体数字化透明管理

1. 企业简介

深圳市易流科技股份有限公司（以下简称易流科技）是我国领先的供应链物流数字化服务运营商，致力于构建供应链物流行业数字化的基础设施，助推物流产业数字化转型。作为物流透明理论的提出者和践行者、物流透明服务专家，易流科技已为全国4万多家物流企业和3000多家货主企业提供物流透明服务。公司总部位于深圳，研发中心在西安，在北京、上海、广州、沈阳、青岛、太原、杭州、南京、郑州、成都、东莞等地设有办事处和服务中心，业务覆盖全国及周边亚洲国家、欧美部分国家和地区。

易流科技通过"软硬一体 物流协同"的产品理念（见图5-1），实现物流基

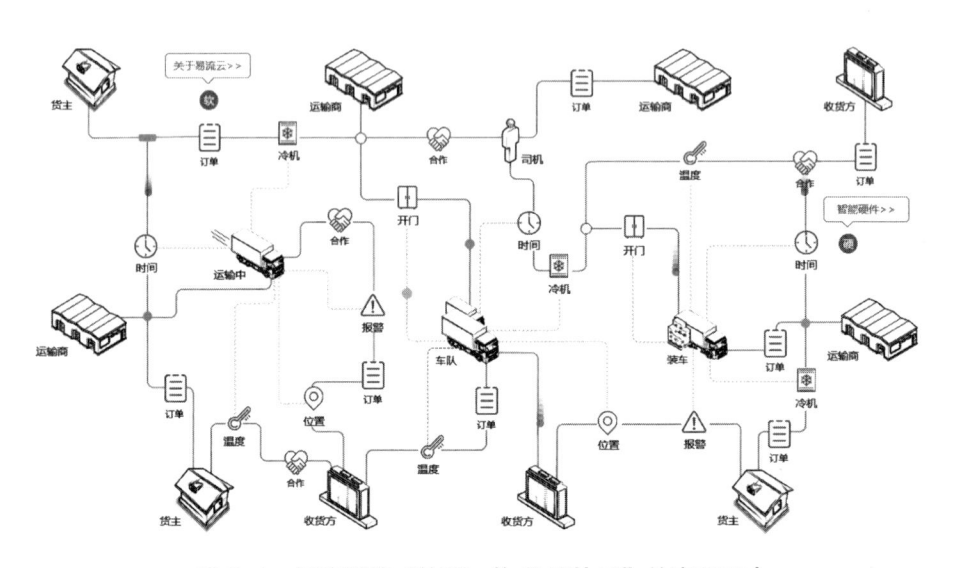

图5-1 易流科技"软硬一体 物流协同"的产品理念

础设施的物联网化、供应链全链条的数字化和物流全场景的智能化，从而打造物流透明生态体系，使物流和供应链领域内的企业实现安全、效率、低成本的价值提升。

2. 数字化基础设施建设

易流科技强调构建供应链物流行业的数字化基础设施是其核心战略目标。易流科技通过构建物流实时可视平台和 IoT-PaaS（IoT 为 Internet of Things 的缩写，意为物联网；PaaS 为 Platform as a Service 的缩写，意为平台即服务）平台，实现了物流运输的全程数字化管理，提升了物流效率和安全性。同时，通过数据的智能分析和应用，平台为企业提供了强大的数据驱动能力，帮助企业在供应链物流领域实现更高效、更智能的运营。数字化基础设施的建设，不仅为易流科技自身的发展奠定了坚实的基础，也为整个供应链物流行业的数字化转型提供了有力的支持和推动。

（1）物流实时可视平台的构建。

易流科技推出的物流实时可视平台是其数字化基础设施建设的核心组成部分。该平台旨在通过信息化手段实现物流运输全流程的数字化管理，从而提升物流透明度和效率。

首先是订单管理的数字化。平台通过 API 中心集成多渠道、多系统，实现了订单管理的数字化。这意味着从接单、配载到运力调度的各个环节都可以在系统中实时监控和管理，调度工作变得可视化，大大提升了效率和准确性。

其次是在途监控的智能化。通过物联网设备，如车载定位和温湿度传感器，平台能够实时监控货物的位置和状态。这些设备采集的数据被上传至数字大屏，实现了物流运输全程的可视化管理。此外，平台还能够结合开放数据平台和算法进行预警和预测，进一步提升物流安全性和可靠性。

最后是签收与结算的自动化。易流科技的平台升级了 EPOD（企业平台按需应变）系统，实现了无纸化签收。这不仅提高了签收效率，还通过第三方权威机构和区块链技术保障了交接的真实性和可追溯性。同时，平台的结算功能也实现了自动化，简化了财务流程，降低了人为错误和操作成本。

（2）IoT-PaaS 平台的数据驱动能力。

易流科技的 IoT-PaaS 平台是其数字化基础设施建设的另一个重要支柱。该平台通过提供设备接入、设备建模、设备生命周期管理、数据统一建模和治理、数据分析工具、数据 AI 等六大核心能力，使得数据能够为运营人员和实际场景的应用提供有力支撑。IoT-PaaS 平台能够连接各种物联网设备，并进行有效管理，包括从传统的冷链车辆监控设备到新型的环境传感器等。通过开放的硬件生态，平台支持更多场景的落地，为物流 SaaS 解决方案提供了强大的硬件支持。通过统一的设备管理和运维平台，易流科技的 IoT-PaaS 平台提升了用户的服务能力。未来，该平台还将通过 PaaS 能力开放共建，与更多的开发者和生态伙伴合作，将设备和数据服务赋能到供应链物流的全场景中，进一步推动行业的数字化转型。

3. 分布式治理与协同

易流科技通过推动分布式治理与协同，帮助企业应对供应链中的复杂性和不确定性，实现供应链的高效运转和优化管理。通过仓运智能协同平台的应用和供应链协同与数据共享的机制，易流科技不仅提升了供应链的透明度和响应速度，还促进了供应链各参与方之间的紧密合作，共同构建了一个更加稳健和高效的供应链网络。

（1）分布式结构的供应链特点。

随着全球化的不确定性增加，供应链的分布式结构特点变得越来越显著。易流科技认识到，未来的供应链将更加注重本地化和短链化布局，以提高抗风险能力。在此背景下，易流科技提出了适应分布式发展方向的战略，旨在帮助企业构建更加灵活和高效的供应链网络。

第一，本地化与短链化。易流科技鼓励企业加强本地化供应链的建设，减少对远程供应商的依赖，从而提高供应链的稳定性和响应速度。通过短链化，企业能够更快地响应市场变化，减少供应链中断的风险。

第二，分布式治理。在分布式结构中，供应链的管理和协同变得更加复杂。易流科技通过其平台提供的分布式治理工具，帮助企业实现跨区域、跨组织的供应链管理，确保信息流、物流和资金流的高效协同。

（2）仓运智能协同平台的应用。

易流科技的仓运智能协同平台是实现仓储与运输作业高效协同的关键工具。该平台通过智能化的物联网设备和算法，打通了仓储和运输环节的信息壁垒，实现了供应链的秩序化、可视化和数字化。平台通过智能算法和策略规则，动态调整和优化仓储与运输作业，确保货物在供应链中的高效流转。通过实时数据采集和分析，平台能够预测和解决潜在的物流瓶颈，提升整体供应链效率。仓运智能协同平台还利用大数据分析和人工智能技术，为企业提供决策支持，包括库存管理、运输路线规划、成本控制等方面的智能优化建议，帮助企业实现更精细化的供应链管理。

（3）供应链协同与数据共享。

易流科技强调供应链协同的重要性，并提供了一系列的工具和平台来促进供应链各参与方之间的数据共享和业务协同。

首先是数据共享机制。通过建立统一的数据标准和共享机制，易流科技的平台使供应链上的各个企业都能够实时共享关键信息，如库存状态、物流进度、市场需求等。这种透明度的提升有助于各参与方更好地协同工作，减少信息不对称带来的风险。

其次是业务协同平台。易流科技提供的业务协同平台支持供应链上的企业进行跨组织的协作，如共同规划生产、共享物流资源、协同应对市场变化等。这种协同不仅提高了供应链的响应速度，还有助于降低整体运营成本。

最后是开放的生态系统。易流科技致力于构建一个开放的供应链生态系统，通过与各类合作伙伴的紧密合作，不断扩展其服务范围和能力。这种开放性使得更多的创新解决方案能够被整合到供应链管理中，进一步提升整个供应链的竞争力。

4. 食品安全与冷链物流的数字化转型

易流科技通过建立食品安全数智平台和推动冷链物流的智能化与绿色化，不仅提高了食品安全管理水平，也为冷链物流行业的可持续发展树立了新的标杆。这些措施在保障消费者食品安全的同时，也为食品供应链的高效运作和环境友好型发展提供了有力支持。

（1）食品安全数智平台的建立与应用。

易流科技推出的11AN数智平台是其在食品安全领域的核心产品，该平台通过整合物联网技术、大数据分析和云计算等先进技术，实现了食品安全的全链条监管和追溯。平台的核心在于能够实时监控食品在生产、加工、运输和销售各个环节的状态，确保食品品质和安全。通过高精度的传感器和监控设备，平台能够对冷链车辆和仓储环境进行实时数据采集，包括温度、湿度等关键参数，确保食品在整个供应链中始终处于符合安全标准的环境下。此外，平台还提供了基于区块链技术的追溯系统，增强了食品信息的透明度和可信度，消费者和监管机构可以通过平台追踪食品的来源和流通路径，有效预防食品安全事故的发生。

（2）冷链物流的智能化与绿色化。

易流科技在冷链物流方面进行了深入的数字化改造，通过智能化和绿色化措施提升了冷链物流的效率和环保性。易流科技利用物联网技术对冷链车辆和仓储设施进行升级，使其具备智能监控和自动调节的能力，从而确保食品在运输和存储过程中的温度控制精确无误。通过优化运输路线和提高冷藏设备的能效，易流科技不仅降低了物流成本，还减少了碳排放，实现了经济效益与环境保护的双赢。同时，易流科技还积极推广使用环保材料和可循环利用的包装，进一步降低了冷链物流对环境的影响。

5. 总结与展望

易流科技通过构建数字化基础设施、推动分布式治理与协同以及深化食品安全与冷链物流的数字化转型，为供应链物流行业提供了全面的数字化解决方案，帮助企业提升竞争力并应对未来的挑战。未来，易流科技将继续深化分布式治理与协同，强化数据驱动的供应链优化，同时推动环保和可持续发展实践，引领行业向更加高效、智能、绿色的方向发展。

第一节　智慧变革：资源配置的优化

在信息化、网络化和数字化重塑全球格局的背景下，刘大成（2021）对智慧供应链进行了层次化的梳理，提出了一个四层次的框架，即功能内的资源配置优化、功能间的资源配置优化、供应链上下游企业间的资源配置优化、平行产业链或并行供应链之间的资源配置优化。

一、功能内的资源配置优化

智慧供应链的第一个层次——功能内的资源配置优化，侧重于供应链内部各单一功能领域的资源分配与优化。这一层次的优化工作涉及对供应链中特定功能模块的精细化管理，例如在运输管理中送奶线路的优化问题（即数学规划领域中著名的"旅行商问题"）以及在仓储管理中多级库存的优化问题。随着科技的不断进步，这些优化活动正逐渐向更加定量化和精确化的方向发展。作为智慧供应链的基石，功能内的资源配置优化要求企业在仓储、运输、生产计划等关键环节中实现资源的高效和经济使用，为整个供应链的智能化和高效运作奠定坚实的基础。通过引入先进的管理方法、信息技术和自动化设备，企业能够提升供应链的效率和响应能力，降低成本，提高客户满意度。随着技术的不断进步，功能内的资源配置优化将更加智能化、自动化，为供应链管理带来革命性的变化，具体包括仓储管理、运输管理、生产计划以及信息技术应用的优化，如图5-2所示。

```
        仓储管理        运输管理
          优化            优化

        生产计划        信息技术
          优化          应用优化
```

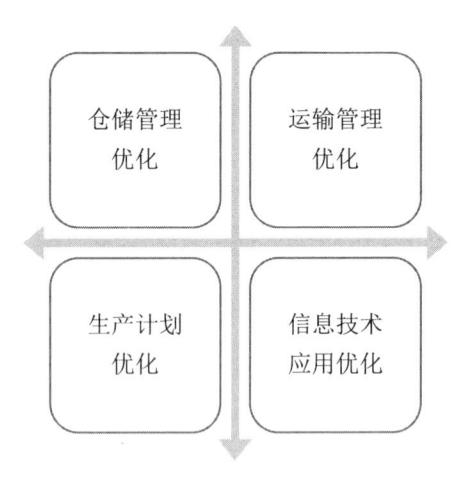

图 5-2　功能内的资源配置优化

1. 仓储管理优化

仓储是供应链中的关键环节，涉及货物的存储、保管、分拣和配送等活动。功能内的资源配置优化在仓储管理中表现为对库存水平、货物摆放等方面的优化。在库存水平优化方面，企业可以通过需求预测、安全库存设置、库存周转率等指标合理控制库存水平，减少资金占用和仓储成本。在货物摆放策略方面，采用先进的货物摆放算法，如基于 ABC 分类的货物摆放、最短路径算法等，提高存取效率。此外，企业还可以提高内部自动化与智能化水平，引入自动化设备和智能系统，如自动化立体仓库、机器人拣选系统等，提升仓储作业的效率和准确性。

2. 运输管理优化

运输管理优化是供应链管理的重要组成部分，它要求企业在运输路线规划、运输方式选择和运输资源管理等方面进行精细化管理。通过应用先进的优化算法、实时信息系统和有效的资源调度策略，企业可以显著提升运输效率，降低物流成本，增强市场竞争力。随着信息技术的发展，运输管理优化将更加智能化、自动化，为企业带来更大的运营效率和成本节约。

（1）运输路线优化。

运输路线优化是运输管理中的核心问题，涉及如何规划车辆的行驶路径，以实现成本最低化、时间最短化和效率最大化。这一过程通常需要解决著名的"旅行商问题"或其变体，如"车辆路径问题"。为了解决复杂的路线规划问题，可以应用多种算法，包括启发式算法（如遗传算法、蚁群算法、模拟退火算法等）、精确算法（如分支定界法、线性规划等）以及混合算法。这些算法可以帮助企业在有限的时间内找到近似最优解。企业还可以进行实时导航与调整，利用GPS技术和实时交通信息系统，根据实时路况调整运输路线，避免拥堵和延误，提高运输效率。与此同时，在处理多目的地运输任务时，企业需要考虑车辆的载重限制、时间窗口约束以及服务要求，通过优化算法合理安排停靠顺序和时间。

（2）运输方式选择。

运输方式的选择取决于货物的特性、运输距离、成本预算和客户需求。企业需要在不同的运输方式之间做出权衡，以实现最佳的运输效果。不同的运输方式（如公路、铁路、水运、空运）具有不同的成本和效率特点，企业需要权衡成本与利润，根据货物的紧急程度、体积、重量和价值来选择最合适的运输方式。同时，为了充分利用各种运输方式的优势，企业可以采用多式联运，即在一次运输过程中结合使用两种或多种运输方式。这种方式可以降低成本、提高运输灵活性，并减少对单一运输方式的依赖。

（3）运输资源管理。

运输资源管理涉及车辆、司机、运输设备等资源的有效配置和利用，良好的资源管理可以提高运输效率，降低运营成本。对此，企业需要合理调度车辆，确保每辆车都能充分利用，避免空驶和过度使用，对车辆的行驶路线、载重能力、维护周期等进行精确管理。同时，要做好司机管理，合理安排司机的工作时间和休息时间，确保运输安全和效率，通过培训和激励措施提高司机的专业技能和工作积极性。此外，企业需要定期对运输设备进行维护和检查，确保其处于良好的工作状态。这不仅关系到运输安全，也直接影响到运输成本。

3. 生产计划优化

生产计划优化是企业提高生产效率、降低成本、增强市场响应能力的关键。在供应链管理中，生产计划的优化涉及对生产活动的时间安排、资源分配、产品组合以及生产量的精确控制，具体分为3个方面：生产排程优化、生产资源配置和生产流程改进，如图 5-3 所示。

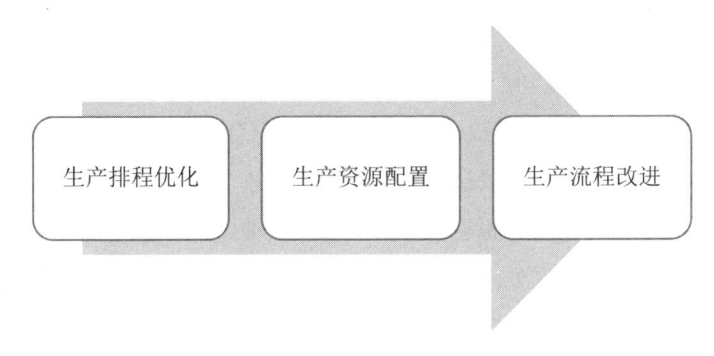

图 5-3　生产计划优化

（1）生产排程优化。

生产排程优化是确保生产活动有序进行的基础，涉及如何在有限的生产资源下安排生产任务以满足市场需求和交货期限。准确的需求预测是生产排程的前提，企业需要分析历史销售数据、市场趋势、季节性因素等，预测未来一段时间内的产品需求。同时，企业可以应用先进的排程算法，如作业车间排程问题、流水作业排程问题等，以实现生产任务的最优安排。这些算法可以帮助企业在满足交货期限的同时，最小化生产成本和等待时间。此外，生产排程不是静态的，它需要根据实际生产情况和市场变化进行动态调整。企业应建立灵活的排程机制，以应对紧急订单、设备故障、原材料短缺等突发情况。

（2）生产资源配置。

生产资源配置涉及如何合理分配生产过程中的人力、物料、设备等资源，以提高资源利用率和生产效率。对此，企业可以合理安排员工的工作时间和任务分配，确保生产线上有足够的劳动力，通过培训和激励措施提高员工的技能和工作效率；实施有效的物料管理系统，如准时制生产，以减少库存成本和避免生产中断，同时确保原材料和半成品的及时供应，以支持生产计划的执行；定期对生产设备进行维护和检修，确保设备的稳定性和可靠性。通过预防性维护减少设备故障率，合理安排设备的使用和闲置时间。

（3）生产流程改进。

生产流程改进旨在通过持续改进生产方法和工艺，提高生产质量和效率。企业可以采用精益生产原则，消除生产过程中的浪费，如过度生产、等待、运输、过程复杂性等，通过持续改进实现生产流程的优化。同时，企业可以引入自动化设备和数字化技术，如机器人、智能制造系统等，提高生产效率和质量控制水平，减少人为错误，提高生产速度和一致性。此外，企业还可以建立严格的质量管理体系，如 ISO 9001 标准，确保产品质量符合客户要求，减少返工和退货，提高客户满意度。

4. 信息技术应用

信息技术是实现功能内资源配置优化的重要工具。通过信息系统的集成和数据分析，企业能够实现供应链各环节的实时监控和智能决策。首先，企业可以利用 ERP 系统，该系统集成了供应链管理的各个模块，提供实时数据支持，帮助企业优化资源配置；其次，企业可以利用大数据技术，分析历史数据和市场趋势，为生产计划、库存管理、运输调度等提供决策支持；最后，企业可以合理利用云计算与物联网，云计算提供了强大的数据处理能力，物联网技术则实现了设备和系统的互联互通，能够共同提升企业供应链的智能化水平。

二、功能间的资源配置优化

智慧供应链的第二个层次是功能间的资源配置优化，如大数据、云计算等支持的"以运分储""以储代运"等，仅仅是通过定性优化其收益就远超第一个层次的优化能力，许多靠直觉参与其中的企业就容易成为创新的主体。

功能间的资源配置这一层次的优化通常涉及跨部门、跨系统的协作以及创新模式的探索与实践。

1. 跨功能流程的协同优化

功能间的资源配置优化需要跨功能流程的紧密协同，以确保供应链的整体效率和响应能力。首先是生产与库存方面的协同，企业需要通过实时的生产数据和库存信息，优化生产计划和库存策略，减少在制品和过剩库存。其次是销售与物流方面的协同，企业可以结合销售预测和物流能力，优化配送路线和运输计划，提高客户满意度，降低物流成本。最后是供应链金融方面的协同，利用供应链金融工具，如保理、供应链融资等，优化资金流，缓解供应链中的资金压力。

2. 创新模式的探索与实践

在功能间的资源配置优化中，企业需要不断探索和实践新的业务模式，以适应市场的变化和提升竞争力。企业可以通过优化运输网络，实现货物的快速分拨和配送，减少中间环节，提高供应链的响应速度。同时，企业还可以在关键节点建立区域性配送中心，实现就近存储和快速配送，降低运输成本，提高服务水平。共享经济的发展速度与日俱增，对此，在供应链中引入共享经济模式，如共享仓库、共享物流资源等，也可以帮助企业实现资源的最大化利用。

三、供应链上下游企业间的资源配置优化

智慧供应链的第三个层次聚焦于供应链上下游企业间的资源配置优化，这一层次的优化直接关联到供应链整体产业结构的变革。以新基建目标之一——特高压为例，该策略旨在通过坑口发电和特高压输变电技术，将能源从产地直接输送至东南沿海地区，以此替代传统的"西煤东运"和"北煤南运"模式，实现了煤电运输的一体化。尽管有统计数据显示，依赖"坑口发电＋特高压"的煤电运一体化模式在总成本上与传统的"运输＋发电"模式相比并无显著优势，但随着风电、光电等能源即时转变技术的发展，以及低成本储能技术的进步，特高压输电技术因高达 1000 千伏的变压能力而展现出明显的竞争优势。这一变革不仅提升了能源利用效率，还有助于降低环境影响，推动能源结构的优化和产业升级。

供应链上下游企业间的资源配置优化是一个复杂的过程，要求企业在协同规划、物流运输、供应链金融等多个方面进行综合考虑。通过这些措施，企业不仅能够提高自身的运营效率，还能够促进整个供应链的协同发展，实现成本降低、服务水平提升和环境影响减少。随着技术的进步和市场的变化，供应链资源配置优化将更加智能化、自动化，为企业带来更大的发展潜力。

1. 协同规划与信息共享

供应链上下游企业间的协同规划是资源配置优化的基础。通过共享需求预测、库存水平、生产计划等信息，各企业可以更好地协调生产和配送活动，减少库存积压和缺货风险。信息共享还可以帮助企业提前识别潜在的供应链风险，如原材料短缺、运输延误等，并采取相应的应对措施。

2. 物流与运输优化

物流与运输是供应链中的关键环节，直接影响到成本和交货时间。通过优化运输路线、提高装载效率、采用多式联运等方式，可以降低运输成本，缩短交货时间。例如，特高压输变电技术的应用，通过坑口发电和远距离输电，替代了传统的煤炭运输，减少了物流成本和环境影响。

3. 供应链金融与风险管理

供应链金融为上下游企业提供了资金支持，可以帮助上下游诸多企业更好地管理现金流和信用风险。通过供应链融资、保理、预付款融资等方式，企业可以缓解资金压力，提高资金使用效率。同时，供应链风险管理也是资源配置优化的重要组成部分，企业可以建立风险评估和应对机制，以应对市场波动、政策变化等不确定性因素。

专栏 5-1

莘闵局：整合上下游企业，助力数字化转型

1. 企业简介

中国电信股份有限公司上海莘闵电信局（以下简称莘闵局）隶属中国电信股份有限公司上海分公司，主要负责闵行区全部及徐汇、长宁部分区域内电信经营服务、网络运行维护和电信工程建设。服务面积404平方千米，服务人口300万

人。目前主要经营电信固话业务、宽带业务、电信增值业务、CDMA移动业务等，是闵行区主要的电信全业务经营企业。莘闵局致力于让信息通信服务成果普惠全社会，坚持"做有责任心的企业公民"，秉承"全面创新、求真务实、以人为本、共创价值"的理念，回报社会，服务客户，关爱员工，努力把企业发展与经济、社会、环境发展融为一体，以力求变革创新和开放合作的新思维，实现业务活力、组织活力、员工活力的新提高。

2. 整合上下游企业，助力数字化转型

莘闵局和上海爱登堡电梯集团股份有限公司（以下简称爱登堡电梯）联合构建的以上游配套供应商、中游电梯制造、下游客户协同数字化转型升级模式，有效助力上中下游中小企业提升生产精益管理水平和数字化转型能力，为上游、中游配套供应商搭建物料订单信息跟踪平台，为下游客户构建远程智能运维平台，如图5-4所示。

图5-4 整合上下游企业

（1）推动产业链协同。

莘闵局与爱登堡电梯联合团队通过深入调研产业链企业业务模式，以爱登堡电梯为龙头，协同碧桂园物业、万科物业等上下游企业，共同规划了以智能互联和数据融合为核心的产业链协同模式，旨在拓展业务链、打通数据链，实现企业间的高效协同，推动整个产业链的数字化转型。

（2）规划业务链流程。

莘闵局通过精心规划业务链流程，助力电梯产业链的数字化转型。面对产业

链中复杂的业务流程和高配合度要求，莘闵局联合团队选取了具有代表性的上下游企业进行试点规划。通过共同研究和优化业务流程，团队致力于简化冗余步骤，提升长链环节效率，并加强关键环节的管控，有效提高了整个产业链的运营质量，增强了企业的竞争力和效率。

（3）搭建产业链协同平台。

通过对产业链上各企业数字化状况的调研分析，联合团队决定以爱登堡电梯的数字化平台为核心基础，构建爱登堡电梯产业链协同平台，并制定协同数据标准、协议标准，保障平台搭建、设计的前瞻性和规范性。莘闵局发挥其在宽带、5G网络和天翼云平台方面的优势，为协同平台提供了跨地域、多平台、跨空间的部署方案，促进了企业间的信息共享和技术协同，有效提升了整个产业链的数字化水平和运营效率。

3. 总结与展望

莘闵局通过与爱登堡电梯等企业的紧密合作，成功整合了电梯产业链的上下游企业，推动了整个行业的数字化转型。通过深入调研，莘闵局识别了产业链中的关键环节，并以此为基础构建了一个以数据共享和智能互联为核心的协同平台，不仅提高了业务流程的效率，还通过制定统一的数据和协议标准，加强了企业间的沟通与合作。在未来，莘闵局有望继续扩展和深化其在产业链整合方面的作用，进一步利用5G、物联网、云计算和人工智能等先进技术，提升平台的智能化水平，实现更高效的资源配置和市场需求响应。

四、平行产业链或并行供应链之间的资源配置优化

智慧供应链的第四个层次涉及平行产业链或并行供应链之间的资源配置优化。在信息化、网络化和数字化技术的支撑下，资源能够根据需求进行同步并行的对接，实现资源配置的高效性和灵活性。在这种模式下，供应链的现金收入可能不仅仅来源于最终消费者，而是源自供应链中的多个环节。这种资源配置方式

甚至能够促成一种"先收益后投资"的商业模式,即所谓"无本万利"。在互联网领域,这种模式体现为"羊毛出在猪身上"的现象,其中价值创造和收益来源的分离可能成为供应链间竞争的关键因素。例如,在影视行业中,植入性广告就是一种典型的实践,通过这种模式,制作方在影片拍摄前就已经通过广告植入收回了全部投资,实现了收益的前置。这种创新的商业模式为供应链管理提供了新的视角,强调了跨产业链合作和价值共创的重要性。

平行产业链或并行供应链之间的资源配置优化是智慧供应链发展的最高层次,代表了供应链管理在信息化、网络化和数字化背景下的先进形态。这一层次的优化不仅涉及供应链内部的各个环节,还包括了跨产业链的资源整合和价值创造。通过跨产业链的资源整合、价值共享、信息技术的应用、供应链金融的创新以及跨界合作,企业可以实现供应链的高效运作,提升竞争力,并在不断变化的市场环境中保持领先地位。

1. 跨产业链的资源整合

在智慧供应链的第四个层次,企业不再局限于单一产业链内部的资源配置,而是通过信息技术手段,实现与平行产业链或并行供应链的资源整合。平行产业链或并行供应链的资源整合使得企业能够利用外部资源,如共享物流、共享仓储、共享生产能力等,以提高整体供应链的效率和响应速度。

2. 价值创造与共享

在并行供应链之间,企业通过合作创造新的价值,并通过价值共享实现共赢。通过联合研发、共同市场推广、共享客户资源等方式,企业可以在不增加自身投资的情况下,扩大市场影响力和客户基础,实现收入的增长。

3. "无本万利"模式的实现

在平行产业链或并行供应链之间的资源配置优化这一层次下,供应链的现金收入可能不仅仅来自最终消费者,而是通过供应链上各个环节的价值创造和资源优化来实现。基于"无本万利"模式,企业可以通过提前布局、精准预测市场需求、优化生产和物流计划等方式,实现先收益后投资的"无本万利"模式。例如,通过预售、众筹等方式,企业可以在产品生产之前就获得资金,降低库存风险。

4. 信息技术的应用

信息化、网络化和数字化技术是实现并行供应链资源配置优化的关键。通过大数据分析、云计算、物联网、人工智能等技术，企业能够实现对供应链的实时监控、智能决策和自动化操作，不仅提高了供应链的透明度和响应速度，而且降低了运营成本。

5. 供应链金融的创新

在并行供应链之间，供应链金融成为资源配置优化的重要工具。通过供应链金融，企业可以为上下游合作伙伴提供融资支持，帮助他们解决资金周转问题，同时也为自己的供应链管理带来新的收入来源。例如，通过保理、融资租赁等方式，企业可以将应收账款、库存等转化为现金流，提高资金使用效率。

6. 跨界合作与创新

在智慧供应链的第四个层次，企业需要打破传统行业界限，寻求跨界合作和创新。这种跨界合作可以是技术、市场、品牌等各个方面的合作，通过整合不同行业的资源和优势，创造新的商业模式和市场机会。

第二节 物流升级：供应链全流程的基础

物流作为供应链全流程中的关键环节，其升级对于整个供应链的效率和竞争力有着至关重要的影响。物流升级不仅仅是运输和仓储的简单提升，而是涉及物流标准化体系、物流通畅性、物流数据合作共享以及现代流通服务能力等4个方面的全面革新。

一、智慧物流标准化体系的建立

在数字化时代的大背景下，智慧物流已成为企业供应链全流程管理中的关键发展领域，同时也是未来市场竞争中的关键战略领域。为了推动智慧物流的进一步发展，首要任务是构建一个智慧物流的标准化体系。这一体系应从战略发展的高度出发，基于物流信息的采集、对接和交换的规范制度，制定一套统一的物流技术标准。在智慧物流标准化体系的指导下，逐步完善包括仓储、配送在内的物流业务技术标准，从而构建起一个跨行业、跨部门、跨企业的标准化运营模式。

建立智慧物流标准化体系是一个系统工程，需要从技术标准、信息管理、行业合作和管理体系等多个方面进行综合考虑和实施，进而推动物流行业的整体升级，提升供应链的效率和竞争力，为经济发展提供强有力的支撑，如图5-5所示。

```
                                           ┌─ 物流设备标准化
                      ┌─ 制定统一的物流技术 ─┼─ 物流操作流程标准化
                      │   标准              └─ 信息系统接口规范
                      │
                      │                     ┌─ 物流信息采集规范
                      ├─ 建立物流信息采集、 ─┼─ 物流信息对接规范
智慧物流标准 ─────────┤   对接、交换规范制度 └─ 物流信息交换规范
化体系                │
                      │                     ┌─ 行业联盟
                      ├─ 跨行业、部门与企业 ─┼─ 标准化组织
                      │   的标准化运作       └─ 企业参与
                      │
                      │                     ┌─ 管理流程标准化
                      └─ 提升智慧物流运作管 ─┼─ 服务质量评价体系
                          理的标准化水平     └─ 人才培养与教育
```

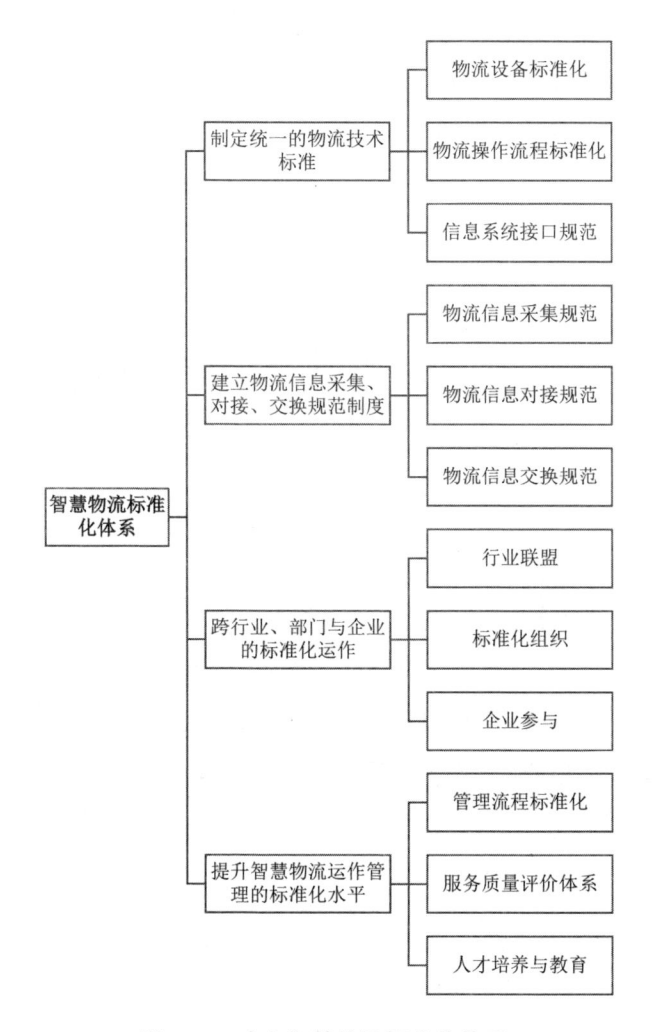

图 5-5　建立智慧物流标准化体系

1. 制定统一的物流技术标准

制定统一的物流技术标准是提升物流行业整体水平的关键。物流设备标准化、物流操作流程标准化以及信息系统接口规范 3 个方面相互关联，共同构成了物流技术标准的框架。

（1）物流设备标准化。

物流设备标准化是物流技术标准的基础，包括但不限于运输工具、装卸设备、仓储设施、包装材料等。通过制定统一的设备标准，可以确保设备之间的兼

容性和互换性，提高物流系统的效率。例如，集装箱的国际标准化使得不同运输方式之间的无缝连接成为可能，极大地提高了物流作业效率。此外，标准化的托盘、货架等仓储设备有助于实现货物的快速存取和转运。物流设备标准化还需要考虑到环保和可持续性，鼓励使用节能和环保材料，减少物流活动对环境的影响。

（2）物流操作流程标准化。

物流操作流程标准化涉及物流活动中的各个环节，包括订单处理、货物装卸、仓储管理、运输配送、客户服务等。通过制定统一的操作流程，可以减少操作失误，提高服务质量，降低成本。例如，统一的装卸标准可以减少货物损坏和作业时间；统一的配送路线规划可以提高运输效率，减少空驶；统一的操作流程能够满足客户需求，提供透明、可追踪的物流服务。

（3）信息系统接口规范。

在数字化时代，物流信息系统接口规范对于实现物流活动的自动化和智能化至关重要。统一的信息系统接口规范可以确保不同系统之间的数据能够准确、高效地交换，支持物流活动的实时监控和智能决策，包括统一的数据格式、通信协议、接口文档等。例如，采用 RESTful API 等标准化的接口设计，可以简化前后端的开发工作，提高系统的可维护性和扩展性。信息系统接口规范还需要考虑到数据安全和隐私保护，确保在数据交换过程中不会发生数据泄露。

2. 建立物流信息采集、对接、交换规范制度

物流信息采集、对接、交换规范制度是确保物流系统高效运转的关键，涉及信息的准确性、实时性和安全性。物流信息采集、对接、交换规范制度的建立是实现物流信息化、提高供应链透明度和响应速度的关键。通过制定和执行物流信息采集、对接、交换规范，企业能够更好地管理物流信息，提升物流服务的质量和效率，从而在激烈的市场竞争中获得优势。

（1）物流信息采集规范。

物流信息采集是物流管理的基础，要求企业在物流活动的各个环节中，如订单处理、货物跟踪、库存管理等，系统地收集和记录数据。为了实现这一目标，企业需要制定统一的数据采集标准，包括数据的格式、内容、频率和质量要求。

例如，可以采用条码、二维码、RFID 等自动识别技术来提高数据采集的准确性和效率。同时，企业还需要建立数据采集的流程和操作规范，确保数据的一致性和完整性，包括对采集设备的选择、操作人员的培训、数据录入的审核等方面进行规范管理。

（2）物流信息对接规范。

物流信息对接是指不同系统之间数据的互联互通。为了实现有效的信息对接，企业需要建立统一的接口规范，确保不同来源的数据能够在各个系统之间无缝对接，包括制定数据交换的协议、数据格式的转换规则以及数据传输的安全标准。例如，可以采用 XML、JSON 等通用的数据交换格式，以及 SOAP、REST 等通信协议来实现系统间的信息对接。同时，还需要考虑数据对接过程中的异常处理机制，确保在数据传输过程出现问题时能够及时发现并解决。

（3）物流信息交换规范。

物流信息交换规范涉及数据在供应链各环节之间的共享和利用。为了提高供应链的整体效率，需要建立一套完善的信息交换机制，包括数据共享的原则、权限控制、数据更新和维护等。这要求企业之间建立信任关系，明确数据共享的范围和目的，同时确保数据的安全性和隐私保护。例如，可以通过建立共享平台或使用区块链技术来实现数据的安全共享。此外，还需要定期对数据交换的效果进行评估和优化，以适应不断变化的市场需求和业务流程。

3. 跨行业、部门与企业的标准化运作

跨行业、部门与企业的标准化运作是一个复杂而系统的过程，需要行业联盟的协调、标准化组织的指导以及企业的积极参与。通过跨行业、部门与企业的标准化运作，可以确保产品和服务的质量和安全，促进技术创新，提高产业的整体竞争力，同时也有助于实现经济的可持续发展。随着全球化和信息化的深入发展，标准化运作将在全球经济中发挥越来越重要的作用。

（1）行业联盟。

行业联盟是由同一产业链上下游或相关领域的企业组成的合作组织，共同致力于推动特定技术或产品标准的制定与实施，在标准化运作中扮演着桥梁和催化剂的角色。通过整合成员企业的资源和专长，联盟能够加速技术标准的开发，促进成员间的信息共享和协同创新。例如，在通信领域 3G 和 4G 标准的制定过程中，行业联盟如 WCDMA 和 TD-SCDMA 发挥了关键作用，不仅推动了技术标准的统一，还加速了相关产品和服务的市场化进程。此外，行业联盟还能通过集体谈判和专利池等方式，降低标准化过程中的知识产权风险，为成员企业提供法律和技术支持。

（2）标准化组织。

标准化组织，如国际标准化组织（ISO）、国际电工委员会（IEC）等，是制定和发布国际标准的权威机构。标准化组织通过制定一系列通用的技术规范和操作流程，为全球范围内的产品和服务提供统一的质量标准。标准化组织在跨行业、部门与企业的标准化运作中起着核心作用，不仅确保了标准的科学性、合理性和适用性，还通过国际标准的推广，促进了全球贸易和市场的一体化。同时，标准化组织通过与行业联盟、企业以及政府机构的合作，推动了标准的实施和监督，确保了标准的执行效果。

（3）企业参与。

企业是标准化运作的直接参与者和受益者。通过参与标准化活动，企业不仅能够影响行业标准的制定，还能够提前适应和准备实施新标准，从而获得市场先机。企业参与标准化的过程包括技术研究、标准草案的提出、标准实施的反馈等。企业可以通过标准化提升产品和服务的质量，增强品牌信誉，同时能够通过参与国际标准的制定，拓展国际市场。此外，企业还可以通过标准化活动与行业内的其他企业建立合作关系，共享资源，降低研发成本。在全球化竞争日益激烈的今天，企业参与标准化不仅是提升自身竞争力的需要，也是履行社会责任、推动可持续发展的重要途径。

4. 提升智慧物流运作管理的标准化水平

智慧物流的标准化不仅体现在技术层面，还体现在管理层面。对此，企业可以从管理流程标准化、服务质量评价体系以及人才培养与教育 3 个方面出发，建立一套完善的管理体系，提升物流服务的整体水平。

（1）管理流程标准化。

管理流程标准化是确保智慧物流高效运作的基础，要求企业建立一套完善的管理体系，涵盖供应链管理、客户服务、质量控制等各个环节。供应链管理标准化要求企业在供应商选择、采购、库存管理、订单处理等方面制定统一的操作流程和标准；客户服务标准化要求企业在订单处理、配送、售后等方面提供一致的服务体验，包括建立客户服务标准，如响应时间、配送时效、问题解决效率等，并通过客户反馈不断优化服务流程；质量控制标准化要求企业在物流过程中实施严格的质量检查和控制措施，确保货物在运输、存储过程中的安全和完整。

（2）服务质量评价体系。

建立服务质量评价体系是提升智慧物流管理水平的重要手段。服务质量评价体系应当能够全面、客观地评估物流服务的各个维度。首先，企业需要制定一套量化的服务质量指标，如订单履行时间、配送准确率、客户满意度等。这些服务质量指标应当与企业的战略目标和客户需求相一致。其次，企业应当定期收集和分析这些指标数据，通过内部审计、客户调查等方式，了解服务的实际表现。最后，基于数据分析结果，企业应当制定改进措施，如优化配送路线、提高仓储效率、加强员工培训等，以持续提升服务质量。

（3）人才培养与教育。

智慧物流的实施离不开专业人才的支持，因此，人才培养与教育是提升智慧物流管理标准化水平的关键。企业应当建立一套完善的人才培养体系，包括员工培训、职业发展规划、激励机制等。首先，企业需要为员工提供定期的技术培训和业务培训，确保他们能够熟练掌握与智慧物流相关的技术和工具。其次，企业应当为员工提供职业发展路径，鼓励他们不断提升自己的专业技能和管理能力。最后，企业应当建立有效的激励机制，如绩效奖金、晋升机会等，以激发员工的积极性和创新精神，进而培养出一支既懂技术又懂管理的物流团队，为智慧物流的实施提供坚实的人才保障。

二、物流通畅性的改善

在供应链物流服务领域，随着行业的迅猛发展，各类企业正致力于通过数字技术提升其服务能力。以中国物流集团为例，自 2022 年开展保通保畅工作以来，已利用数字化平台成功运输了 1.37 亿吨货物，确保了产业链供应链的稳定运作。在数字化时代，智慧物流需要进一步加强数字赋能，优化多条物流路径的货物运输策略，通过科学的调度管理，有效解决物流交通的瓶颈问题，实现对供应链物流全过程的实时跟踪和服务，进而改善物流畅通性。

1. 数字化平台的搭建和合理利用

依托于先进的网络信息平台，一般企业会在供应链物流服务中采用智运平台，以增强社会专业运力的利用效率。通过智运平台，企业能够实现对内外部货运资源的整合，优化物流网络布局，从而有效减少物流操作的时间成本和资金成本。此外，企业还可综合运用高级可视化跟踪技术、精密智能算法和智慧运营策略，对物流过程中的交通状况进行科学的调度管理，以减轻交通拥堵带来的影响。

为了进一步提升供应链的灵活性和应急响应能力，企业应当部署智慧应急系统。智慧应急系统能够在供应链面临突发事件时，迅速激活供应链各环节的协同作用，确保供应链的稳定运行。智慧应急系统通过实时数据分析和智能决策支持，提高了企业对供应链风险的预警和应对能力，确保网络货运体系在智能化和数字化方面达到高标准。

2. 物流路径优化与运输改进

为了改善物流畅通性，企业需要对物流路径进行优化，选择最为经济高效的运输方式和路线，具体涉及对运输成本、时间、可靠性等多个因素的综合考量。企业可以利用先进的优化算法，如遗传算法、蚁群算法等，来寻找最优的运输方案。此外，企业还应考虑多式联运的可能性，结合不同的运输方式如公路、铁路、水运和空运，以实现成本和效率的最佳平衡。通过这种方式，企业不仅能够降低物流成本，还能够提高货物运输的灵活性和可靠性。

3. 物联网、人工智能与智慧物流供应链的完美融合

物联网与智慧物流供应链的紧密结合，为企业物流的畅通性带来了显著改善。物联网是一种建立在互联网基础上的泛在网络，其核心是通过传感器网络实现物品的智能控制。未来，随着 RFID 等信息传感技术的广泛应用，所有物品都

有望与互联网相连，实现智能化的识别和管理，从而使物流供应链上的物理资源能够通过物联网进行高效、低成本的监控、决策和远程操作。此外，人工智能尤其是 AI2.0 的发展，对智慧物流供应链的融合与优化起到了至关重要的作用。从传统物流、供应链到智慧物流供应链的演进过程中，人工智能的不同阶段，包括知识表示、自动推理、搜索方法、机器学习、知识获取、知识处理系统、自然语言理解、计算机视觉、智能机器人以及自动程序设计等技术，都在不同时期与物流供应链相结合，并共同向成熟阶段发展。技术与物流供应链的融合不仅提升了物流效率，还增强了供应链的智能化水平，为物流供应链管理带来了革命性的变革。

三、政企间物流数据共享合作的强化

在数字化时代背景下，各类企业的供应链物流服务正面临重大的转型机遇。为了充分利用智慧物流的协作共享潜力，促进物流数据的深度变革，企业需要加强与政府在物流数据共享合作与应用方面的协作，这不仅能够提升数字资源的利用效率，还能够增强物流行业的影响力和竞争力。

在当代智慧物流的发展中，物流数据资源的共享与合作已成为核心理念。通过共享公开透明的物流信息，企业能够高效地利用闲置物流设施资源，并在此基础上开发数据产品，推动智慧物流技术在多个产业领域的应用。这种数据资源共享合作模式对于建立一个创新的智慧物流生态系统至关重要，它为行业资源整合、产业链的深度发展以及政府与企业的合作治理提供了坚实的基础。

推动政企间物流数据共享与合作应用，主要目标是转变物流行业的商业模式和服务产品，以适应数字化时代的需求。数字化技术的应用不仅促进了物流服务的创新，也成为政府监管的新手段，旨在提升物流行业的治理透明度，并实现监管重心的战略转移。与传统的实体认证和审批监管方式相比，监管模式正逐步演进为虚拟认证和备案监管，这不仅提高了物流市场监管的效率，也为政企间物流数据的共享与应用开辟了更广阔的发展空间。

对此，企业需要从战略层面认识到数据共享的重要性，在组织内部建立起相应的支持机制，并强化技术支撑与安全保障。

1. 建立合作框架与机制

企业应当与政府相关部门建立一个明确的合作框架，包括确立数据共享的目标、范围、流程和责任分配（见图 5-6）。首先，企业需要明确数据共享的目的，比如提高物流效率、降低运营成本、增强市场竞争力等。其次，企业应与政府相关部门协商确定共享数据的类型，包括但不限于运输信息、库存状态、供应链动态等。最后，企业还需要与政府相关部门共同制定数据共享的流程，确保数据的及时更新和准确性。在这个过程中，企业应承担起保护数据安全和隐私的责任，同时确保数据共享符合相关法律法规的要求。

明确数据共享的目的 → 协商确定共享数据的类型 → 共同制定数据共享的流程

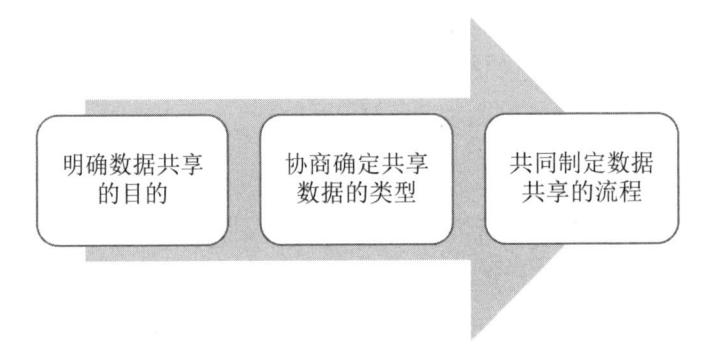

图 5-6　建立合作框架与机制

2. 强化技术支撑与安全保障

在技术层面，企业需要投入资源开发和维护数据共享所需的技术基础设施，包括数据采集、存储、分析和传输等方面的技术。企业应当采用先进的信息技术，如物联网、区块链、人工智能等，以提高数据处理的自动化水平和准确性。同时，企业还应加强在数据安全保障方面的投入，包括数据加密、访问控制、安全审计等措施，以防止数据泄露和滥用。

四、现代流通服务能力的增强

在智慧物流领域，新技术、新模式和新业态的持续涌现为物流行业的数字化和智能化转型提供了新的动力。为了有效推进这一转型过程，研究变革路径时应当关注供应链集成服务的优化、基于数字智能的仓储与运输流程的改进，以及绿色和安全物流体系的构建，对于这些方面的深入探索将有助于提升整个物流产业的价值创造能力和商业创新水平。

1. 供应链集成服务的优化

企业应通过整合供应链上下游资源，打造一个高效、透明的供应链集成服务体系，包括与供应商、分销商、零售商等合作伙伴建立紧密的合作关系，实现信息共享、库存管理、物流配送等方面的协同。企业可以利用云计算、大数据分析等技术，对供应链进行实时监控和智能优化，提高响应速度和服务质量。此外，企业还应通过建立灵活的供应链网络，提高对市场变化的适应能力，确保供应链的稳定性和可靠性。

2. 基于数字智能的仓储与运输流程的改进

在仓储和运输环节，企业应积极引入自动化、智能化技术，如自动化仓库系统、智能分拣机器人、无人机配送等，以提高物流效率和降低成本。通过物联网技术，企业可以实现对货物的实时追踪和监控，优化库存水平，减少库存积压。在运输管理方面，企业可以利用智能调度系统，根据实时交通信息和货物特性，规划最优的运输路线和方式，提高运输效率。同时，企业还应注重运输过程中的安全管理，确保货物安全送达。

3. 绿色和安全物流体系的构建

企业在追求效率和成本的同时，还应注重物流活动的绿色化和安全性。在绿色物流方面，企业可以通过优化包装设计、采用环保材料、提高运输工具的能源效率等措施，减少物流活动对环境的影响。此外，企业还应积极参与碳排放交易、绿色物流标准制定等活动，提升企业在绿色物流领域的竞争力。在安全物流方面，企业需要建立健全的物流安全管理体系，包括货物保险、风险评估、应急响应等，确保物流过程中的风险可控，保障客户利益。

第三节 管理平台：全流程管理下的信息化集成

为了提升各类企业供应链全流程服务的智能化和数字化水平，解决产能不足的问题，构建基于信息化集成的智能全流程管理平台显得尤为关键。智能全流程管理平台在引入智能装备的基础上，整合了新一代信息技术、精益生产管理、供应链协同优化以及生产过程智能决策等核心智能制造技术。这一综合管理平台涵盖了生产控制、调度优化、质量监控和销售管理等多个方面，能够实现产品质量数据的自动采集、关键生产数据的记录、生产信息的有效管理和长期保存，以及产品质量信息的完整性和合理性验证。

通过智能全流程管理平台，企业能够实现多个业务系统之间的信息交互和集成，打破生产信息孤岛，促进数据在企业内部的共享，从而增强跨部门的协同管理能力。平台支持多规格、多型号、多场景、多产线的柔性制造需求，从物料、工序、设备、零件、产品等多个维度进行全面管理，优化生产计划和过程控制。此外，平台还能对生产数据进行深入分析，构建用户个性化需求模型，持续优化产品和服务质量，为企业提供个性化定制服务的技术支撑。

围绕产品生产、质控、仓储等各个环节，在数据采集与监控、资源管理与生产、财务业务一体化、数据与仓储管理服务、总线与数据中心5个方面发力，部署SCADA（Supervisory Control And Data Acquisition，即数据采集与监控系统）、MES、ERP等信息化系统，并采用物联网和工业互联网技术，建立设施互联、系统互通、数据共享的智能供应链全流程管理平台，从而实现产品生产制造的数字化、网络化、信息化、智能化和绿色化。

一、数据采集与监控

1. 数据采集与监控的重要意义与作用

数据采集与监控在供应链管理的各个环节中发挥着至关重要的作用，尤其是在产品生产、质量控制和仓储管理等方面。通过实时收集和分析生产过程中的数据，企业能够确保生产活动的高效进行，同时对产品质量进行精确控制。

（1）生产过程的实时监控与优化。

在产品生产环节，数据采集与监控使得企业能够实时跟踪生产设备的运行状态、工艺参数和生产进度。实时监控能力对于确保生产过程的稳定性和连续性至关重要，通过收集的数据，企业可以及时发现生产过程中的异常情况，如设备故障、工艺偏差或原材料质量问题，并迅速采取措施进行调整。这不仅有助于减少生产中断和产品缺陷，还能通过数据分析预测潜在的生产风险，实现预防性维护，从而降低生产成本，提高生产效率。

（2）质量控制与仓储管理的精确性。

数据采集与监控在质量控制方面的作用体现在对生产过程中关键质量参数的实时跟踪和分析。通过收集的数据，企业可以对产品质量进行持续监控，确保产品符合既定标准。在发现质量问题时，企业可以追溯到具体的生产批次、设备或操作环节，快速定位问题根源，并采取相应的改进措施。此外，在仓储管理中，数据采集与监控有助于企业精确掌握库存水平，优化库存管理，减少过剩或短缺的情况，提高物料周转率。通过实时数据的分析，企业还可以优化仓储布局和物流路径，降低仓储成本，提升客户满意度。

2.SCADA 系统

SCADA 系统具有生产监控、报警管理、数据展示、生产报表、数据集成与存储、用户管理等功能。SCADA 系统可以对现场运行的设备进行实时监控，监视生产的一线状况，可随时调取企业生产过程各个环节的在线监控画面，从而确保按照规范要求全方位地覆盖所有关键环节的数据。数据采集与监控系统是 MES 系统与自动化系统集成的基础与纽带。SCADA 系统将数据统一集成后，将生产数据上传到 MES 系统中，而 MES 系统下载的参数也是由 SCADA 系统下传到各单机设备中，因此 SCADA 系统在工厂信息化建设中扮演着重要的角色。

SCADA 系统的主要功能设计，如图 5-7 所示。

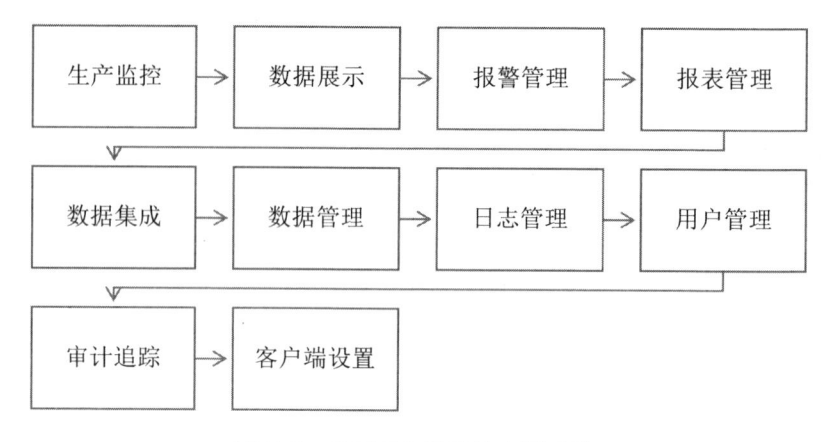

```
生产监控 → 数据展示 → 报警管理 → 报表管理
    ↓
数据集成 → 数据管理 → 日志管理 → 用户管理
    ↓
审计追踪 → 客户端设置
```

图 5-7　SCADA 系统的主要功能

（1）生产监控。

实现对车间内独立设备的集中管理和监控，关键工艺参数（如压力、流量、温度、液位、质量等）以及能耗和产量指标被实时监控并以流程图或数据表格的形式展现，同时重要设备的运行状态也被集中显示。

（2）数据展示。

采用图形、动画和报表等多种形式直观展示生产流程和设备运行状态，同时提供多样化的数据展示和分析界面。

（3）报警管理。

集成设备的报警系统一旦检测到异常，会立即通过声光、语音、短信等多种方式发出报警，并在流程图组态中设置报警参数。

（4）报表管理。

系统实时采集、归档、存储、统计、汇总和分析生产过程中的数据，包括生产状态、设备状态、故障信息等，生成详细的生产数据统计报表，并提供个性化报表开发工具以满足不同用户的需求。

（5）数据集成。

支持与多种主流 PLC（Programmable Logic Controller，即可编程逻辑控制器）

通信，具备 OPC（OLE for Process Control，是一种广泛采用的标准，用于实现设备之间的通信和数据交互）通信和数据库读写功能，能够与 MES 系统、自动化系统、单机 PLC 设备、EMS（Energy Management System，即能源管理系统）等进行数据集成，展示和存储获取的数据。

（6）数据管理。

建立生产工艺和生产质量信息数据库，完成全车间生产数据库的构建和存储，包括设备状态、实时数据、历史曲线等工艺生产数据，质量检测数据以及生产管理数据。

（7）日志管理。

记录系统事件，如关键参数的修改、设备调控等操作，详细记录操作人员、操作时间和操作原因等信息。

（8）用户管理。

通过设置用户组和不同权限，确保用户在使用 SCADA 系统时，根据账号权限进行操作，保障系统安全。访问权限根据设备、区域、产线等划分，并通过用户组（类）共享。

（9）审计追踪。

记录系统运行日志、系统组态更改、版本记录、报警、变量、用户记录、操作员操作记录等，以便于追踪和审计。

（10）客户端设置。

系统配置 Web 服务器，通过内部网络或局域网实现对工厂操作的远程控制和监视。

> 专栏 5-2

致景科技：以数据精确指导供应链生产与交易

1. 企业简介

上海致景信息科技有限公司（以下简称致景科技）成立于 2013 年，作为国内首批专注于纺织行业全产业链升级的互联网科技创新企业，已获认定为国家高新技术企业。致景科技旗下涵盖"百布""全布""天工""致景金条""致景纺织智造园""致景智慧仓物流园"等多元化业务板块，致力于运用大数据、云计算、物联网等前沿信息技术，实现纺织服装行业信息流、物流和资金流的全面贯通。致景科技旨在推动行业向协同化、柔性化、智能化方向升级转型，打造一个纵向一体化的纺织服装数智化综合服务平台。通过这一平台，致景科技助力纺织服装行业实现产业链的高效整合和优化，提升整个行业的竞争力和创新能力。

2. 通过工厂生产数据精确指导纺织供应链上下游的生产和交易

致景科技通过工厂生产数据精确指导纺织供应链上下游的生产和交易，提高纺织生产和布匹需求的供应链匹配效率，打造纺织产业云上产业链协同新体系和新模式，助力纺织制造业高质量发展，如图 5-8 所示。

图 5-8 通过工厂生产数据精确指导生产交易

（1）打造平台为供应链赋能。

针对纺织业面临的供应链分散、管理粗放、技术水平低、经营成本高等主要问题，致景科技致力于通过工厂生产数据精确指导纺织供应链上下游的生产和交易。

一方面，打造原料线上交易平台。致景科技通过其线上交易平台优化了纺织供应链管理。原料线上交易平台整合了全球优质纱线原料，建立了数字化产品库，使布行、坯布工厂和服装厂能够在线比较、评估和交易，满足其小批量、多批次的采购需求。致景科技还在全国纺织产业聚集地设立集中仓，确保快速交付，有效地降低了物流成本并提高了供应链效率。

另一方面，构建供应链交易管理平台。致景科技针对供应链中的多个痛点，如交易成本高、信息不对称和管理成本高等，开发了供应链交易管理平台。供应链交易管理平台服务于原料厂商、织布工厂和布行，通过构建ERP系统、供应链协同系统和SCM系统，覆盖原料采购、订单生产、库存管理和销售等关键环节，实现了各系统间的数据共享，提高了供应链的透明度和效率，降低了管理成本。

（2）有效带动产业链上企业协同发展。

致景科技通过平台有效地推动了纺织服装产业链上中小企业的协同数字化转型，连接超过60万台织机，服务约9000家企业，包括原料供应商、机械生产商、织造厂等上下游企业。致景科技的解决方案大幅降低了数字化转型的成本（降低80%），使企业在生产、经营、管理等环节实现数字化，半年内综合提效5%，减少用工成本10亿元。此外，平台通过整合数据通道，促进供需精准对接，提升产业链协同效率，构建了"数字化＋工业电商＋供应链"的生态系统，加速行业供给侧结构性改革。

3. 总结与展望

致景科技通过原料线上交易平台和供应链交易管理平台，利用大数据分析和云计算技术，为纺织服装产业链上的中小企业提供了精确的供应链生产与交易指导，平台的线上交易系统降低了交易成本，提高了市场响应速度，为企业带来了显著的经济效益。面向未来，致景科技将秉承"科技纺织 美好未来"的使命，通过科技创新和模式创新，赋能产业链合作伙伴，实现协同共赢，共建产业服务新标准，引领全球纺织行业迈入新生态。

二、资源管理与生产

1. 资源管理与生产的重要意义与作用

资源管理与生产是供应链全流程管理中的核心环节，对于确保企业运营效率、降低成本、提高产品质量和满足市场需求具有至关重要的作用。资源管理涉及对企业内部的各种资源，如原材料、人力、设备、技术和财务等的有效配置和利用。良好的资源管理能够确保生产活动顺利进行，同时最大化资源的使用效率，避免浪费。

一方面，资源管理的重要性体现在其对生产成本控制和生产效率提升的关键作用上。通过精确的资源规划和调度，企业能够确保生产过程中的原材料供应与需求相匹配，避免因库存过多或短缺而导致的成本增加。同时，合理的人力资源配置和设备维护计划能够提高生产线的运行效率，减少因设备故障或人员短缺造成的生产停滞。此外，资源管理还包括对生产过程中能源消耗的监控，通过优化能源使用，降低能源成本，实现绿色生产。

另一方面，资源管理与生产紧密关联，对于提升产品质量和满足客户需求同样至关重要。通过有效的资源管理，企业能够确保生产过程中使用的材料和组件符合质量标准，从而提高最终产品的质量。同时，资源管理还涉及对生产计划的合理安排，以适应市场变化和客户需求的波动。这要求企业能够灵活调整生产计划，快速响应市场变化，确保产品能够及时交付给客户，提升客户满意度。

2.MES 系统

MES 系统能够实现车间生产设备层和企业资源管理层的交互集成，通过订单下达、排产排程、物料管理、称量管理、质量管理、设备管理、生产管理、生产执行、生产分析、质量追溯等功能，提升生产制造过程的工艺和质量管控水平，全面监控生产过程和生产设备并实现全程追溯，提升生产执行效率，降低生产成本，满足安全和监管规范，提高产品和服务的市场化速度，从而提升企业整体竞争力。

MES 系统的主要功能设计，如图 5-9 所示。

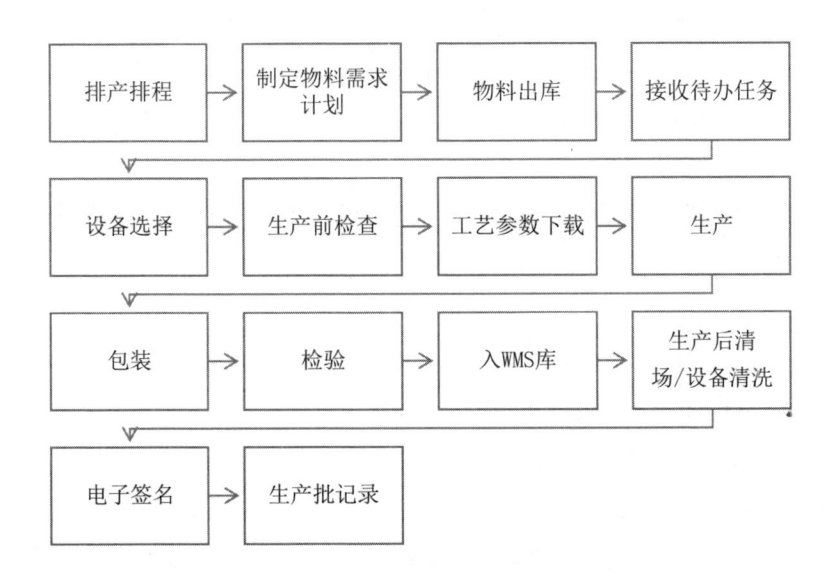

图 5-9　MES 系统的主要功能

（1）排产排程。

录入销售计划，根据销售计划自动生成生产计划，即可执行的工单，自动生成生产指令，并执行通过批准的生产指令。

（2）制定物料需求计划。

根据生产计划和生产配方自动生成物料需求计划（包括原料和辅料的需求计划）。

（3）物料出库。

原料库收到物料出库请求后，按照物料请求单进行出库管理。

（4）接收待办任务。

自动将生产任务分配到各工作站，操作人员可在操作站看到本站的任务流程。

（5）设备选择。

选择生产设备，只有已清洁、处于可用状态和在清洁有效期范围内的设备才可被选择，选择设备后在现场用扫描枪扫描设备条码进行设备确认。

（6）生产前检查。

生产人员可以依据不同的生产前检查的类型逐项进行确认，生产前检查需到现场进行设备扫描，并到现场签名。

（7）工艺参数下载。

将生产工艺参数进行统一管理，并在生产前将生产工艺参数下载到分布式控制系统（Distributed Control System，DCS）。

（8）生产。

加工工单启动后，在 MES 客户端上选择各单机 PLC 设备，下载工艺参数，各单机 PLC 设备按照生产工艺顺序自动生产。

（9）包装。

进入成品包装阶段，依次按照内包装、外包装、成品的工艺顺序执行生产，获取 SCADA 系统和包装系统的数据如数量、条码等，以待入 WMS 系统使用。

（10）检验。

根据工艺要求进行检验，如制粒后、总混后、包装后，MES 通过抽样检查等方法，将检查结果录入系统中，如不合格，则报警并进行偏差处理或报废处理。

（11）入 WMS 库。

包装检验合格后，将包装信息（批次号、物料代码、物料名称）发给 WMS 系统，MES 系统通知 WMS 系统启动 WCS（Warehouse Control System，即仓储控制系统）系统，WCS 系统启动物流转运系统和 AGV（Automated Guided Vehicle，即无人搬运车）系统，完成入库操作。入库后 WMS 系统将箱子（容器）代码发回给 MES 系统。

（12）生产后清场/设备清洗。

清场人员依据不同的清场类型逐条进行确认。确认后需要清场人员的电子签名和工序负责人的签名。

（13）电子签名。

在每一个工序完成后设置电子签名，且必须具备相应权限的人在特定的位置才可以进行电子签名。

（14）生产批记录。

生产完成后，自动形成相应的生产批报告，包括所有的生产数据、生产人员的电子签名和操作时间等内容。

三、财务业务一体化

1.财务业务一体化的重要意义与作用

财务业务一体化是现代企业管理的关键组成部分，涉及将企业的财务活动与日常业务流程紧密结合，以实现信息的实时同步和决策的高效支持。财务业务一体化不仅能够提高企业的财务管理效率，还能够为企业的战略规划和业务决策提供准确的数据支持。

一方面，财务业务一体化的重要性体现在其对企业内部资源配置的优化上。通过将财务数据与业务活动紧密结合，企业能够更加精确地监控成本、收入和利润，从而实现对资源的最优分配。例如，在生产环节，企业可以根据实时的财务数据调整生产计划，优化库存水平，减少资金占用。在销售环节，企业可以根据市场反馈和财务分析结果调整定价策略，提高产品的市场竞争力。财务业务一体化的财务管理模式有助于企业在激烈的市场竞争中保持灵活性和响应速度，实现成本控制和利润最大化。

另一方面，财务业务一体化对于提升企业的市场竞争力和客户满意度具有重要作用。通过整合财务和业务数据，企业能够更好地理解市场趋势和客户需求，从而制定更加有效的市场策略。例如，企业可以根据财务分析结果，识别最有利可图的客户群体和产品线，集中资源进行市场开发。同时，企业还能够通过财务数据监控服务质量，及时调整服务策略，提升客户体验。这种以数据驱动的决策模式，有助于企业在市场中快速适应变化，抓住新的商业机会。

2.ERP 系统

ERP 系统打造了生产、销售、仓储等业务体系与财务体系一体化的信息平台，通过业务与财务的集成，实现财务业务一体化，提升业务管理水平的同时也提高了财务实时核算、全面预算及监控预警能力。

ERP 系统的主要功能设计，如图 5-10 所示。

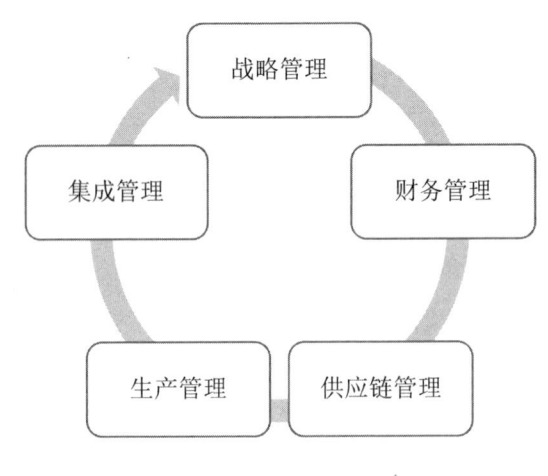

图 5-10 ERP 系统的主要功能

（1）战略管理。

实现战略规划制定的经营目标，通过预算管理层层分解，下达落实，将目标落到实处，融入日常经营预算中。

（2）财务管理。

通过电子化手段实现各类费用的流程审批、凭证报销与报表合并，提升企业办公效率，规范工作流程。

（3）供应链管理。

实现需求管理、招投标管理、合同签订管理和合同执行管理，通过信息化手段完善采购业务的全生命周期管理。

（4）生产管理。

规范工艺流程，实现生产需求、物料需求、主生产计划及生产排程管理，并向 MES 系统发送指令生成工单，指导作业。

（5）集成管理。

通过标准接口对与 ERP 系统发生数据往来的第三方进行统一管理，及时了解数据通信情况，实现过程跟踪与问题追溯。

专栏 5-3

找钢网：业财一体化助力企业运营效率提升

1. 企业简介

上海找钢网信息科技股份有限公司（以下简称找钢网）自 2012 年成立以来，已成为国内领先的钢铁行业全产业链电商平台。找钢网提供一系列覆盖钢铁贸易全价值链的服务，包括钢铁产品的交易、物流配送、仓储加工，以及供应链金融服务、国际电商业务和大数据服务等。

作为一家产业科技服务的先行者，找钢网坚持"全心全意为用户服务，千方百计帮用户成功"的经营理念，运用互联网和大数据技术，为钢铁行业提供全面的一站式解决方案。服务内容涵盖平台交易、B2B 支付系统、物流服务、供应链金融服务、SaaS、人工智能以及大数据分析等，旨在帮助工业和建筑行业的中小企业提高运营效率、促进业务增长，并为用户提供卓越的商业体验。通过这些创新服务，找钢网不仅推动了钢铁行业的数字化转型，也为整个产业链的参与者创造了更大的价值。

2. 业财一体化助力企业运营效率提升

找钢网坚持将链上企业运营模式从传统的粗放型模式向以数据驱动为核心的精细化模式转变，在精益管理、风险管控、供应链协同、市场快速响应等方面进一步提升竞争优势。找钢网持续对外输出自己的数字化能力，面向钢铁流通行业提供包括 ERP 系统、自动测量赋码系统、智能仓储管理系统等服务，如图 5-11 所示。

图 5-11 业财一体化体系

（1）ERP 系统。

致景科技提供的 SaaS 化 ERP 系统覆盖 OA 协同办公、信息管理、人力资源、智能仓库、加工、进销存、财务、物流等业务板块，全面提升企业运营管理效率。以安阳福瑞商贸有限公司为例，该公司作为中原地区的主要贸易商，面临系统化管理的高要求和信息孤岛问题，导致人力成本和运营效率问题。致景科技的 SaaS 服务通过实现区域化销售、一体化服务、精密化经营、数据化管理、在线化对接和移动化体验的"六化"融合，有效地解决了这些问题，助力企业实现内部网络的畅通和运营效率的提升。

（2）自动测量赋码系统。

自动测量赋码系统是一个由软硬件结合，用来完成下线中板规格测量、喷码以及产品相关属性数据采集的自动化智能操作系统。通过整合企业人、财、物，使整个产销环节互联互通，实现了业务流、财务流、物流的一体化，极大地提高了生产效率，增加了各类决策的准确性。

（3）智能仓储管理系统。

智能仓储管理系统是一个基于仓库现场管理的应用软件，通过软件和智能化硬件的结合，实现了产品下线后规格的自动测量和下线数据的自动采集。仓库人员利用手持终端设备，能够在无纸化环境下通过扫码完成商品的入库、出库、移库和盘库等操作，显著提升了工作效率并减少了错误率。智能仓储管理系统通过产品一码通为商品赋予唯一身份码，通过自动测试赋码系统获取高精度的产品信息，将钢厂的货物管理从笼统统计转变为精准快捷地获取，提升找货效率近20%。结合无人磅房和PDA扫码等技术，智能仓储管理系统帮助钢厂降低了人工成本，实现了厂库管理的精细化和数据的全流程管理。

业财一体化的实施显著提高了企业运营效率，特别是在采购流程的内部控制方面，实现了采销分离和物料管理的集成。企业通过建立电商供应链平台进行业务转型，并计划进一步利用互联网资源发展供应链电商平台，拓宽销售渠道。业务数据的实时共享和复用减少了重复工作，预计能节省超过20%的人工成本。

3. 总结与展望

找钢网的业财一体化策略显著提升了企业的运营效率，通过ERP系统、自动测量赋码系统、智能仓储管理系统，实现了内部控制的优化和成本的精简。未来，找钢网有望继续深化业财一体化实践，进一步利用互联网和大数据技术，提升供应链管理的智能化水平，探索新的业务模式和市场机会。

四、数据与仓储管理

1. 数据与仓储管理的重要意义与作用

数据与仓储管理是实现供应链高效运作的关键。有效的数据管理能够确保企业对库存水平、货物流动和存储条件有精确的了解，从而提高仓储效率，降低成本，并提升客户满意度。

一方面，数据与仓储管理的重要性体现在其对库存控制和优化的直接影响上。通过精确的数据跟踪，企业可以实时监控库存水平，及时补充缺货商品，同时避免过剩库存导致的资金占用和仓储空间浪费。实时的库存管理能力使企业能够更加灵活地响应市场变化，快速调整生产计划和库存策略，以满足客户需求。此外，数据管理还有助于提高货物的周转速度，减少在仓库中的滞留时间，从而降低仓储成本，提高资金使用效率。

另一方面，数据与仓储管理对于提升供应链的透明度和协同效率同样至关重要。通过整合和分析仓储数据，企业能够更好地理解供应链中的各个环节，如生产、运输和销售，从而实现更高效的资源配置和流程优化。例如，通过对出入库记录、订单处理和物流信息的分析，企业可以优化仓库布局，提高拣选和包装效率，缩短订单处理时间。同时，数据共享还促进了供应链上下游企业之间的协同，使得整个供应链能够更加紧密地合作，共同应对市场挑战。

2. BI 分析系统

BI 分析系统是一个自动化的数据管理系统，可以进行销售决策分析、采购决策分析、库存分析、生产现状分析等，为管理层提供决策支持。

BI 分析系统的主要功能设计如下。

（1）功能结构。

设计人员创建数据源并进行报表设计；管理员配置用户、权限体系；普通用户在前端进行报表的查询、分析、打印、导出、填报等操作，支持 PC/ 平板 / 移动端 / 大屏设备，兼容主流浏览器。

（2）产品部件。

FineReport 报表系统主要由报表设计器（设计模板）和报表服务器（解析模板）两大部分组成。

（3）部署集成。

包括报表工程的部署和 Web 页面集成。

3. 智能仓储系统

智能仓储系统在标准仓库管理系统的基础上，深度融合产品的身份码（"一品一码"追溯码），通过仓库运营实现产品的全过程可追溯，多级渠道产品库存实时可见，为企业仓储渠道物流管理提供良好的工具。

智能仓储系统的主要功能设计如下。

（1）客户档案管理。

此功能涉及记录关键客户信息，包括货主、承运人、发货人、收货人等，同时允许根据客户的特定需求进行资料的个性化配置。

（2）批次属性管理。

通过将具有相似属性的产品进行分类，系统能够为每个产品分配多个批次属性，如生产日期、失效日期、产地等，以适应多样化的库存管理需求。

（3）包装管理。

系统提供定义多层级包装结构的能力，并在收货过程中根据产品的实际包装情况对包装代码进行调整。

（4）库位管理。

库位用于标识产品在仓库中的具体存放位置，包含路径、容量、类型等属性。路径属性影响上架和拣选的顺序，而容量和类型属性则对库位的分配产生影响。

（5）库区划分。

为了提高仓库管理的集中性和任务管理的效率，用户可依据需求将仓库内的库位划分成不同的库区，以实现更加有序的仓库运作。

（6）系统代码。

对系统中所使用的基础代码进行维护，系统中的大部分下拉菜单都可以由用户在系统代码中进行定义。

（7）系统配置。

通过 200 多个参数的设置实现系统功能的切换，例如可以自由选择明盘或者盲盘，可以自定义数据小数的位数。

（8）上架规则。

通过完全由用户配置的上架规则，决定收货后上架的库位，指导上架作业，是系统的核心功能之一，可提供 300 余种上架策略。

（9）分配规则。

通过完全由用户配置的一系列规则，灵活决定订单配货的方式，是系统的核心功能之一。

（10）收货确认。

采用射频（RF）技术完成收货操作，支持单次或分批收货。收货完成后，系统能够生成收货报告（入库确认单），详细记录预期数量与实际收货数量的对比情况。

（11）库存盘点。

为确保库存的实时准确性，智能仓储系统实施循环盘点机制。系统提供两种循环盘点方式：一种是基于流程管理的灵活盘点，另一种是基于库存变动的盘点，以后者作为盘点的基础，针对发生变动的库位进行。

（12）发货操作。

操作人员需将待发货物与拣货清单进行核对，并在确认无误后签字。随后，将相关文件交回数据录入员，并在系统中完成出货确认流程。此外，系统还能生成出货报告，供发货司机参考。

（13）归档管理。

系统运行一段时间之后，为保证数据的安全和系统运行速度，提供系统归档的功能，用户可以随时查询已经归档的数据。

五、服务总线与数据中心

1. 服务总线与数据中心的重要意义与作用

总线与数据中心在构建智能供应链全流程管理平台中起着至关重要的作用。是实现数据流动、信息处理和资源优化的核心基础设施。

一方面，总线作为数据通信的桥梁，确保了供应链中各个系统和设备之间的信息能够高效、准确地传输。在供应链的各个环节，如生产、质量控制、仓储等，总线技术使数据能够实时地从一个系统流向另一个系统，无论是从传感器到控制中心，还是从仓库管理系统到企业决策层，这种高效的数据流动对于确保供应链的实时监控和动态调整至关重要。例如，在生产环节，总线可以实时传输设备状态和生产进度，使管理层能够迅速做出调整以应对生产中的任何变化；在仓储管理中，总线技术可以确保库存数据的实时更新，帮助企业优化库存水平，减少过剩或缺货的风险。

另一方面，数据中心作为信息处理和存储的中心，对于供应链的智能化管理至关重要。数据中心不仅负责存储大量的供应链数据，如订单信息、库存记录、物流状态等，还负责对这些数据进行处理和分析，以支持企业的决策制定。通过先进的数据分析技术，如大数据分析、机器学习和人工智能等，数据中心能够从海量数据中洞察有价值的信息，帮助企业预测市场趋势、优化生产计划、提高资源利用效率。此外，数据中心还确保了数据的安全性和可靠性，通过备份和灾难恢复机制，保障供应链在面对潜在的技术故障或安全威胁时能够持续稳定地运行。

2. 企业服务总线

企业服务总线（Enterprise Service Bus，ESB）通过 ESB 控制台进行管理和监控，采用的 ESB 支持 HTTP 传输协议，传输服务负责传输指定格式的消息。

ESB 的主要功能设计如下。

（1）消息架构。

通过 ESB 控制台进行管理和监控。

（2）代理接口。

由 ESB 平台提供的所有应用型接口服务的统一入口，可以接收所有服务调用方的 Web Service 请求消息。

（3）业务接口。

业务接口是指由应用服务提供方提供的真正提供业务服务的接口。业务接口的执行反馈是可以实时得到的。

第四节 管理系统：数据资产转化为生产力

一、建立异常事件库感知模型

异常事件库是一个集中存储供应链中所有异常事件信息的数据库，这些异常事件可能包括供应链中断、需求突变、产品质量问题、物流延误等。在供应链全流程管理中，建立异常事件库感知模型是一种先进的风险管理策略，旨在通过实时监控和分析供应链中的各种活动，及时发现和响应潜在的异常事件。异常事件库的感知模型不仅能够提高供应链的透明度和响应速度，还能够降低运营风险，提升供应链的整体效率。

1. 建立异常事件库感知模型的关键步骤

异常事件库感知模型的构建是一个系统化的过程，旨在通过收集、分析和处理供应链中的异常数据，以实现对潜在问题的早期发现和有效响应。以下是构建异常事件库感知模型的关键步骤，如图5-12所示。

（1）需求分析与规划。

在构建模型之前，首先需要进行需求分析，明确模型的目标和预期效果，包括确定哪些类型的异常事件需要被监测，以及模型需要达到的准确性和响应速度。而后基于需求分析，规划模型的架构和所需的技术资源。

（2）数据收集与预处理。

收集供应链各环节的数据，包括但不限于订单信息、库存水平、生产进度、物流状态、供应商表现等。数据来源可能包括ERP系统、WMS系统、TMS系统等。对收集到的数据进行清洗和预处理，确保数据的质量和一致性。

```
需求分析与规划 → 数据收集与预处理 → 特征工程
       ↓
模型选择与开发 → 模型训练与验证 → 异常事件库建设
       ↓
实时监控与响应
```

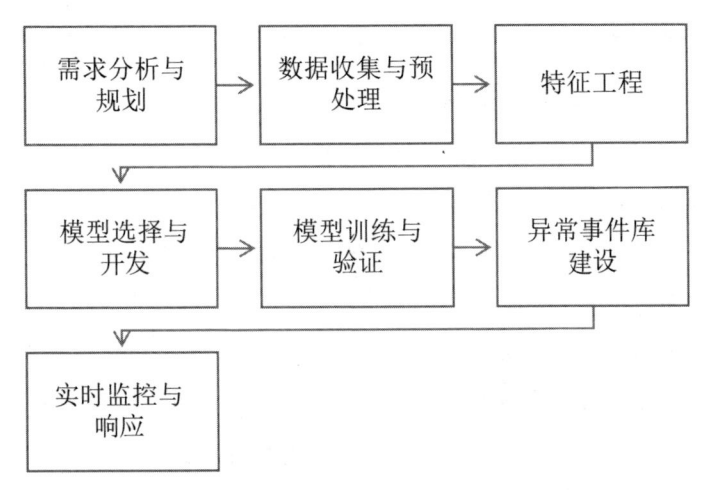

图 5-12 构建异常事件库感知模型的关键步骤

（3）特征工程。

从原始数据中提取有助于异常检测的特征，包括时间序列分析、统计分析、趋势预测等。特征选择对于模型的性能至关重要，需要选择那些能够有效区分正常行为和异常行为的特征。

（4）模型选择与开发。

选择合适的异常检测算法来构建感知模型。这可能包括统计模型（如控制图、Grubbs' Test）、机器学习模型（如聚类算法、支持向量机、决策树）、深度学习模型（如自编码器、神经网络）等。开发模型时，可能需要进行参数调优和模型验证，以确保模型的准确性和泛化能力。

（5）模型训练与验证。

使用历史数据对模型进行训练，并通过交叉验证、A/B 测试等方法对模型进行验证。这一步骤是为了确保模型在实际应用中能够有效地识别异常事件。

（6）异常事件库建设。

建立一个数据库来存储检测到的异常事件，应该包含异常事件的详细信息，如发生时间、类型、影响范围、处理措施等。数据库应该具备高效的查询和报告功能，以便用户能够快速获取所需信息。

（7）实时监控与响应。

将感知模型集成到供应链管理系统中，实现对供应链活动的实时监控。一旦模型检测到异常，应立即触发警报，并通知相关人员或系统进行响应。

2. 建立异常事件库感知模型预期达到的目标

异常事件库感知模型预期通过实时监控、数据驱动的决策支持以及提升供应链的透明度和韧性，帮助企业在复杂多变的市场环境中保持竞争力。随着技术的不断进步，异常事件库感知模型将更加智能化，为企业提供更加精准和高效的风险管理工具。

（1）实时监控与早期预警。

建立异常事件库感知模型的首要目标是实现对供应链活动的实时监控。通过持续收集和分析供应链各环节的数据，模型能够捕捉到那些偏离正常操作模式的异常行为。这种实时监控能力使企业能够在异常事件发生的初期就进行识别，从而提前采取预防措施，避免或减轻潜在的负面影响。例如，如果模型检测到某个供应商的交货延迟，企业就可以迅速调整生产计划或寻找替代供应商，以确保生产不受影响。

（2）数据驱动的决策支持。

建立异常事件库感知模型的第二个目标是为企业提供数据驱动的决策支持。通过深入分析异常事件的原因、影响和趋势，模型能够帮助管理层理解供应链中的薄弱环节，从而制定更加科学有效的策略，这些策略可能包括优化库存管理、改进供应商选择、调整生产计划等。此外，模型还可以通过历史数据分析，预测未来可能出现的异常事件，为企业的战略规划提供依据。

（3）提升供应链的透明度与韧性。

建立异常事件库感知模型的第三个目标是提升供应链的整体透明度和韧性。通过集中存储和管理异常事件信息，企业能够更好地理解供应链的运行状态，及时发现并解决潜在的问题。这种透明度不仅有助于内部管理，也有助于与供应链合作伙伴的沟通和协作。同时，通过持续的异常事件分析，企业可以不断地学习和改进，增强供应链对各种风险和不确定性的适应能力，从而提高供应链的韧性。

> 专栏 5-4

创联科技：以 IU 工业云平台感知异常环节和潜在风险

1. 企业简介

北京宏途创联科技有限公司（以下简称创联科技）自 2017 年成立以来，坚持以"技术服务推动工业进步"为己任，以"技术服务生态赋能中国百万工业企业"为愿景，构建中国的工业技术服务生态平台，为不同规模的工业企业提供从自动化到信息化、从数字化到智能化的全栈式工业技术服务，以"智能工业系统（IU 工业云）+服务平台（百工联）"满足工业企业海量、非标、综合性的技术服务需求，为其提供弹性可定制、循序渐进的数字化方案。

2. 利用 IU 工业云平台感知异常环节，提升风险应对能力

（1）IU 工业云平台。

IU 工业云是创联科技自主研发的云端工业智能系统，集成工业领域的数据服务、标准工业应用、时空感知融合、远程控制、非标应用整合、工业大模型等能力，以解决工业企业数据分散、应用孤立、服务非标、智能化程度低等数字化、智能化过程中长期面临的挑战。供应链上的中小企业可利用 IU 数据采集设备将分散设备的数据上传至 IU 工业云平台，或通过本地工作站集中传输大量设备数据至云端。IU 工业云平台兼容多种 ERP 系统，便于库存和订单数据的整合接入。

（2）供应链信息共享与恢复测算。

创联科技利用物联网技术实现了供应链的全程可视化，自动生成数据看板，动态监控生产、运输和交付等环节。通过其工业云系统，信息实时共享给供应链各单元，包括供应商、制造伙伴和物流中心，快速识别并应对异常，减少风险传播。平台还能通过数据分析预测各单元在面临风险时的恢复时间，揭示供应链弱点，进行自动告警，增强了供应链节点的风险应对能力，并支持恢复计划和能力

建设，确保在干扰发生时所有准备工作就绪。

（3）产能优化及协同。

创联科技的 IU 工业云平台通过分析历史订单履行和产品质量数据，对生产商进行产能评级，构建动态的供应商库。而后能够根据产品类型和紧急程度，自动匹配最优的闲置产能厂商，实现产能与订单信息的高效协同，提升供应链的沟通和交付效率。另外还能根据产业特性和潜在风险，确定必要的冗余产能，为生产厂商的数量和产能提供优化建议。通过实时数据共享和自动供需匹配，平台能够最大化现有产能利用，优化协同效率，并结合恢复测算和冗余产量设定，调整产能和制定应急预案，增强了供应链对突发事件的应对能力。

3. 总结与展望

创联科技通过 IU 工业云平台实现了对供应链中异常环节的实时感知，显著提升了企业的风险应对能力。平台利用历史数据和实时监控，动态评估生产商的产能，智能匹配订单与最优闲置产能，确保供应链的高效运转。同时，系统通过分析产业特性和潜在风险，为企业提供冗余产能的优化建议，帮助制定应对策略。未来，随着数据分析和人工智能技术的进一步发展，创联科技有望将 IU 工业云平台的功能扩展到更深层次的风险预测和自动化决策支持，实现更加精细化的供应链管理和更快速的应急响应，从而使企业在复杂多变的市场环境中具有更强的竞争力和稳健性。

二、设置供应链全线处理流程

在当今快速变化的商业环境中，供应链全流程管理的核心目标之一是将资产转化为生产力，以提高企业的竞争力和市场响应速度。为了实现这一目标，企业需要在供应链的各个环节设置有效的处理流程。

1. 设置供应链全线处理流程的重要性

在当今全球化和数字化的商业环境中，供应链全流程管理的重要性日益凸显。企业通过设置供应链全线处理流程，能够有效地将资产转化为生产力，提升市场竞争力，并应对不断变化的市场需求。

（1）优化资源配置和降低成本。

通过全线处理流程，企业可以更有效地管理供应链中的资源，包括原材料、人力、设备等，有助于企业在保证生产效率的同时，降低不必要的成本支出。例如，通过精细化的库存管理，企业可以减少过剩库存，避免资金占用和仓储成本。同时，合理的生产调度和物流规划可以降低生产成本和运输成本。

（2）增强供应链的韧性和抗风险能力。

在面对市场波动、自然灾害、政治变动等不确定性因素时，一个健全的供应链全线处理流程能够提供必要的弹性。企业可以通过多元化供应商、灵活的生产策略和多模式物流等措施，降低单一风险点对整个供应链的影响，确保供应链的稳定运行。

（3）符合法规要求和社会责任。

随着全球贸易法规的日益严格，企业需要确保供应链管理符合相关法律法规要求。全线处理流程有助于企业更好地监控供应链活动，确保合规性。同时，通过实施环保采购、公平贸易等措施，企业可以履行社会责任，提升企业形象。

2.设置供应链全线处理流程预期达到的目标

设置供应链全线处理流程预期能够达到提升供应链的效率与响应速度、降低运营成本与风险、增强供应链的透明度与协同这3个目标，如图5-13所示。

图 5-13　设置供应链全线处理流程预期达到的目标

（1）提升供应链的效率与响应速度。

通过设置全线处理流程，企业能够确保供应链中的各个环节紧密相连，信息流和物流高效流转，这包括从原材料采购、生产制造到产品交付的每一个步骤。流程的优化可以减少不必要的等待时间，提高生产和配送的速度。例如，通过实时库存管理和自动化的订单处理系统，企业能够快速响应市场需求变化，缩短产品从生产到客户手中的时间。这种效率的提升能够直接转化为生产力的增长，增强企业的市场竞争力。

（2）降低运营成本与风险。

全线处理流程的设置有助于企业更好地控制成本。通过精细化管理，企业可以优化库存水平，减少过剩库存和仓储成本。同时，通过集中采购和长期供应商关系管理，企业可以获得更优惠的价格和更可靠的供应保障。此外，流程的标准化和自动化可以减少人为错误，降低运营风险。在面对供应链中断或市场波动时，企业可以快速调整策略，减轻风险影响，保持供应链的稳定性。

（3）增强供应链的透明度与协同。

全线处理流程的设置有助于提高供应链的透明度，使企业能够实时监控供应链状态，从原材料采购到产品交付的每一个环节都能够被追踪和记录。这种透明度使得企业能够及时发现问题并采取行动，同时也便于与供应链合作伙伴共享信息，实现协同工作。供应链的协同不仅能够提高整体效率，还能够促进创新，共同应对市场挑战。

三、搭建供应链管理智能平台

搭建供应链管理智能平台是企业在数字化转型过程中的关键举措，旨在通过集成先进技术，实现供应链的自动化、智能化和优化管理。具体而言，企业应当关注集成化信息平台的构建、先进的数据分析能力、自动化与智能化的流程管理、可视化与交互界面、移动访问与云服务、用户培训与技术支持等方面的问题。

1. 集成化信息平台的构建

供应链管理智能平台的核心是构建一个集成化的信息平台，能够整合供应链上下游的所有数据和信息，包括供应商信息、生产数据、库存状态、物流跟踪、客户订单等。通过集成化平台，企业可以实现数据的实时共享和同步更新，提高决策的速度和准确性。

2. 先进的数据分析能力

智能平台需要具备强大的数据分析能力，以支持复杂的供应链决策，包括对历史数据的挖掘、趋势预测、异常检测等。通过应用大数据分析、机器学习、人工智能等技术，平台能够提供深入的洞察，帮助企业优化库存管理、预测市场需求、评估供应商性能等。

3. 自动化与智能化的流程管理

供应链管理智能平台应支持自动化和智能化的流程管理，包括自动订单处理、智能库存补货、动态运输调度等。通过自动化工具，企业可以减少人工操作的错误和成本，提高供应链的效率和可靠性。同时，智能化的决策支持系统能够根据实时数据和预测结果，自动调整供应链策略。

4. 可视化与交互界面

为了提高用户体验和操作效率，智能平台需要提供直观的可视化界面，包括供应链地图、实时仪表盘、交互式报表等。通过可视化工具，用户可以轻松地监控供应链状态，识别问题所在，并进行快速响应。同时，交互式界面也支持用户自定义设置，以满足不同的角色和需求。

5. 移动访问与云服务

供应链管理智能平台应支持移动访问，使管理人员和合作伙伴能够随时随地访问供应链信息。通过云服务，企业可以实现数据的远程存储、备份和灾难恢复，确保供应链数据的安全性和可用性。此外，云服务还应支持平台的弹性扩展，以适应企业规模的增长和市场变化。

6.用户培训与技术支持

为了确保智能平台的有效使用,企业需要为员工和合作伙伴提供培训和技术支持,包括平台操作培训、最佳实践分享、问题解决指导等。通过培训,用户可以更快地掌握平台功能,提高工作效率。及时的技术支持可以解决用户在使用过程中遇到的问题,确保平台的稳定运行。

> 章末案例

得体科技：打造一站式柔性供应链平台

1. 企业简介

杭州得体科技有限公司（以下简称得体科技）是一家将人工智能、物联网、大数据技术作为核心驱动力的平台型企业，致力于推动传统纺织服装产业的数字化转型。得体科技通过其三大核心业务板块——得体供应链、得体智造、得体云，持续践行"以科技创新推动产业升级"的使命。公司专注于构建数字化的产业基础设施，旨在打造一个更加完善的服饰产业生态系统，经过 9 年的不断发展，得体科技的服务范围已全面覆盖产业链的各个关键环节。得体科技为传统服装企业提供全面的数字化升级解决方案，通过链路创新、资源整合和供需协同等手段，有效地提升了整个产业链的运营效率，并促进了产业的整体转型。

2. 面向服装行业，打造一站式柔性供应链管理服务平台

所谓柔性供应链，是指具备对消费者个性化需求做出敏捷响应的供应链体系。其核心在于摒弃传统的大规模标准化生产模式，转而采用更为灵活的网络化生产策略，以便更有效地适应市场的变化和需求。

得体科技所倡导的一站式柔性供应链管理服务平台，是 S2B（Supply chainplatform to Business，即面向企业的供应链平台）商业模式在企业赋能领域的杰出实践，其专注于服装行业的供应链整合，向品牌商和分销商提供基于原创设计的 OEM（Original Entrusted Manufacture，即原始委托生产）和 ODM 产品生产及交付服务。一站式柔性供应链管理服务平台的核心是一个开放式的 SaaS 系统，使得服装生产链上的所有参与者（包括但不限于品牌商、分销商、设计师、样版制作室、面料供应商、辅料商、生产企业、物流服务商以及金融服务机构）能够在一个统一的环境中高效地履行其职能。

通过一站式柔性供应链管理服务平台，得体科技实现了服装行业供应链各环节的整合，为整个行业的各类用户提供了全面而一体化的服务，具体涵盖从设计草图筛选、版型制作、样衣制作、订单选择、生产外包、流程管理、质量与流程监控，到最终的收货检验和财务结算等多个环节。

得体科技所推动的供应链变革，主要表现为生产效率的提升、成本的降低以及行业信息透明度的增强。通过一个集成的 IT 系统，为服装产业链上的全体客户打造了一个开放且共享的生态环境。在此环境下，单一企业能够将其财务、业务、客户服务等系统数据进行整合，从而显著提升运营效率。对于整个行业而言，设计师、供应商、面料商、生产企业等关键角色能够在同一个平台上实现无缝对接，有效缩短了业务流程周期，减少了信息传递中的损耗，并降低了整体的经营成本。

3. 得体科技柔性供应链建设

得体科技建设一站式柔性供应链管理服务平台，打造柔性供应链，主要抓住了协同、数字化、资源整合 3 个重点，如图 5-14 所示。

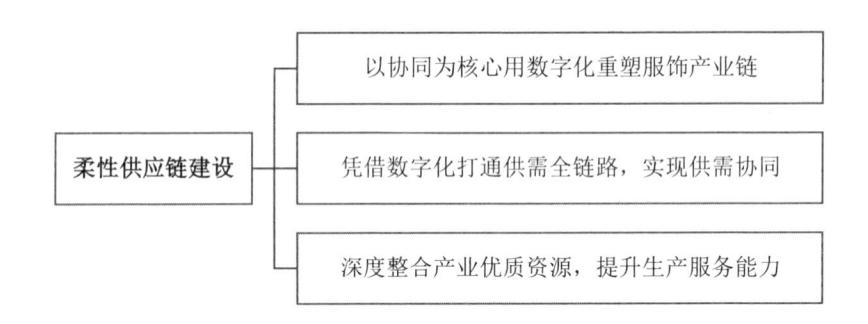

图 5-14 得体科技柔性供应链建设的重点

（1）以协同为核心用数字化重塑服饰产业链。

得体科技致力以协同为核心用数字化重塑服饰产业链，推动产业升级。得体科技以数字化深度改造产业链各环节，打造产业链数字化协同基础设施，建设"设计—打版—采购—生产—交付—物流"一体化产业链。具体而言，在整合设计与打版环节，得体科技利用其智能供应链服务平台，将设计师和打版工作室的资源进行数字化整合，设计师可以上传设计草图，打版工作室可以在线接收设计指令并进行打版工作；在优化采购与生产流程环节，得体科技通过得体 SCM 系统，实现了对采购和生产流程的数字化管理；在生产环节，得体智造解决方案通过引入人工智能、物联网和大数据技术，实现了生产设备的智能化和生产流程的自动化；在协同交付与物流管理环节，得体科技的供应链服务平台涵盖了交付和物流管理，品牌商可以实时跟踪订单的生产进度和物流状态，确保交付的及时性和透明度，优化物流路径和配送效率，减少物流成本，提高了客户满意度。

同时，得体科技凭借数字化协同能力实现供需双向赋能，优化产业生态。从品牌商角度出发，打造"需求—设计—生产"闭环服务生态，提供商品从 0 到 1 的全流程数字化托管式供应链服务；从供应商角度出发，以订单为抓手，推动供应链交易流程数字化、物联网生产智能化，重构服饰产业链，引领产业升级。

（2）凭借数字化打通供需全链路，实现供需协同。

一方面，得体科技通过数字化打通供需全链路，极大地提高了产业链整体运行效率。传统模式的推式供应链的运作时间往往在 3 个月以上，存在设计周期长、定版通过率低、备货生产以及大规模生产速度慢、价格贵、产品同质化严重、迭代慢等问题。而得体模式的拉式供应链在备料环节采取备货前置的方式，能够快速响应生产；设计报价环节仅需 48 小时，设计周期短，爆款制造能力强；样衣打版环节仅需 3~5 天，协同效率高；生产环节仅需 7~10 天，采取直接交付用户、小规模生产的模式，具有速度快、价格低的优势；翻单环节仅需 5~7 天，具有快速翻单、迭代快的特点。

另一方面，得体科技凭借数字化能力实现供需协同，双向赋能优化产业生态。得体科技打造智能供应链服务平台，从供给侧和需求侧两端进行协同，实现双向赋能。在供给侧，得体科技通过提高产值解决产能过剩，获取稳定订单，进而实现订单赋能；提供设备、场地为生产商改造升级，实现硬件升级，并采取原材料统一大批量订购的方式，致力于为生产商提供高性价比材料，实现生产赋能。在需求侧，得体科技致力于设计上线，根据 KOL 属性的不同，进行差异化产品设计，实现产品赋能；采取"C2M（Customer to Manufacturer，即从消费者到生产者）预售＋快反生产"的模式，实现零库存，加速周转，并精准匹配市场爆款，通过热门产品高溢价提高公司盈利，实现效率赋能。此外，得体科技还构建了大数据支持平台，销售数据、实时热点、市场趋势、产品评价等市场数据清晰地展示在平台上，提高了运作效率。

（3）深度整合产业优质资源，提升生产服务能力。

得体科技深度整合产业优质资源，形成大规模设计上新及快反生产服务能力，到目前为止，已有11278家企业入驻得体科技供应链平台。得体科技对供应链交易各环节进行数字化改造，形成高度闭环的一站式履约能力，成功打造"需求—设计—生产"闭环服务生态。同时，得体科技还建设有四大数字化生产基地，包括共青城羽绒服生产基地、杭州千百万全品类生产基地、广州智通针织生产基地和赣州于都楂林梭织生产基地，实现上千万件快反产能。

4. 总结与展望

产业互联网作为信息技术与传统产业深度融合的重要领域，具有广阔的市场前景和巨大的发展潜力。得体科技充分认识到这一点，并制定了全面的规划来应对未来的挑战。多年来，得体科技致力于推动纺织服装领域产业互联网技术进步，为企业提供创新的解决方案和服务，面向服装行业，打造一站式柔性供应链管理服务平台，以协同为核心用数字化重塑服饰产业链，凭借数字化打通供需全链路，实现供需协同，并深度整合产业优质资源，提升生产服务能力。在未来，得体科技将继续坚持创新驱动，不断推出具有市场竞争力的创新产品和解决方案，与合作伙伴共同探索纺织服装领域产业互联网的广阔市场，共同开创美好未来。

参考文献

[1] 黄鑫磊.中国巨石董秘李畅：玻纤"复价"而非提价 行业希望龙头起表率作用[N].每日经济新闻，2024-04-12（5）.

[2] 李晗，刘辉.绿色智能制造赋能企业财务效应及内在机理研究——以中国巨石为例[J].现代商业，2024（5）：169-172.

[3] 祝嫣然.混改赋能、重组质变：三年改革为国企带来新变化[N].第一财经日报，2023-06-02（A1）.

[4] 刘丽靓."现代新国企"是怎样炼成的[N].中国证券报，2023-05-11（A1）.

[5] Li X J，Liu D C，Geng N，et al. Optimal ICU admission control with premature discharge[J]. IEEE Transaction on Automation Science and Engineering，2019，16（1）：148-164.

[6] 李心萍，黄福特，林丽鹂.加快形成新质生产力（聚焦"新时代的硬道理"）[N].人民日报，2024-03-05（6）.

[7] 郑江淮，杨洁茹.产业数字化发展路径：互补性、动态性与战略性[J].产业经济评论，2024（2）：60-71.

[8] 佟家栋，张千.数字经济时代加快发展新质生产力[J].广西师范大学学报（哲学社会科学版），2024（4）：1-8.

[9] 刘瑞明，许元.数字时代的中国经济：机遇、挑战与应对[J].产业经济评论，2024（2）：44-59.

[10] 陶克.浪潮集团：以数字化转型引领行业[J].山东国资，2024（Z1）：46-47.

[11] 李慧聪，章明霞. 高技术企业创新韧性及其驱动机制研究——基于浪潮集团的案例分析 [J]. 财务管理研究，2023（7）：5-10.

[12] 董笑妍. 凌迪 Style3D：给展会带来了科技震撼！[J]. 纺织服装周刊，2024（10）：23.

[13] 董笑妍. 数字与时尚共融，人才培养打开新格局 访浙江凌迪数字科技有限公司创始人兼 CEO 刘郴 [J]. 纺织服装周刊，2022（46）：24.

[14] 赵大伟. 互联网思维——独孤九剑 [M]. 北京：机械工业出版社，2015.

[15] 王淑伟. 互联网思维下零售银行获客经营对策分析 [J]. 现代商业，2021（36）：122-124.

[16] 杨传真，于中江，李淳，等. 基于工业互联网平台统一数字孪生模型管理的研究 [J]. 软件，2023，44（12）：129-131.

[17] 伍先福，黄骁. 工业互联网对战略性新兴产业企业盈利能力的影响 [J]. 软科学，2024（3）：1-16.

[18] 黄河，但斌，刘飞. 供应链的研究现状及发展趋势 [J]. 工业工程，2001（1）：16-20.

[19] 王砾. 物流流程管理在供应链模式下的方法探索与路径实施 [J]. 物流科技，2023，46（4）：115-118.

[20] 张涛，李雷. 企业数字化转型的供应链溢出效应——客户与供应商双重视角 [J]. 科技进步与对策，2024（4）：1-11.

[21] 张悦，段送爽. 供应链管理对公司竞争力的影响 [J]. 投资与合作，2024（2）：147-149.

[22] 袁劲松，李晓军. 电力企业中的供应链管理应用浅析 [J]. 技术与市场，2023，30（1）：176-178.

[23] 董安邦，廖志英. 供应链管理的研究综述 [J]. 工业工程，2002（5）：16-20.

[24] Viswanadaham N. The past, present, and future of supply chain automation[J]. PLC FA, 2004（11）：31-35.

[25] 尹瑶，叶敬忠. 新零售驱动消费革命的实现逻辑——基于盒马鲜生平台的数字化实践 [J]. 农业经济问题，2024（4）：1-13.

[26] 苏慧怡.基于交易成本理论的盒马鲜生供应链管理分析[J].现代营销（下旬刊），2023（10）：34-36.

[27] 潘玉兰，李先东.数字经济推动产业融合的内在机制及多维效应分析——以盒马鲜生为例[J].当代农村财经，2023（9）：56-59.

[28] 林星宏，赵红梅.生鲜电商各前置仓模式存在问题及对策——以盒马鲜生为例[J].铁路采购与物流，2022，17（11）：47-49.

[29] 朱琳.卓越业务流程管理体系构建[J].企业科技与发展，2022（8）：188-191.

[30] 杨伟.业务流程管理影响营运资金管理的机制探究[J].投资与创业，2023，34（16）：97-99.

[31] 付祥武，汪春平，谭星宇，等.基于试验全流程管理对产品可靠性提升的研究[J].机械工程与自动化，2023（5）：157-161.

[32] 李国斌，李小春.企业流程管理框架与分类分级初探[J].企业改革与管理，2023（3）：50-51.

[33] 袁金凤.物资供应全流程管理方案优化[J].商讯，2023（14）：168-171.

[34] 郭少中.集中式流程型供应链物流跟踪模式研究[J].铁路采购与物流，2019，14（6）：23-25.

[35] 李肖肖.双循环发展格局下新能源汽车供应链运作模式研究——以比亚迪品牌为例[J].物流科技，2023，46（1）：132-135.

[36] 王进富，李婷婷，张颖颖.链主企业生态主导力提升产业链韧性路径研究——以比亚迪和中国新能源汽车产业链为例[J].科技进步与对策，2024（3）：1-10.

[37] 刘宇，张思宇.比亚迪智慧供应链变革及优化策略[J].供应链管理，2023，4（4）：78-85.

[38] 杨涛瑞，唐艳.论智能制造背景下比亚迪的开放式供应链创新[J].全国流通经济，2021（30）：18-20.

[39] 马龙波，包乌兰托亚."宋小菜"生鲜反向供应链[J].企业管理，2020（6）：83-85.

[40] 朱传波，陈威如.宋小菜——以数字化供应链破局生鲜[J].清华管理评

论，2020（4）：102-110.

[41] 从 B2B 交易到数字化产业平台 [J]. 新农业，2019（6）：40-42.

[42] 马兆红. 蔬菜生鲜电商能否突破发展瓶颈？——宋小菜模式观察 [J]. 中国蔬菜，2016（7）：4-9.

[43] 金江. 与实践智慧同行美云智数发布美擎五大场景解决方案 [J]. 现代制造，2023（11）：12-13.

[44] 陈莉. 美云智数发布 SaaS 战略 [J]. 电器，2020（6）：32.

[45] 刘祎，张镒，解晓晴. 工业互联网平台资源重构机制研究——基于广度与深度的双重视角 [J]. 经济与管理研究，2024，45（1）：112-126.

[46] 陈志静. 构建现代生态产业理论和产业体系——打造以需求响应为目标的生态型产业互联网平台 [J]. 中国集体经济，2023（34）：81-84.

[47] 周晓峰. 柠檬豆："双跨"平台求解转型难题 [N]. 青岛日报，2024-01-21（1）.

[48] 王水莲，钱鹏浩，王静. 场景赋能驱动下的工业互联网平台成长演化——"柠檬豆"案例研究 [J]. 科技进步与对策，2024（3）：1-10.

[49] 陶一晨. 广域铭岛：用数字赋能"智造"[J]. 当代党员，2022（18）：27-28.

[50] 王玉. 制造企业场内仓储物流协同平台创新与应用——访广域铭岛数字科技有限公司产品总监黄伟 [J]. 物流技术与应用，2022，27（5）：108-111.

[51] 黄云飞，黄杰，李建龙，等. 建设世界一流工业品电商的对策研究及发展建议 [J]. 中国市场，2023（34）：182-186.

[52] 胡鹏军. 国家技术标准创新基地（工业品电子商务）助力工业品电商高质量发展 [J]. 中国标准化，2022（23）：17-20.

[53] 王建. 苏锡常都市圈智能制造类企业工业品电商的发展路径探究 [J]. 投资与创业，2021，32（21）：85-87.

[54] 赵晓娟. 农夫山泉半年花近 40 亿元提前布局水源地 [J]. 中国食品工业，2023（2）：32-33.

[55] 曹玥明. 农夫山泉网络营销策略研究 [J]. 商场现代化，2023（1）：26-28.

[56] 吴嘉江. 农夫山泉：大自然搬运工的进阶之路 [J]. 国际品牌观察，2023

（1）：63-66.

[57] 周欣然.基于SWOT模型的企业战略分析——以农夫山泉为例[J].中国市场，2022（35）：79-81.

[58] 吕良德.沈阳桃李面包有限公司：靠诚信打造中国最大的面包生产企业[N].沈阳日报，2024-02-28（4）.

[59] 林文頔.强供应链下桃李面包高盈利能力的案例研究[D].广州：华南理工大学，2022.

[60] 曹磊.电子信息技术在物联网中的应用研究[J].信息记录材料，2020，21（6）：197-198.

[61] 顾隽隽.物联网中的电子信息技术应用探析[J].信息通信，2020（5）：275-277.

[62] 吴科任.志晟信息夯实智慧城市业务基础[N].中国证券报，2023-04-28（A7）.

[63] 杨洁，郭霁莹.致力成为应用型智慧城市领域领跑者[N].中国证券报，2021-10-15（A8）.

[64] 姚树俊，许俊宝，董哲铭.数字经济促进经济高质量发展的效应与机制研究——产业链供应链现代化的传导效应[J].供应链管理，2024，5（3）：5-19.

[65] 应向民.人才供应链管理研究进展[J].中国物流与采购，2023（24）：79-80.

[66] 陈秋燕，马小雅.物流企业商业模式运作创新路径研究——以怡亚通供应链股份有限公司为例[J].物流科技，2022，45（8）：25-28.

[67] 周雷，王倩，李梦瑶.区块链赋能小微企业供应链融资研究——基于双链通与怡亚通的案例比较分析[J].无锡商业职业技术学院学报，2021，21（5）：41-47+93.

[68] 段玮倩，李红英，马彦奇.商业服务企业的供应链金融风险研究——以怡亚通为例[J].商场现代化，2022（16）：13-15.

[69] 周雷，王倩，李梦瑶.区块链赋能小微企业供应链融资研究——基于双链通与怡亚通的案例比较分析[J].无锡商业职业技术学院学报，2021，21（5）：41-47+93.

[70] 李乔宇.将用于供应链建设及海外市场拓展[N].证券日报，2024-01-27（A3）.

[71] 曹彤彤.基于新零售模式的企业自救措施——以瑞幸咖啡为例[J].财务管理研究，2023（11）：50-54.

[72] 肖明超.承载万店品牌的市场土壤是什么样的？[J].销售与市场（管理版），2023（8）：38-40.

[73] 冯晓霞.瑞幸：咖啡市场搅局者[J].光彩，2019（4）：50-52.

[74] 唐维，卓泳.无人机产业领航全球市场深圳南山"想要飞得更高"[N].证券时报，2021-09-02（A4）.

[75] 夏冠湘."中国无人机"的成长之路——以大疆无人机为例[J].现代雷达，2021，43（8）：101-102.

[76] 王曼霖.香港利丰集团的供应链管理对我国加工贸易公司的启示[J].现代营销（信息版），2020（1）：139.

[77] 万颀钧.大数据时代外贸企业商业模式与会计模式的创新——以香港利丰集团为例[J].国际商务财会，2019（6）：43-46.

[78] 付向核.互联网平台推动中小企业"链式"数字化转型[J].中国工业和信息化，2023（3）：46-51.

[79] 杨继刚.从企业竞争力到产业链竞争力[J].中国工业和信息化，2023（3）：52.

[80] 余冬根，李昂.企业并购动因及价值创造路径分析——以闻泰科技跨国并购安世半导体为例[J].产业创新研究，2024（4）：153-155.

[81] 孙伟艳，孟子旭.产业整合视角下闻泰科技并购安世半导体的效应研究[J].中小企业管理与科技，2024（3）：38-40.

[82] 石玉琴，李爱华.我国企业海外并购动因及风险探析——以闻泰科技并购安世半导体为例[J].国际商务财会，2023（18）：71-74+80.

[83] 杨小博，高海伟，刘天越，等.新能源汽车供应链的关键风险节点识别方法[J].计算机科学，2023，50（S1）：846-852.

[84] 黎冲森.反向合资加速中国车市迈进合资2.0时代[J].汽车纵横，2024（3）：49-53.

[85] 赵德力. 小鹏汇天：坚持做"路空一体"飞行汽车的探索者 [J]. 交通建设与管理，2022（3）：60-63.

[86] 黄琳，赵毅. 车企上阵造电池开启供应链新格局 [N]. 中国经营报，2022-12-19（C6）.

[87] 李静宇. 易流的未来，与供应链物流一同进化——专访易流科技董事长兼 CEO 张景涛 [J]. 中国储运，2020（8）：27-29+26.

[88] 王翠竹. 易流科技 2022 产品发布会成功举办，"分布式"创新重构数治物流 [J]. 食品安全导刊，2022（16）：8-9.

[89] 易流科技仓配一体数字化透明管理案例——深圳市易流科技股份有限公司 [C]// 中国仓储与配送协会 .2021 年中国仓储配送行业发展报告（蓝皮书）. 中国商业出版社，2021.

[90] 王翠竹. 做有温度、有价值的服务商，致力于实现食品供应链物流行业数智化——访深圳市食易安科技股份有限公司企业事业部总经理王震 [J]. 食品安全导刊，2021（34）：22-23.

[91] 董锡健. "莘闵科技协同创新服务综合体"将浮出水面 [J]. 上海企业，2014（5）：34-36.

[92] 顾顺斌. 上海莘闵电信局营销渠道优化与管理研究 [D]. 兰州：兰州大学，2011.

[93] 致景科技：赋能纺织服装产业智变升级 [J]. 纺织服装周刊，2023（35）：16.

[94] 李鹏程. 致景科技：数字"织布"工艺"上网" [N]. 南方日报，2021-09-17（A3）.

[95] 周叶迪. 钢铁跨境电商平台未来发展探究——"找钢网"模式是否仍然适用？[J]. 冶金经济与管理，2022（1）：27-30.

[96] 明慧. 数字化赋能钢贸流通企业运营效率借力提升 [N]. 中国改革报，2023-06-19（3）.

[97] 陈珺璐. 全国政协委员孙力斌：推动数字经济发展助力强链补链延链 [N]. 新华日报，2024-02-27（3）.

[98] 创联科技亮相 2020 中国国际电梯展览会 [J]. 中国电梯，2020，31

（18）：28.

[99] 刘庆闯. 柔性供应链下的供应商管理策略——以工业企业为例[J]. 中国物流与采购，2024（3）：102-103.

[100] 范璐璐，黄岩. 新型柔性专业化——以平台为中心的服装业生产组织与劳动关系[J]. 学术研究，2021（5）：55-61.